D^r DAN KILEY

LE SYNDROME DE PETER PAN

Traduit de l'américain par Jean Duriau

ÉDITIONS ROBERT LAFFONT
PARIS

AVERTISSEMENT DE L'AUTEUR

Les cas mentionnés dans ce livre le sont à titre instructif. Afin de protéger ceux qui ont lutté pour affronter et surmonter le syndrome de Peter Pan, j'ai modifié les informations auxiliaires et fabriqué des composés à partir de cas individuels. Les comptes rendus qui en résultent illustrent les conflits tout à fait réels des victimes du SPP tout en faisant disparaître l'identité de tout individu.

Toute ressemblance entre ces comptes rendus et une famille ou un individu ayant existé, ou existant aujourd'hui, n'est que pure coïncidence.

Titre original : THE PETER PAN SYNDROME
© Dr Dan Kiley, 1983
Traduction française : Éditions Robert Laffont, S.A., Paris, 1985

ISBN 2-221-04388-X
(Édition originale :
ISBN 0-396-08218-1 Dodd, Mead & Company, New York)

*A ma femme, Nancy, une « Clochette »
qui fait de chaque jour une aventure.*

« RÉPONSES »

Collection dirigée par Joëlle de Gravelaine

Vivre, ça,
ça serait une terrible aventure !

PETER PAN

TABLE DES MATIÈRES

Première partie

PRÉSENTATION

PRÉFACE

*Cela n'a rien de mortel, il ne s'agit donc pas d'une maladie. Mais
cela nuit à la santé mentale de l'individu, on ne peut donc parler de
simple malaise. Les symptômes en sont bien connus, je ne peux donc
parler de découverte. Mais cet état lui-même n'a fait l'objet d'aucune
étude : ce livre contient autre chose que du déjà dit, du réchauffé.
Il s'agit d'un nouveau phénomène psychologique qui ne rentre
dans aucune catégorie définie mais dont il est impossible de nier la
présence. Dans notre jargon de thérapeute, nous appelons ce genre
d'anomalie un syndrome, ce qui signifie une collection de symptômes
s'exprimant à travers un certain type de comportement social. Je désire
vous entretenir d'un syndrome qui touche notre société et se trouve à
l'origine de bien des problèmes. Nous savons tous qu'il existe mais,
jusqu'à présent, personne ne lui a donné de nom ni ne l'a expliqué.*

*Voilà des années que je l'étudie, que je tente de démêler un
écheveau complexe de causes et d'effets. Je le soupçonne d'être apparu de
façon isolée depuis longtemps, mais il n'y a que vingt ou vingt-cinq ans
que les pressions de la vie moderne aggravent les facteurs qui en sont la
cause et engendrent ainsi une augmentation dramatique de sa fréquence.
Et tout porte à croire que cet état de choses n'ira pas en s'améliorant
dans les années à venir.*

*Mon premier cas clinique était atteint de ce syndrome, mais je ne
m'en rendis pas compte alors. Je travaillais avec l'armée de l'air*

11

américaine, conseillant de jeunes recrues qui luttaient pour devenir adultes.

Il s'appelait Georges. Il avait vingt-deux ans mais dix ans d'âge mental. Il manifestait ses émotions de manière exagérée, au mauvais moment et bêtement. Il parlait beaucoup mais pour ne pas dire grand-chose. Il était temps qu'il prenne sa vie en main, mais il regrettait ses années insouciantes d'étudiant. Je pensais qu'il surmonterait sa peur de l'âge adulte. Aujourd'hui encore je ne sais s'il y est parvenu.

Les années que j'ai passées à conseiller adolescents, étudiants et jeunes mariés ont enrichi ma connaissance des épreuves et des tribulations qui se dressent sur le chemin de la maturité, et il m'est peu à peu apparu qu'un nombre alarmant de jeunes gens ne devenaient pas adultes. Quelque chose ne tournait pas rond.

Ce livre étudie plus particulièrement les adultes de sexe masculin qui n'ont jamais grandi, ce qui a fait d'eux ce qu'ils sont et comment y remédier. Lorsque vous aurez lu les deux premiers chapitres, vous aurez identifié, dans votre entourage, une victime de ce trouble. « C'est évident ! » direz-vous, lorsque le comportement de cet individu deviendra soudainement cohérent à vos yeux.

Vers la fin de l'adolescence et peu de temps après avoir atteint l'âge de vingt ans, ces hommes se mettent à vivre de façon impétueuse. Narcissiques, ils se réfugient en eux-mêmes tandis qu'une flambée irréaliste de leur moi les convainc qu'ils peuvent et doivent faire tout ce que leur suggèrent leurs fantasmes. Plus tard, après des années passées à vivre à côté de la réalité, leur vie semble s'inverser : « je veux » se trouve remplacé par « je devrais », la quête de l'acceptation par autrui devient apparemment leur seul moyen de s'accepter eux-mêmes, leurs accès de mauvaise humeur se déguisent en affirmations viriles, ils prennent l'amour comme chose due, n'apprenant jamais à le rendre. Ils prétendent être des adultes mais agissent en fait comme des enfants gâtés.

Il faut du temps pour qu'un enfant intelligent et sensible se transforme en adulte coléreux et immature. De nombreuses occasions s'offrent aux parents d'inhiber le processus et ce livre s'adresse donc aux parents. Mais les épouses et les amantes sont celles qui ont le plus de chances de parvenir à transformer « jamais » en « un jour ou *l'autre* », *et c'est pourquoi ce livre est plus particulièrement destiné aux femmes ayant une relation privilégiée (mariage ou autre) avec la victime. Les amis et les parents ayant une influence sur la victime peuvent offrir leur aide et cet ouvrage est donc fait pour tout adulte qui se sent concerné par ce problème. Enfin, il n'est jamais trop tard pour qu'un homme grandisse grâce à ses propres efforts, c'est pourquoi ce livre est également conçu pour la victime elle-même.*

    Épouse, amante, parent, grand-parent ou simple ami, vous pouvez venir en aide au sujet atteint et, ce, quel que soit son âge. Lorsque vous essayerez de le comprendre, simplement n'oubliez pas ceci : aimez l'enfant car il ne s'aime pas ; ayez foi en l'homme car il n'a pas foi en lui-même ; et surtout, écoutez-le car il ne s'écoute pas. Pour surmonter cette affection, il lui faudra parcourir la plus grande distance qui soit : celle qui sépare sa bouche de ses oreilles.

.

Chapitre 1

CONNAISSEZ-VOUS
CET HOMME-ENFANT ?

CAPITAINE CROCHET : « As-tu un autre nom ? »
PETER PAN : « Oui, oui. »
CROCHET (avidement) : « Végétal ? »
PETER : « Non. »
CROCHET : « Minéral ? »
PETER : « Non. »
CROCHET : « Animal ? »
PETER (après avoir consulté un ami) : « Oui. »
CROCHET : « Homme ? »
PETER (avec mépris) : « Non. »
CROCHET : « Garçon ? »
PETER : « Oui. »
CROCHET : « Garçon ordinaire ? »
PETER : « Non ! »
CROCHET : « Garçon merveilleux ? »
PETER (au grand désarroi de Wendy) : « Oui ! »

Connaissez-vous cette personne ? Homme de par son
âge, c'est un enfant par ses actes. L'homme désire votre
amour, l'enfant, votre pitié. L'homme brûle d'être proche de
vous ; l'enfant a peur d'être touché. Que cache son orgueil ?
Sa vulnérabilité. Et sa témérité ? Sa peur.

Vous pensez bien connaître cette personne ; vous ne la
connaissez pas du tout. Cette contradiction vous trouble.

Vous ne savez comment y répondre, ni même comment aborder le problème. Mais regardez un instant votre enfant ou celui d'un voisin : que se passerait-il si son corps grandissait mais non son esprit ? Cet homme-enfant est victime d'une grave perturbation. Si personne ne lui vient en aide, sa vie deviendra lentement amère. Ni malade mental ni inadapté, il n'en est pas moins profondément triste. La vie n'est pour lui que perte de temps. Il tente par tous les moyens de dissimuler sa tristesse sous un air de gaieté et d'insouciance, supercherie qui marche souvent, pendant quelque temps du moins. Puis, finalement, son manque de maturité décourage ceux qui l'aiment. Leur déception vous semble injustifiée et leur dégoût quelque peu prématuré ? Attendez de voir les choses avec leurs yeux et vous comprendrez pourquoi ils désirent se débarrasser de ce personnage.

Votre tâche consiste à identifier cet homme-enfant. Plus vite vous saurez qui il est, plus vous aurez de chances de l'aider. Il peut s'agir de votre fils, de votre mari, d'un oncle ou d'un cousin, d'un ami, d'un voisin ou d'un collègue. Si vous êtes un homme, peut-être s'agit-il de vous ! Quel qu'il soit, il pense ne pas vouloir de votre aide. Parce qu'il ne sait pas qu'il en a besoin. Il a tellement l'habitude de considérer la vie comme dénuée d'intérêt que son je-m'en-foutisme semble normal. Tant et si bien que s'il ose ne pas « se foutre » de quelqu'un, il en est totalement dérouté. Il préfère la paix et la tranquillité d'une indifférence affable.

Vous ne parviendrez sans doute pas à identifier cet homme avant qu'il ait atteint un certain âge. Votre premier indice : le décalage entre son âge et sa maturité. Quand enfin vous aurez identifié le problème qui l'affecte, vous pourrez prendre des mesures pour lui venir en aide ou, du moins, pour éviter de contribuer à ses difficultés, et ce n'est qu'après avoir compris la complexité de son trouble que vous serez à même d'en repérer les tout premiers signes avant-coureurs. Parents d'un enfant qui est peut-être en train de s'engager sur la mauvaise pente, vous pourrez apprendre comment abattre ce monstre.

Cette affection commence à se développer tôt dans la vie d'un homme. Il y a de fortes chances qu'un enfant, dans votre voisinage immédiat, soit en ce moment même en train de se diriger vers la phase de crise : un des enfants de vos amis, le vôtre même. Plus vous serez proche de lui, plus vous aurez de chances d'enrayer la progression du mal.

Le processus permettant d'identifier cet homme-enfant comporte trois étapes. Conçu pour être objectif, il est impersonnel, à la façon d'un manuel de psychologie qui enseignerait *le* cas type.

Premièrement, définissez votre *terrain d'observation* : votre foyer, votre voisinage, votre lieu de travail, tout endroit où vous passez un laps de temps important. Tous les lieux où vous entrez en contact avec autrui sont ceux où vous finirez par rencontrer cette personne : au cours d'une soirée, d'une fête de quartier, lors d'un pique-nique en famille ou dans le bureau voisin du vôtre. Si vous êtes un parent attentif, vous découvrirez peut-être un homme-enfant miniature assis à votre table. Si vous êtes amoureuse, vous le trouverez peut-être dans votre lit. Si vous êtes un homme perspicace, vous le verrez peut-être même dans le miroir.

Deuxièmement, assumez le rôle de *détective social* : recueillez les preuves préliminaires en vous servant du profil social type décrit ci-dessous.

PROFIL SOCIAL DE LA VICTIME

Sexe : masculin

Âge : douze à cinquante ans

Chronologie des symptômes :
Douze à dix-sept ans : quatre symptômes fondamentaux se développent, à des degrés divers : irresponsabilité, angoisse, solitude et conflit à l'égard du rôle sexuel.

19

Dix-huit à vingt-deux ans : extension du « refus » ;
narcissisme et « machisme » dominent le comportement.
Vingt-trois à vingt-cinq ans : Période de crise aiguë au
cours de laquelle la victime peut chercher de l'aide et se
plaindre d'une vague insatisfaction devant la vie dans son
ensemble. Souvent interprétée comme normale par les
médecins ou les thérapeutes.
Vingt-six à trente ans : la victime s'installe dans la phase
chronique, jouant le rôle de l'adulte « mûr ».
Trente et un à quarante-cinq ans : la victime est mariée,
a des enfants, un emploi stable mais souffre d'un désespoir
qui rend sa vie monotone et fade.
Quarante-cinq ans et plus : dépression et agitation
augmentent à l'approche de l'andropause. La victime peut se
révolter contre un style de vie non désiré et vide, et tenter de
retrouver sa jeunesse.

Niveau socio-économique : classe moyenne à supérieure.

Apparence physique : perçue comme bien de sa personne
et aimable par ceux qui ne la connaissent pas bien, la victime
sourit de façon avenante et laisse une excellente première
impression.

Statut financier : les plus jeunes victimes sont rarement
indépendantes. A vingt, vingt-cinq ans, elles vivent encore
dans leur famille ou au jour le jour, soutirant de l'argent à
leurs parents ou autres adultes. Les victimes plus âgées,
même lorsqu'elles sont financièrement à l'aise, ne se considèrent pas toujours comme en sécurité. Elles se montrent
pingres, sauf lorsqu'il s'agit de leurs propres caprices.

Statut marital : les plus jeunes victimes — moins de
vingt-cinq ans — sont généralement célibataires. Ces hommes sortent avec des femmes plus jeunes qu'eux ou dont les

actes suggèrent un manque de maturité. Mariées, ces femmes se voient souvent contraintes de maintenir la victime — qui préfère généralement ses copains à sa famille — dans le droit chemin.

Éducation : les plus jeunes victimes flirtent avec l'enseignement universitaire, hésitent quant aux études à entreprendre et les terminent rarement dans le temps alloué. Adultes, elles atteignent un certain degré d'éducation mais ne se sentent pas satisfaites : elles estiment n'être pas allées assez loin. Elles sont d'ailleurs généralement perçues par autrui comme des individus n'ayant pas été au bout de leurs capacités.

Emploi : en dents de scie : les plus jeunes victimes ne travaillent que lorsqu'elles y sont obligées, veulent réussir mais non travailler, se sentent souvent humiliées par des emplois qu'elles jugent « inférieurs » et rencontrent bien des problèmes d'emploi car elles remettent sans cesse les choses au lendemain. Les victimes plus âgées pèchent par excès inverse : tentant de prouver leur valeur, elles se transforment en « fanatiques du boulot », exigent trop d'elles-mêmes, de leurs collègues et de leurs patrons. Elles sont obsédées par l'idée qu'elles n'ont pas trouvé l'emploi qui leur convient.

Famille : la victime est souvent l'aîné d'une famille traditionnelle. Ses parents vivent toujours ensemble et sont financièrement à l'aise. Le père est généralement un « col-blanc », et la mère considère son foyer et l'éducation des enfants comme ses tâches premières. Elle n'est nullement carriériste mais peut travailler pour faire rentrer plus d'argent dans la famille.

Intérêts : la seule chose qui présente un intérêt aux yeux des plus jeunes victimes, c'est la « boum ». Les victimes plus âgées font tout pour s'amuser au cours de soirées et tendent à trop exiger d'elles-mêmes dans les sports d'équipe.

La troisième étape du processus d'identification consiste à assumer le rôle de *détective psychologique*. Le profil social vous a permis de reconnaître la vie extérieure de la victime, le profil psychologique va maintenant vous aider à évaluer sa vie intérieure.

PROFIL PSYCHOLOGIQUE DE LA VICTIME

Sept traits psychologiques dominent la vie de celui qui est atteint du SPP. Présents à chaque stade de développement, ils se remarquent principalement en période de crise. Au stade chronique, la victime a tendance à dissimuler ces traits derrière un masque de maturité.

Paralysie émotionnelle : la victime bloque ses émotions, ne les exprime pas telles qu'elle les ressent : la colère ressort souvent sous forme de rage, la joie, sous celle de l'hystérie, et la déception sous celle de l'apitoiement sur soi-même. La tristesse peut se manifester par une gaieté forcée, des blagues infantiles ou des rires nerveux. Les victimes plus âgées disent qu'elles vous aiment et que vous comptez pour elles mais semblent incapables de se rappeler qu'elles doivent manifester leur amour. Comble d'ironie, bien qu'ayant été des enfants extrêmement sensibles, ces hommes semblent souvent tellement préoccupés par eux-mêmes qu'ils en deviennent cruels. Ils finissent par atteindre un point où ils semblent refuser de partager leurs sentiments. En réalité, ils ont perdu tout contact avec leurs émotions et *ne savent tout simplement pas* ce qu'ils ressentent.

Procrastination[1] *:* au cours de la phase de développement, la jeune victime remet sans cesse les choses à plus tard, jusqu'à ce qu'elle soit absolument forcée de les faire. « Je ne sais pas » et « cela m'est égal » deviennent un système de défense contre toute critique. Ses buts sont flous, principalement parce qu'elle « y pensera demain »... La victime plus âgée, quant à elle, se sentant coupable, compense sa « jeunesse perdue » en devenant hyperactive. Elle ne sait tout simplement pas comment se détendre.

Impuissance sociale : quoi qu'elles fassent, les victimes du SPP n'arrivent pas à se faire de vrais amis. Adolescentes, elles se laissent facilement entraîner par leurs pairs. Leurs impulsions prennent le pas sur une réelle notion du bien et du mal. Se chercher des amis et se montrer amical devient plus important que de manifester son amour et son intérêt pour sa famille. Celui qui souffre a désespérément besoin d'appartenir : il se sent terriblement isolé et panique rien qu'à l'idée de se retrouver seul. Il ira même parfois jusqu'à « s'acheter » des amis. Tout au long de sa vie, la victime a du mal à être satisfaite d'elle-même. Une fausse fierté l'empêche constamment d'accepter ses propres limitations.

Pensée magique : « Si je n'y pense pas, ça partira. » « Si je pense qu'il en sera autrement, il en sera autrement. » Ces deux citations sont caractéristiques de la « pensée magique » des victimes qui leur permet de ne pas admettre honnêtement leurs fautes et fait qu'il leur est impossible de dire : « Je suis navré. » Ce processus irrationnel les protège car elles n'ont ainsi pas besoin de surmonter leur impuissance sociale et leur paralysie émotionnelle : elles savent très bien accuser autrui de leurs défauts. Cela les pousse souvent à abuser de

---

1. Tendance à toujours tout remettre au lendemain. (*N.d.T.*)

drogues car elles croient pouvoir faire disparaître leurs problèmes en « planant ».

Problèmes avec la mère : colère et culpabilité engendrent, envers maman, une ambivalence irrésistible. La victime désire se libérer de l'influence maternelle mais se sent coupable chaque fois qu'elle tente de le faire. Dès qu'elle se trouve en sa présence, l'atmosphère devient tendue, ponctuée de moments de sarcasme compensés par des instants de gentillesse. Les plus jeunes victimes font appel à la pitié de leur mère pour obtenir ce qu'elles désirent, surtout de l'argent. Elles s'emportent violemment au cours de discussions pour ensuite s'excuser avec une insistance un peu stupide. Les victimes plus âgées ressentent moins cette ambivalence mais n'échappent pas à la culpabilité car elles savent combien elles ont fait souffrir leur mère.

Problèmes avec le père : la victime a l'impression de s'être aliéné son père. Elle brûle du désir d'être proche de lui mais a décidé qu'elle ne pourra jamais recueillir l'amour et l'approbation paternels. La victime plus âgée idolâtre toujours son père, n'admet jamais les limites, et accepte encore moins les fautes de ce dernier. Une large part des difficultés rencontrées par la victime face aux figures autoritaires provient de ses problèmes avec son père.

Problèmes sexuels : l'impuissance sociale de la victime se retrouve dans l'arène sexuelle. Peu de temps après la puberté, celui qui souffre se met à rechercher désespérément une petite amie, mais son immaturité et son infantilisme ont généralement pour effet d'éloigner les jeunes filles. Sa peur d'être rejeté l'oblige à dissimuler sa sensibilité derrière une attitude de « macho » cruel et sans cœur. Dans la plupart des cas, le sujet reste puceau jusque vers vingt, vingt-deux ans, ce qui l'embarrasse et le pousse à mentir, souvent au

24

point de parler de « viol », de se vanter de la façon dont il s'est imposé, ou prévoit de s'imposer, auprès des filles.

Une fois franchi le cap de la virginité, le sujet pèche parfois par excès inverse, couchant avec toute fille qui veut bien de lui, uniquement pour se prouver qu'il n'est pas impuissant. Lorsqu'il s'attache à une femme, c'est pour de bon. Sa jalousie n'a de rivale que son art d'attirer la pitié de celle qui partage sa vie.

Face à une femme indépendante, une femme qui s'affirme, l'homme souffrant du SPP ne ressent que de la colère, voire de la rage : il a besoin d'un femme dépendante qu'il puisse protéger. En fait, il se sent incapable d'affronter sur un pied d'égalité une femme un tant soit peu sûre d'elle et donc la rabaisse. Il brûle de partager ses émotions avec une femme mais nie cet aspect de sa personnalité de peur que ses amis le considèrent comme faible et peu viril.

A ce stade de votre lecture, vous avez déjà sûrement repéré dans votre entourage au moins un homme victime de ce syndrome. Il ne correspond sans doute pas parfaitement à la description objective que je vous ai faite et manifeste plutôt certaines des caractéristiques décrites. Il est fort rare que *le* cas type existe. Au cours du chapitre suivant, nous nous éloignerons de l'objectif pour pénétrer dans le subjectif, nous sortirons de la salle de cours pour pénétrer dans le laboratoire. Peut-être devrez-vous alors prendre conscience de ce que ce problème vous affecte dans votre vie quotidienne.

Ce qui nous amène à l'étape suivante : personnaliser le processus d'identification. Pour ce faire, il vous faut vous demander : à quel stade du trouble l'homme de ma vie en est-il ? Votre réponse vous servira de guide lorsqu'il vous faudra décider d'agir en fonction de votre propre réalité — si toutefois vous désirez faire quoi que ce soit.

Chapitre 2

L'ADULTE VICTIME DU SPP :
UN TEST

> PETER : « Comment t'appelles-tu ? »
> WENDY (très fière) : « Wendy Moira Angela Darling. Et toi ? »
> PETER (trouvant son nom lamentablement court) : « Peter Pan. »
> WENDY : « C'est tout ? »
> PETER (se mordant la lèvre) : « Oui. »
> WENDY (polie) : « Je suis vraiment désolée. »
> PETER : « Cela ne fait rien. »
> WENDY : « Où habites-tu ? »
> PETER : « La seconde à droite puis droit devant jusqu'au matin. »
> WENDY : « Quelle drôle d'adresse ! »
> PETER : « Elle n'a rien de drôle. »
> WENDY : « Non, je voulais dire, est-ce vraiment ce qu'il faut mettre sur les lettres ? »
> PETER : « J'en reçois pas. »
> WENDY : « Mais ta mère en reçoit, elle ? »
> PETER : « J'ai pas de mère. »
> WENDY : « Peter ! »

Cette affection porte un nom simple et il n'est guère plus compliqué de l'identifier de façon objective. Pourtant, il peut être aussi déroutant d'essayer de découvrir le monde dans lequel évolue celui qui en est victime que de localiser l'endroit où aboutit « la seconde à droite puis droit devant jusqu'au matin ».

Regardez-y à deux fois avant de déclarer qu'un homme est victime du SPP : dans le cadre de votre investigation, vous risquez toujours de rencontrer de « vrais négatifs » (le sujet semble atteint du syndrome mais ne l'est pas) et de « faux positifs » (le sujet ne semble pas atteint mais l'est).

Histoire de compliquer les choses encore un peu plus, nombre d'adultes présentent un ou deux traits caractéristiques du SPP sans pour autant en être réellement atteints : imagination fertile et désir ardent de rester jeune d'esprit, par exemple. Ces traits ne peuvent-ils simplement être signes d'intelligence brillante et de sérénité ?

L'homme qui gît inconscient n'est pas forcément mort ; celui qui présente un ou deux traits caractéristiques du SPP n'en est pas forcément atteint. Ne vous arrêtez pas à votre première impression. Un homme ne devient une victime du SPP que lorsque le syndrome commence à l'empêcher de fonctionner normalement dans sa vie de tous les jours et de nouer des relations fructueuses avec autrui. En d'autres termes, les attributs du SPP ne deviennent problématiques que lorsque l'homme n'agit plus comme un enfant mais de manière purement infantile.

Un test simple vous permettra de savoir si celui qui partage votre vie est victime du SPP. Quant aux hommes qui ont le courage de s'observer, ce test peut être très révélateur. Attention cependant, si vous êtes effectivement atteint de ce syndrome, ce test vous paraîtra bête et hors de propos. Vous risquez même de vous mettre en colère. Si tel est le cas, permettez-moi une suggestion : ne vous sentez-vous pas menacé par la vérité et ne tentez-vous pas de vous en débarrasser comme vous le faites pour tout ce qui vous touche de trop près ? Je pense que vous adoptez une attitude désinvolte et riez en façade mais qu'au plus profond de vous-même vous avez très peur.

LE TEST SPP

Il est très simple. Lisez chaque description de comportement et notez le degré auquel il s'applique à la personne en question. 0 signifie que ce comportement n'apparaît *jamais*; 1, qu'il apparaît *parfois* (par exemple, qu'il est apparu une ou deux fois, mais pas souvent); 2, qu'il apparaît *toujours* (ou que vous avez du mal à vous souvenir du nombre de fois où il n'est pas apparu).

Ce test étant conçu pour les épouses ou les amantes, il est écrit du point de vue de la femme observant son compagnon. Si votre relation avec la victime en puissance est autre, changez-en la formulation lorsque cela semble faciliter votre évaluation.

0 1 2   Lorsqu'il commet une erreur, il réagit de façon excessive, soit en exagérant sa culpabilité, soit en se cherchant des excuses pour s'absoudre de tout blâme.

0 1 2   Il oublie les dates importantes comme les anniversaires...

0 1 2   Lors de soirées, il vous ignore mais fait tout son possible pour impressionner les autres, et plus particulièrement les femmes.

0 1 2   Il trouve quasi impossible de dire « excuse-moi ».

0 1 2   Il s'attend à faire l'amour avec vous lorsque *lui-même* est prêt et ne tient pas compte du besoin que vous éprouvez de passer par des jeux préliminaires.

0 1 2   Il se décarcasse pour ses copains mais ne fait pas les petites choses que vous lui demandez.

0 1 2   Il ne manifeste d'intérêt pour vous, vos problèmes et vos sentiments qu'après que vous vous êtes plainte de son indifférence.

0 1 2   Il n'est à l'origine de toute activité ou sortie que s'il s'agit de quelque chose qu'il a *lui-même* envie de faire.

0 1 2 Il semble avoir énormément de mal à exprimer ses sentiments.

0 1 2 Il brûle d'être proche de son père, mais toute conversation avec ce dernier se déroule dans une atmosphère tendue et prend un ton cérémonial et superficiel.

0 1 2 Il n'écoute pas vraiment les opinions qui diffèrent des siennes.

0 1 2 Il est sujet à des accès de rage injustifiés pendant lesquels il devient impossible de le calmer.

0 1 2 Les désirs de sa mère prennent pour lui une telle importance que vous en venez à en vouloir à cette femme d'être si exigeante.

0 1 2 Il s'estime sous-employé mais ne fait rien contre, si ce n'est se plaindre.

0 1 2 Ses rapports avec autrui, et plus particulièrement avec son fils aîné (le cas échéant), sont totalement dépourvus de sincérité et de chaleur.

0 1 2 Lorsqu'il boit, il semble changer de personnalité : nerfs à fleur de peau, il fanfaronne ou fait preuve de gaieté exagérée.

0 1 2 Il pense ne devoir rater aucun des bons moments avec les copains et en fait vraiment trop pour ne pas être laissé pour compte.

0 1 2 Il est souvent « macho » : « Je veux que ma femme ne s'arrête de travailler que lorsque la maison brille. »

0 1 2 Il a parfois des peurs incompréhensibles et manque de confiance en lui mais refuse d'en parler.

0 1 2 Il vous accuse d'être trop émotive et semble lui-même au-dessus de ça. Lorsque vous vous mettez en colère, il reste de marbre.

Et maintenant, faites votre addition et servez-vous du guide ci-dessous pour voir à quel degré il est atteint.

0 à 10   Il ne souffre pas du SPP. Ses problèmes sont plutôt isolés et peu graves. Si la situation vous semble troublante, parlez-en avec lui. Tout devrait pouvoir se régler dans un esprit d'amour et de coopération.

11 à 25   Le SPP le guette réellement. Suivez les instructions présentées après ce test et, si vous êtes une femme, soyez prête à vous évaluer vous-même (*cf.* chapitre 13). Vous pouvez prendre certaines mesures pour améliorer la situation, mais plus le total — tout en restant dans cette catégorie — sera élevé, plus il vous faudra travailler dur.

26 à 40   Le syndrome de Peter Pan est à l'œuvre. Si l'homme refuse de chercher de l'aide, vous devriez demander conseil à un spécialiste pour savoir comment affronter ce problème. Reportez-vous au chapitre 13 afin d'évaluer votre propre rôle dans cette situation.

PLAN DE CHANGEMENT

Regardez à nouveau le test. Plus le total auquel vous serez parvenue sera élevé, plus il vous faudra évaluer attentivement la gravité de chaque trait qui vous semble présent chez celui que vous observez. Même si le SPP est déjà bien à l'œuvre (total de 30, par exemple), l'espoir subsiste.

Voici ce qu'il vous faut faire maintenant : sur une feuille de papier, tracez trois colonnes intitulées « jamais », « parfois » et « toujours ». Refaites le test, mais cette fois en repensant aux six derniers mois et, aussi précisément que possible, inscrivez chaque trait dans la colonne appropriée. Voici comment une épouse de trente-trois ans compléta ce « plan de changement » :

Jamais
ne flirte
n'écoute pas
n'a d'accès de colère
ne se montre froid

Parfois
pas de préliminaires à l'acte sexuel
oublie les dates
égoïste quant aux sorties
tenté de boire
ne veut à aucun prix rater une sortie avec les copains
macho
nie ses peurs

Toujours
réagit excessivement à ses fautes
ne peut dire « je regrette »
aide ses copains
ne fait pas attention aux autres si on ne le lui rappelle pas
intimidé par maman
sous-employé
n'exprime pas ses sentiments
distant de papa
se croit au-dessus de tout.

A en croire celle qui devait savoir, cet homme atteignait un total de 25 points. Lorsque j'abordai pour la première fois ces résultats, des contradictions me semblèrent évidentes : il faisait preuve d'honnêteté et de chaleur dans ses relations mais n'exprimait jamais ses sentiments, par exemple. Ces incohérences ne pouvaient révéler qu'une chose : aussi objective qu'elle tenterait de l'être, cette femme ne pourrait jamais l'être totalement. Bien qu'il semblât réellement y avoir un problème, il y avait de fortes chances pour qu'elle interprétât mal certaines situations. Après tout, elle aimait cet homme et, de ce fait, avait quelques préjugés.

Ce plan de changement permettait donc à cette femme d'orienter ses efforts lorsqu'elle affrontait le SPP de son compagnon et lui rappelait en même temps qu'il lui fallait considérer l'influence de ses propres pensées et sentiments chaque fois qu'elle le jugeait.

Ce plan de changement établi, passez à la phase suivante. Pour cela, posez-vous trois questions et choisissez celle qui a le plus d'importance pour vous.

Comment en est-il arrivé là ?

A quoi pense-t-il donc ?

Que puis-je faire pour l'aider ?

Si la première vous semble la plus importante, lisez les chapitres 4 à 9. Vous découvrirez ainsi les détails complexes du développement de la victime du SPP, comment un enfant fuit la réalité pour se réfugier au Pays de Jamais Jamais.

Si vous êtes plus préoccupée par la seconde question, reportez-vous au chapitre 7, et plus particulièrement à la dernière partie de celui-ci. C'est avec le développement du conflit à l'égard du rôle sexuel, vers la fin de l'adolescence, que la personnalité de type Dr Jekyll et Mr. Hyde prend forme.

Si vous vous sentez plus concernée par la troisième question, attaquez-vous au chapitre 13. Je vous demanderai d'affronter les traits qui vous semblent les plus déprimants chez votre partenaire et de vous considérer vous-même d'un œil critique. Vous ne serez sans doute pas surprise d'apprendre qu'inconsciemment vous encouragez peut-être le syndrome de Peter Pan.

Quelle que soit votre prochaine intervention, je vous suggère de prendre quelques minutes pour vous familiariser avec la vue d'ensemble présentée au chapitre suivant. Une compréhension générale vous aidera à garder les deux pieds sur terre et à résister à la tentation de fuir la réalité en prétendant que tout ne va pas si mal.

Chapitre 3

LE SYNDROME DE PETER PAN : CONSIDÉRATIONS GÉNÉRALES

PETER : « Vous m'enverriez à l'école ? »
Mme DARLING (complaisante) : « Oui. »
PETER : « Puis dans un bureau ? »
Mme DARLING : « Sans doute. »
PETER : « Et bien vite il me faudrait être un homme ? »
Mme DARLING : « Très vite. »
PETER (s'emportant) : « Je ne veux pas aller à l'école pour apprendre des choses sérieuses. Il n'est pas né celui qui m'attrapera, madame, pour faire de moi un homme. Je veux rester un petit garçon toute ma vie et m'amuser. »

Personne n'a oublié l'histoire irrésistible de l'insouciant Peter Pan, ce petit garçon doux et efféminé qui refusait de grandir. C'est Peter qui nous révéla la gloire de la jeunesse éternelle. C'est Pan qui ensorcela le capitaine Crochet : sa chanson et sa danse brisèrent le cœur du cruel pirate et l'envoyèrent, saut suicidaire, par-dessus bord, droit dans la gueule du crocodile « tictaquant » et carnivore.

Peter Pan est le symbole de la jeunesse même. De la joie. De l'esprit infatigable. Lorsqu'il capture le *Jolly Roger* et lorsqu'il fait des galipettes avec Clochette, il réveille l'enfant

33

qui sommeille en chacun de nous. Il nous attire irrésistible-
ment. Il est merveilleux. C'est la main du compagnon de jeu
éternel qu'il nous tend. Lorsque nous lui permettons d'accéder à notre cœur, notre âme s'abreuve à la fontaine de
jouvence.

Mais combien parmi nous sont conscients de l'autre face
de ce personnage créé par J. M. Barrie ? Se trouve-t-il des
sceptiques pour approfondir ce conte obsédant ? Vous êtes-
vous demandé pourquoi Peter désire rester jeune ? Bien sûr,
ce n'est pas drôle de grandir, mais Peter lutte violemment
contre. Pourquoi rejette-t-il tout ce qui est adulte ? Que
cherche-t-il en réalité ? Tout cela est-il aussi simple qu'il y
paraît ? Son désir de rester enfant n'est-il pas en fait un refus
délibéré de grandir ? Et si oui, de quel problème — et n'en a-
t-il qu'un — souffre-t-il ?

En lisant attentivement le texte original de la pièce de
Barrie, une réalité terrifiante m'apparut. Quel que soit mon
désir de croire le contraire, Peter Pan est un jeune homme
profondément triste. Sa vie n'est que contradictions, conflits
et confusion. Son univers est hostile et impitoyable. Malgré
toute sa gaieté, c'est un petit garçon perturbé vivant un
moment encore plus perturbant. Il se trouve piégé entre
l'homme qu'il refuse de devenir et l'enfant qu'il ne peut plus
être.

Pardonnez-moi si j'utilise un attirail psychologique pour
éclairer une face de l'histoire que les adeptes de Peter ont
escamotée. Je m'en sens le droit. L'examen attentif du récit
en fait une allégorie instructive des fantasmes de la jeunesse,
allégorie qui permet aux spécialistes d'aujourd'hui de mieux
comprendre une réalité dramatique : à l'insu de bon nombre
de parents et d'autres adultes qui les aiment, beaucoup de
nos enfants emboîtent inconsciemment le pas à Peter Pan.

Une part significative de notre jeunesse fait sienne la face
moins connue du célèbre Peter Pan. S'ils n'en sont pas
libérés, ces enfants souffriront de troubles émotionnels et
sociaux sans fin. Je suis certain que Peter ne m'en voudrait

pas d'utiliser son histoire pour venir en aide à d'autres. En fait, je ne suis même pas sûr qu'il s'en soucierait.

Les enfants d'aujourd'hui vivent des temps troublés assez semblables à ceux qui cernaient Peter Pan et son Pays de Jamais Jamais. Mais, contrairement à notre héros espiègle, nos enfants sont incapables de s'envoler et de rester jeunes pour toujours.

Comme chez les contemporains de Peter, les garçons sont ceux qui souffrent le plus. Partout, des jeunes gens refusent de grandir. Des milliers, voire des centaines de milliers d'entre eux, abordent un âge d'homme qui les effraye et se hâtent de grossir les rangs de la cohorte des enfants perdus. Tôt ou tard, beaucoup surmonteront leur peur de l'état adulte et laisseront tomber ce clan. Bien d'autres, par contre, succomberont à leur angoisse et prêteront serment d'allégeance à la cause des perdants. Il n'y a pas d'âge pour appartenir à cette troupe et bien des adultes qui ont « réussi » se comportent encore comme des enfants perdus.

Plus ils sont jeunes, plus ils sont faciles à reconnaître : ce sont des êtres doubles. En apparence, ils vont très bien, ce sont même de « vraies merveilles ». Brillants et beaux, sensibles et sincères, ils font la joie de leurs parents car ils incarnent tous leurs espoirs et leurs rêves. Cependant, s'ils restent longtemps dans leur « prison », leur comportement devient quelque peu étrange. Ils fuient la réalité, planent à l'aide « d'herbes », font des galipettes avec les fées et déclinent toute responsabilité adulte.

Tous ces « nouveaux Pan » épouseraient sans remords la rébellion passionnée exprimée au début de ce chapitre. Ils ne veulent rien savoir de l'école, du travail ou de toute chose ayant trait à l'état adulte. Leur désir est de tout faire pour demeurer ce qu'ils sont : de petits enfants qui refusent de grandir.

Qui parmi nous n'a jamais, à un moment ou à un autre, flirté avec cette attitude ? Il est tout à fait normal de se saupoudrer la tête de poussière magique, surtout lorsqu'on est très jeune. On peut alors s'envoler pour le Pays de Jamais Jamais en retrouvant ses copains pour des escapades enfantines ou fuir simplement la réalité sur les ailes de ses propres fantasmes. Il n'y a certes aucun mal à éprouver le désir de rejoindre Peter et ses compagnons frivoles. Aucun, *à condition de rentrer du Pays de Jamais Jamais lorsqu'il faut affronter le monde réel.*

Je me souviens de ma propre rencontre avec Peter et sa poussière magique. Je n'étais pas invisible comme lui mais j'essayai néanmoins un jour de m'envoler en sautant du toit du poulailler comme mes amis à plumes. Dame Nature me donna une leçon de réalité très terre à terre — et douloureuse. J'annonçai également à ma grand-mère que je ne grandirais jamais. Gentille et compréhensive, elle me répondit : « C'est bien, Danny. Maintenant va dans le potager cueillir des tomates. »

La réalité neutralise les pouvoirs de la poussière magique. Si parents, professeurs et autres adultes en contact avec lui aident l'enfant à affronter la réalité, l'influence de Peter et de sa légion s'estompera pour ne demeurer qu'une source de souvenirs agréables. Mais si l'enfant accède au monde de l'adolescence en pleine quête de jeunesse éternelle, des problèmes monumentaux apparaissent tandis que le sens de la réalité lui échappe. Et s'il dépasse vingt ans en ayant conservé la même vision, une grave crise d'identité ne tarde pas à le détruire.

Pour nombre de jeunes gens pleins de vie, le flirt avec Peter tourne à la tragédie. Ils démarrent comme nous tous, excités par l'espoir d'une jeunesse éternelle mais, pour un certain nombre de raisons associées, ils atteignent un point où le rêve éveillé du Pays de Jamais Jamais se transforme en cauchemar. Certains s'en remettent, d'autres, de plus en plus nombreux, ne s'en remettent pas. Votre fils peut être de ceux-là. Ou votre mari.

Les enfants qui suivent les traces de Peter Pan finissent par souffrir d'un grave problème psychologique qui entraîne l'inadaptation sociale. Ils se retrouvent incapables d'émotions et de relations interpersonnelles. Au fur et à mesure qu'ils progressent dans une société qui ne fait preuve d'aucune patience envers les adultes agissant comme des enfants, ils ressentent de plus en plus isolement et échec. Mais, ne comprenant absolument pas pourquoi ils se sentent aussi mal, ils considèrent le problème comme passager et font de leur mieux pour l'oublier. Inutile de dire que les choses ne font qu'empirer.

Parce que la vie fictive d'un héros célèbre reflète de façon fidèle ce problème, ce qui en facilite la compréhension et l'explication, je n'ai pas hésité longtemps avant de nommer cet état syndrome de Peter Pan (SPP).

Le SPP plonge ses racines dans la petite enfance mais ne commence à se manifester qu'à la puberté, vers douze ans environ, comme nous l'avons déjà vu. De douze à dix-huit ans, quatre symptômes apparaissent chez les garçons qui n'ont pas encore renoncé à la quête de la jeunesse éternelle, chacun engendré par les pressions imposées à la famille puis à l'enfant par notre société.

De dix-huit à vingt-deux ans, deux autres symptômes intermédiaires surgissent, découlant des quatre premiers, qui fixent le problème et préparent le terrain pour une période de crise : celle où le jeune homme doit affronter et surmonter des années de pensée magique et de développement marginal du moi. S'il échoue, il risque fort de se retrouver pris au piège du SPP pendant longtemps, si ce n'est pour le restant de ses jours.

Les six symptômes, ainsi que le stress social qui agit comme catalyseur dans le développement de chacun d'eux, sont brièvement examinés ci-après.

•

IRRESPONSABILITÉ

Depuis plus de trente ans, la permissivité envahit notre littérature, les médias et l'éducation. Les parents ont ainsi appris qu'ils doivent éviter de se montrer autoritaires et de punir, qu'ils ne doivent jamais restreindre l'espace dont l'enfant a besoin pour grandir.

Les adultes qui adoptent cette attitude préparent le terrain à l'irresponsabilité. Et je ne parle pas ici de paresse ni de procrastination mineure, mais de réelle irresponsabilité, de celle qui pousse l'enfant à croire que les règles ne s'appliquent pas à lui.

Lorsque cette irresponsabilité n'est pas remise en cause, les enfants n'apprennent pas à se prendre en charge eux-mêmes et cet échec dans des domaines aussi simples que la propreté, l'ordre, les bonnes manières peut se transformer en une indolence qui ensevelira la confiance en soi : « Je ne pourrai jamais m'attaquer aux grands problèmes si je ne sais même pas comment m'attaquer aux petits. »

ANGOISSE

La victime du SPP est rongée par l'angoisse. De bonne heure une tension, chaque année plus forte, envahit son foyer et encercle l'enfant pour devenir finalement la toile de fond devant laquelle se déroule chaque scène de la vie. A l'origine de cette angoisse omniprésente : la morosité des parents.

Ces parents ne sont satisfaits ni de leur vie conjugale ni d'eux-mêmes, et ce pour des raisons aussi diverses que complexes dont les plus courantes sont le manque de chaleur affective et de partage, le mauvais équilibre travail / plaisir, une piètre autodiscipline et le bouleversement des valeurs et des rôles traditionnels.

La tristesse de chaque parent agit différemment sur

l'enfant. Papa dissimule la sienne sous l'image du « costaud » et ne manifeste son intérêt pour l'enfant qu'à travers des lieux communs (« Allez, arrête de te plaindre » ou « T'en fais pas »). Le fossé se creuse donc entre lui et son fils qui le considère comme une énigme, un être qui ne lui accordera jamais son amour ni son approbation. L'angoisse se fait alors douleur sourde.

Maman tente de souffrir en silence mais n'y arrive pas. Elle porte son martyre comme un étendard et feint d'être contente de sacrifier sa vie pour ses enfants (« Je n'ai jamais vraiment voulu autre chose pour moi-même que votre bonheur »). Le fils perçoit la solitude et la détresse, est tenté d'accuser son père, ne le fait pas car il a besoin de son amour, s'accuse donc lui-même, s'imaginant que sa mère a de bonnes raisons de le rejeter. Cette conclusion irrationnelle l'obsède en permanence et engendre une angoisse semblable à un rugissement assourdissant.

Dans la plupart des cas, les parents prétendent être heureux. Ils ont en fait peur d'admettre leurs sentiments et de devoir affronter la réalité. Ils y arrivent d'autant plus facilement qu'ils ne s'en trouvent pas violemment troublés, simplement misérables. Ils se forcent donc à sourire et à participer à de pénibles sorties en famille, prononçant des phrases en toc qui font un effet bœuf mais ne valent pas un clou.

Pour celui qui les regarde vivre de loin, ces gens vont parfaitement bien. Ils semblent tout à fait adaptés et sont souvent considérés avec envie par leurs voisins. Pourtant le spectre de leur mécontentement s'étend tel un cancer affectif, dévorant la sécurité et la tranquillité d'esprit des enfants. Les parents l'avouent rarement, mais s'ils restent ensemble c'est pour les enfants. Ils ne devraient pas. Les enfants souffrent.

SOLITUDE

Les familles des victimes du syndrome de Peter Pan sont généralement trop riches pour leur propre bien. Les parents donnent de l'argent au lieu de donner du temps à leurs enfants. Ils ne les aident pas à apprendre comment « mériter ». Les enfants prennent pour acquis nourriture, toit et sécurité et concentrent leurs efforts sur la découverte de nouvelles façons de s'acheter du plaisir.

L'opulence illimitée a sur les enfants un effet de château de cartes écroulé. La valeur du travail est la première à chuter, les enfants prenant le plaisir comme un droit plus que comme un privilège qui se mérite. Puis, disposant de trop de temps libre et ne trouvant pas chez eux la sécurité, ils se mettent à rechercher l'identité de groupe. Ils veulent désespérément trouver un lieu auquel appartenir.

Au bord de la panique, ces enfants se laissent séduire par des profiteurs qui utilisent d'alléchants programmes médiatisés pour leur garantir que le seul moyen d' « appartenir » est de faire « comme tout le monde ». En conséquence, la pression des pairs envahit chaque aspect de leur vie, les obligeant à faire partie du groupe, coûte que coûte. La ruée vers la conformité piétine leur esprit de liberté et les prive du peu de confiance en eux-mêmes dont ils disposent. Ils luttent tant pour ne pas être rejetés qu'il ne leur reste que très peu de temps — si ce n'est pas du tout — pour jouir du réconfort qu'apporte le fait « d'appartenir ». Ils n'y gagnent que la solitude.

Fléau de notre société, la solitude affecte adultes comme enfants, mais ce sont ces derniers qui payent le plus lourd tribut. Les victimes du SPP, angoissées et irresponsables, sont anéanties par cette solitude qui les aspire dans des sables mouvants affectifs. Elles ont désespérément besoin d'amis mais, plus elles luttent, plus elles se sentent mal. Nombre d'entre elles, recherchant vainement le salut, se tournent vers les drogues, la promiscuité sexuelle et autres évasions.

Solitude et abondance tendent à aller de pair. Les enfants qui n'apprécient pas la valeur du travail ne risquent pas vraiment de tirer gloire de leurs succès. Dénués de vraie fierté, ils ont plus de chances d'être écrasés par la pression de leurs pairs que ceux d'entre eux dont la survie quotidienne n'est pas acquise.

Les enfants pauvres des grandes villes ressentent très fort ce besoin d'appartenir, mais également celui de trouver abri et sécurité matérielle, ce qui retarde le développement du syndrome de Peter Pan.

Les enfants vivant à la campagne ont plus d'occasions d'acquérir de bonnes habitudes de travail qui, à leur tour, entravent l'extension du SPP. Si vous acceptez comme point de départ que l'abondance contribue à la solitude, vous comprendrez pourquoi le SPP, à quelques rares exceptions près, affecte les enfants des classes moyennes et supérieures. D'ici peu vous verrez pourquoi ces enfants sont exclusive- ment de sexe masculin.

CONFLIT À L'ÉGARD DU RÔLE SEXUEL

Au cours de ces dix ou quinze dernières années, les événements politiques et la stratégie des médias ont jeté nos garçons dans un dramatique conflit vis-à-vis de leur rôle sexuel. Un déséquilibre grossier, au niveau de ce qui est attendu de chaque sexe, est né de messages de ce genre :

Garçons et filles doivent grandir instantanément. La prouesse sexuelle est le moyen d'y parvenir. Vous pouvez sauter directement de vos couches dans le lit d'autrui si vous vous en donnez le mal. Si vous échouez, vous ne ferez pas partie du groupe.
Les filles peuvent aujourd'hui adopter tout trait traditionnelle- ment considéré comme masculin tel que — et il ne s'agit nullement d'une liste exhaustive — dureté, endurance, affir-

mation de soi, exigence de satisfactions sexuelles et indépendance financière. Lorsqu'elles le font, elles sont politiquement et socialement approuvées. Sinon, ce sont des ratées. Pour être acceptés au sein du groupe, les garçons doivent s'en tenir au rôle de macho, ne pas agir en fille (c'est-à-dire exprimer leurs sentiments, admettre leurs faiblesses, se montrer sensibles, renoncer à toute conquête sexuelle qui se présente et, surtout, ne jamais dépendre d'une femme). S'ils osent franchir la ligne et adopter des traits féminins, leurs pairs les rejetteront. Ils seront traités de « pédés » et exclus.

Les filles ont le droit d'affirmer leur féminité autant que leur virilité. Elles sont même souvent poussées à faire les deux à la fois, qu'elles le désirent ou non. Elles ne sont plus considérées comme des « garçons manqués » ni des « hommasses » lorsqu'elles veulent jouer au football ou faire du culturisme.

Les garçons n'ont pas ce droit. Malgré tout ce qui a pu être dit ou écrit, ils n'ont toujours pas le droit de pleurer, du moins devant leurs pairs. Mais, s'ils entretiennent des liens étroits avec leur famille, ils peuvent se débarrasser de ce carcan, pénétrer en territoire traditionnellement féminin et finalement trouver d'autres mâles qui leur ressemblent.

Les enfants ne bénéficiant pas de soutien familial ont deux options : céder au chantage d'un rejet possible de la part du groupe, s'interdire tendresse, sensibilité et autres traits considérés comme preuve de faiblesse et ne jamais admettre qu'ils se sentent délaissés et seuls ; ou bien abandonner le marathon hétérosexuel et mettre en avant leur féminité en se faisant des amis parmi les homosexuels. Je ne veux bien évidemment pas dire que *tous* les gays le sont parce qu'ils sont victimes du SPP (même si certains d'entre eux correspondent effectivement à la description de la victime du SPP).

Il serait temps de soutenir le moral de l'homme qui désire pleurer dans les bras de celle qu'il aime.

NARCISSISME ET MACHISME

Ce sont les deux symptômes intermédiaires qui apparaissent au cours des stades plus avancés du syndrome de Peter Pan. Le narcissisme précède généralement le machisme, offrant à la victime une méthode systématique lui permettant de rejeter ses peurs sur autrui. Elle vit alors en pleine pensée magique, fuyant la réalité et adoptant des comportements frisant l'étrange. Le narcissisme l'enferme dans ses propres fantasmes et interdit cette croissance personnelle qui engendre les relations constructives avec les autres.

Le machisme dont fait preuve celui qui est atteint du SPP est bien plus nuancé que celui, très ostensible, couramment adopté par les brutes et les fanfarons. Il protège la victime narcissique de toute peine de cœur ou de toute déception, lui donnant un rôle « adulte » qui lui promet l'acceptation, aussi superficielle soit-elle, de ses pairs. La femme qui tombe amoureuse d'une victime du SPP est totalement ahurie lorsqu'elle prend finalement conscience de ce machisme. Il est tellement subtil, qu'elle se met à croire que c'est *elle* qui a un problème.

Narcissisme et machisme, de concert avec l'irresponsabilité, l'angoisse, la solitude et les problèmes de rôle sexuel mettent la touche finale à la structure sur laquelle la période de crise du syndrome de Peter Pan se développera.

UN COMPORTEMENT DE PIRATE

En lisant attentivement les commentaires de Barrie, j'ai découvert le concept que je recherchais pour résumer le comportement de la victime du SPP. A la fin de l'acte V, scène I, nous apprenons que Peter a totalement défait le capitaine Crochet. Le cruel pirate se suicide en se jetant par-

PRÉSENTATION

dessus bord, droit dans la gueule du crocodile. L'auteur fait ensuite ces remarques :

> Le rideau se lève sur un Peter devenu un véritable Napoléon sur son bateau. Il ne doit pas se lever sans qu'on le voie sur la poupe, coiffé du chapeau de Crochet, fumant ses cigares et muni d'une petite griffe de métal.

Barrie suggère que l'*alter ego* de Peter est un pirate. Avec suffisamment de temps et d'espace, Peter pourrait très bien devenir aussi cruel et peu soucieux d'autrui que sa Némésis, le capitaine Crochet. Cela me semble tout à fait plausible et c'est pourquoi je qualifierai le style de vie de celui qui souffre du SPP de comportement de pirate.

Les victimes du SPP sont de joyeux et insouciants escrocs. Ils ont un faible pour la rigolade, un verre ou deux de tout alcool disponible et cherchent constamment à se régaler en compagnie de jupons affriolants.

Ces hommes sont capables d'indélicatesses et vous voleront ce que vous avez de plus précieux sans cesser de chanter et de danser. S'ils estiment que vous les avez trompés, ils peuvent, en un clin d'œil, se mettre dans une rage folle qui vous anéantira ou bien vous entortiller le cœur d'une promesse et d'un mensonge. Ils pénétreront dans vos eaux territoriales et prendront ombrage de votre mécontentement. Contrariez-les une seconde fois et ils obligeront votre âme « à passer à la planche ». Puis, après avoir épuisé votre confiance et votre sollicitude, ils feront voile vers le soleil couchant en se prétendant libres de toute inquiétude et totalement indifférents.

Ceux qui ont subi les méfaits de ce genre de pirate concluent souvent que ce flibustier prétentieux ne regrette aucun de ses actes. Et c'est bien là ce qu'il aimerait vous faire croire. Mais réfléchissez un instant : les pirates n'ont pas de foyer. Ils brûlent de se trouver un port d'attache. Ils sont dévorés par une passion des voyages qui les pousse à errer sans cesse en quête de tranquillité d'esprit.

44

Ainsi, la victime du SPP vous vole votre confiance mais ne peut rien en faire. La confiance ne signifie rien sans amour-propre. Et c'est là l'élément crucial qui lui fait défaut. Son comportement de pirate n'est qu'un soulagement passager dans une vie par ailleurs tumultueuse.

Le capitaine Crochet, repensant aux douleurs et aux plaisirs que lui ont procurés ses actes infâmes, le dit mieux que moi :

> Les enfants, sur ce bateau, sont sur le point de passer à la planche. Sacrebleu, c'est mon heure de gloire ! Et pourtant quelque esprit mauvais m'oblige à prononcer maintenant mes dernières paroles de crainte de ne pas en avoir le temps au moment de mourir. Tous les mortels m'envient, mais peut-être aurait-il mieux valu que Crochet fût moins ambitieux !
> (Après une brève interruption)
> Aucun petit enfant ne m'aime. On me dit qu'ils jouent à Peter Pan et que le plus fort choisit toujours d'être Peter. Ils préfèrent encore être un des jumeaux que Crochet ! Ils obligent bébé à être Crochet. Bébé ! C'est là que le bât blesse.

L'accablement saute aux yeux, tout comme le regret. Mais il ne s'agit pas là d'un regret engendré par une compréhension de la nature de ses méfaits, plutôt d'une sorte de stupéfaction surgissant d'un vague sentiment que les choses ne vont pas comme elles le devraient. Manifeste est l'absence de responsabilité. Le pirate et la victime du SPP sont quasi incapables de penser un seul instant qu'ils aient pu être la cause de leur propre malheur. Plutôt que de se répandre en calomnies sur eux-mêmes, ils accèdent simplement au remords d'être incapables de trouver qui que ce soit d'autre à blâmer.

Si vous connaissez une victime du SPP, votre première réaction sera de rejeter cette analogie avec le pirate. Mais non, pensez-vous, cet homme n'est que légèrement immature ! Il est difficile d'imaginer que quiconque d'aussi important pour vous puisse n'être qu'un voleur, un filou de premier ordre. Qu'il vous vole votre portefeuille, soit, mais pas votre confiance! Ce n'est pas un escroc ni un malade mental, c'est un pirate des temps modernes dérivant sur un océan de solitude.

LE SYNDROME DE PETER PAN : UN REMÈDE?

Le syndrome de Peter Pan n'est pas une maladie mortelle (même si certains de ceux qui en sont atteints se suicident). Il n'en ruine pas moins le bien-être émotionnel de l'individu et de sa famille. Pleinement développé, il bloque l'accès de la victime à l'âge adulte grâce à une procrastination fataliste, une pensée irrationnelle et magique, et un système de négation qui frise le bizarre.

Ceux et celles qui aiment ces hommes se sentent incroyablement frustrés. La victime du SPP cherche désespérément à sortir de son ornière mais tendez-lui la main et elle ne manquera pas vos points sensibles. Elle pleure pour attirer votre attention, mais accordez-la-lui et elle se moquera de votre sollicitude. Les victimes plus âgées perçoivent l'état dans lequel elles sont mais refusent obstinément de chercher de l'aide ou de profiter de celle-ci lorsqu'elle se présente. Beaucoup d'entre vous découvriront chez un ami ou un être aimé une victime du SPP et éprouveront de l'empathie pour sa frustration. Vous ne savez pas s'il vous faut le prendre dans vos bras ou le frapper.

Je travaille avec ces hommes depuis des années. J'ai vu le syndrome de Peter Pan à ses premiers stades et j'ai été témoin des dégâts qu'il provoque vers la quarantaine.

Comme vous vous en doutez, il est difficile d'amener ces hommes à entreprendre une psychothérapie fructueuse. Leur esprit est si insaisissable que je suis souvent tenté de fermer les fenêtres de mon bureau pour l'empêcher de s'envoler. S'ils pouvaient se procurer de la poussière magique, ils s'enfuiraient pour un Pays de Jamais Jamais de leur cru.

Mon premier contact avec les victimes du SPP se situe généralement vers la fin de l'adolescence ou peu de temps après. Le sujet type vit chez ses parents et va à l'école ou travaille à mi-temps avec un succès tout à fait relatif. Il se dit hétérosexuel accompli mais se sent en fait très gauche au milieu des femmes. Ses sorties et son manque de respect préoccupent ses parents qui s'inquiètent de son avenir.

Pour une raison que vous comprendrez plus loin, c'est la mère de la victime qui réussit à la convaincre de chercher de l'aide. La menace est vague, mais ferme : « Tu ferais bien de prendre ta vie en main, sinon... »

Maman ne dit généralement pas clairement ce qu'elle entend par « sinon », mais le gosse la reçoit cinq sur cinq. « Vas-y, sinon, terminé ton voyage gratuit. »

Il y a fort à parier que maman ne mettra jamais sa menace à exécution, mais le sujet ne veut pas prendre de risques. Il ne tient pas non plus à s'exposer à faire du mal à sa mère. Alors, il vient me voir, au moins une fois. Il est hostile, mais il le fait.

A peine assis, il commence à se plaindre du chantage de sa mère : « Je n'ai pas besoin d'un psy. Je ne suis pas fou. Mais si je ne viens pas vous voir, elle continuera de m'enquiquiner jusqu'à ce que je le fasse. »

Il est rare que la victime admette qu'elle vit aux crochets de ses parents alors que cela fait longtemps qu'elle devrait gagner sa vie ou être prête à parler de sa solitude et de son irresponsabilité. Le pronostic n'a rien de prometteur. Les pierres angulaires et les symptômes sont bien en place.

Lorsque je réagis à ses griefs contre maman, le sujet culpabilise immédiatement. Au bord de la panique, il s'excuse : « Je ne voulais rien dire par là. Comprenez-moi bien. Maman est fantastique. C'est tout simplement que... eh bien, je pense qu'elle doit s'inquiéter pour moi. Vous connaissez les mères, non ? »

Lorsque je m'attarde sur son système de défense, il

devient encore plus nerveux. Son hostilité commence à montrer le bout de son nez. « Eh, je ne savais pas ce que je disais. Oubliez ça. Vous ne voulez pas parler d'autre chose, non ? »

Alors je change de sujet, ce qui ne m'apporte rien de plus. Quelque sujet que je choisisse, le jeune homme me « contre », utilisant haussements d'épaules, monosyllabes et autres réactions négatives pour calmer ma curiosité. Il imagine qu'en se montrant sec et réservé, il m'obligera à cesser de le questionner et pourra dire à maman que, oui, il est bien allé chez le médecin mais que, non, celui-ci n'a rien pu trouver qui cloche.

La plupart des plus jeunes victimes du SPP participent à contrecœur aux psychothérapies. Le processus est donc terminé avant même d'avoir commencé. Toutefois, il arrive qu'une réflexion poussée sur son attachement irréaliste à sa mère porte des fruits. Le progrès est lent et fastidieux.

Si on réussit à atteindre le sujet potentiel avant que son conflit à l'égard du rôle sexuel ne se manifeste pleinement, un changement bénéfique est alors tout à fait possible. Mais, une fois réprimée l'incompétence sexuelle, narcissisme et machisme suivent de façon si méthodique que la confrontation ne fait généralement qu'accroître l'hostilité et le retranchement.

S'ils parviennent à résister à l'aide qui leur est offerte, les sujets, dans leur grande majorité, quittent leur foyer et se marient. La poussière magique du Pays de Jamais Jamais s'accroche à leur âme : ils se prétendent heureux avec leur femme et leur famille ; ils se racontent qu'ils sont contents de leur emploi ; ils nient les preuves douloureuses de la fragilisation de leurs corps ; ils jouissent de nombreuses amitiés durables, disent-ils, mais elles ne sont que superficielles, fugaces. Et, comme du temps de leur adolescence, ils continuent à sortir. Nombre d'entre eux déguisent leur alcoolisme en « activité mondaine ». D'autres recherchent les aventures de façon obsessionnelle. L'agitation est excusée comme besoin de se détendre. La mélancolie devient une compagne permanente et la solitude, un monstre vicieux.

Il est relativement aisé de prévenir le syndrome de Peter Pan. Plus vous interviendrez tôt dans le développement du trouble, meilleures seront vos chances. Lorsque vous aurez compris en quoi il consiste, je suis sûr que vous tiendrez à tout faire pour apporter votre aide. Car, malgré toute leur rage, leur négation et leur procrastination, la vie des victimes du SPP est triste.

Il n'existe aucun autre mot. Il est triste de voir ces gens merveilleux s'engager dans la vie tels des enfants qui fuient la réalité et prétendent vivre dans un perpétuel état de félicité enfantine. S'ils ne l'abandonnent pas, leur Pays de Jamais Jamais se transforme en un désert d'absolue désolation. Si on ne les oblige pas à le quitter, ils deviennent des adultes emprisonnés dans un Pays de Jamais Jamais dont il est pratiquement impossible de s'enfuir.

Dans cette prison, meurtris par la solitude, ils se prétendent entourés d'amis ; pétris de doute, ils se disent confiants ; aspirant désespérément au bonheur, ils s'affirment joyeux ; et, pire que tout, dévorés par l'isolement, ils se déclarent aimés.

Je vous demande de ne pas les croire. Tout comme leur héros, les victimes du SPP sont seules, terriblement seules. Quant à ce qu'elles affirment — « je ne veux pas aller à l'école pour apprendre des choses sérieuses. Il n'est pas né, madame, celui qui m'attrapera pour faire de moi un homme. Je veux rester un petit garçon toute ma vie et m'amuser » —, n'en croyez pas un mot. Ils se mentent à eux-mêmes.

Deuxième partie

LE SYNDROME
DE PETER PAN

Dans cette seconde partie, je traiterai du développement du syndrome de Peter Pan afin que les parents prennent connaissance d'autres méthodes pour élever leurs enfants, que les épouses et les amantes comprennent mieux pourquoi l'homme qu'elles aiment les frustre et les comble tout à la fois, que les amis s'ouvrent à l'empathie et offrent plus volontiers leur aide et que les victimes elles-mêmes acquièrent peut-être la perspicacité et le courage qui leur seront nécessaires pour échapper au piège qu'elles se sont tendu.

Mon explication s'attache principalement à l'adolescence, à quelques années près. Le fait de lutter pour aider de jeunes gens à grandir m'a enseigné que cette période commence à la puberté — disons vers onze, douze ans — et s'achève vers vingt-quatre ans, moment où la plupart d'entre eux se sont installés dans la vie adulte. Je nomme cette période l' « Âge de maturation ».

Comme nous l'avons déjà vu, six symptômes majeurs forment le syndrome de Peter Pan. Ils sont classés suivant un ordre chronologique, celui de l'âge auquel chacun d'entre eux atteint son « apogée ». Mon idée est que le symptôme étudié s'épanouit pendant une période de deux ans et domine les cinq autres pendant cet « apogée ».

Le meilleur moyen d'étudier le syndrome de Peter Pan est de visualiser une construction tridimensionnelle de sept blocs. Imaginez tout d'abord que vous en disposez quatre sur une table de sorte qu'ils forment un carré. Chacun de ces blocs représente l'un des quatre symptômes fondamentaux du SPP, les quatre pierres angulaires, si vous préférez. C'est sur cette fondation que repose le SPP.

Le conflit à l'égard du rôle sexuel qui, une fois fermement en place, assure le développement du trouble, constitue le socle de la base.

Imaginez maintenant que vous placez deux autres blocs sur les quatre pierres angulaires. Ces nouveaux venus représentent deux symptômes supplémentaires du SPP et doivent être considérés comme « intermédiaires » entre les pierres angulaires et la période de crise finale. Ces symptômes intermédiaires sont le fruit des quatre premiers et forment à leur tour la base de l'étape finale du développement du SPP.

Placez finalement un bloc sur les deux intermédiaires. Celui-ci représente la période de crise du SPP, le moment où les six symptômes convergent pour déclencher chez la victime l'impuissance sociale si néfaste au bonheur futur.

Cette façon d'aborder le SPP peut vous pousser à croire que chacun de ces symptômes se développe de façon prévisible. Il n'en est rien. Si l'on peut effectivement s'attendre à voir les quatre pierres angulaires faire surface entre onze et dix-huit ans, elles peuvent néanmoins se développer à des moments différents selon les enfants, voire même s'épanouir dans un ordre différent de celui que je vous ai indiqué.

Vous pouvez également croire que les quatre symptômes doivent absolument être présents pour que les deux autres, intermédiaires, puissent se développer. Faux. Mon expérience m'enseigne que le narcissisme et le machisme peuvent se développer en l'absence du reste. Lorsque le cas se présente, le désastre engendré par la période de crise est significativement réduit et la disparition de l'impuissance sociale devient bien plus probable.

La période de crise reflète différents degrés d'incapacité : certains jeunes gens s'aventureront simplement dans une vie conjugale ou une carrière qui promet des années d'une frustration empoisonnante, certes, mais tout à fait supportable, tandis que d'autres souffriront d'une impuissance tellement écrasante qu'ils deviendront incapables de s'adapter de façon satisfaisante à un emploi et de vivre un amour enrichissant. Le degré d'incapacité est directement lié à la quantité et à la qualité des six symptômes contenus dans l'échafaudage des blocs constitutifs.

Au chapitre 10 je personnaliserai cette période de crise en l'illustrant par l'histoire de Renaud, jeune homme de vingt-trois ans dont la vie est une démonstration douloureuse de la convergence des six symptômes. Vous verrez alors comment le SPP débouche sur une impuissance sociale généralisée qui réduit sévèrement la qualité de la vie.

Le dernier chapitre de cette seconde partie jette un regard sur les hommes qui n'ont jamais grandi. Vous verrez comment le conflit à l'égard du rôle sexuel a envahi chaque aspect important de leur vie. Vous verrez ce qui se passe lorsque la crise s'estompe et que la mélancolie constitue l'essence même de la vie.

Chapitre 4

IRRESPONSABILITÉ

PETER : « Je suis la jeunesse, je suis la joie, je suis
un petit oiseau tout juste sorti de l'œuf. »
WENDY : « Enfui, pourquoi ? »
PETER : « Parce que j'ai entendu père et mère
parler de ce que j'allais devenir quand je serai
un homme. Je veux rester un petit garçon
toute ma vie et m'amuser. »

L'âge adulte est-il si terrible ? Quoi que Peter ait pu
entendre ses parents dire a dû l'effrayer sérieusement. Je
l'imagine très bien descendant l'escalier sans faire de bruit
pour aller chercher un verre de lait et surprenant par hasard
ses parents qui parlent de son avenir.

« Pauvre Pierre, dit peut-être le père. Il va falloir qu'il
travaille comme un forcené, qu'il encaisse tous les enquiqui-
nements de la bureaucratie, qu'il s'inquiète pour son emploi,
qu'il se retienne pour ne pas se mettre en colère lorsqu'il
verra la brèche que les impôts font à son salaire, puis qu'il se
soumette au vol légalisé que sont les charges sociales. Je
n'aimerais pas être à sa place. »

« Et sa famille ! renchérit la mère. Pierre est le genre de
garçon à se faire un sang d'encre pour sa femme et ses

enfants. Et vu les problèmes économiques, j'imagine que sa femme devra travailler. Les enfants vont grandir sans parents. Quel malheur. Pauvre petit ! »

Mettez-vous à la place de Pierre. La vie adulte n'a apparemment rien à envier aux histoires d'Alfred Hitchcock. Allez-vous vous lancer dans une telle entreprise ou au contraire vous figer ? Tout ce que vous auriez à faire c'est ne penser qu'à être un enfant. Rien de bien sorcier.

Il vous faudrait jouer tout le temps, vous amuser quoi qu'il arrive et prétendre que la réalité est une blague. Et surtout travailler dur, jour après jour, pour devenir aussi irresponsable que possible.

Logique, non ? L'irresponsabilité est la clef de la jeunesse éternelle. Le scénario semble suffisamment simple : soyez un parfait Gaston Lagaffe. Faites tout ce qui est en votre pouvoir pour résister à ces habitudes civilisées que sont ramasser ses vêtements, nourrir le chien, avoir de bonnes notes et aider à la maison.

Pour accroître votre irresponsabilité, adoptez des habitudes gênantes : semez le désordre dans la salle de bains, transformez votre chambre en champ de bataille, disséminez des verres de lait vides, des emballages de hamburger et des chaussettes sales dans le salon et surtout montrez-vous froid et indifférent lorsque des adultes viennent chez vous. En aucun cas vous ne devez dire « s'il vous plaît » ou « merci » à maman de vous avoir conduit au cinéma avec vos copains.

Lorsque vous penserez avoir atteint un certain degré d'irresponsabilité, comparez vos notes avec celles de vos pairs. Quelle est la taille des moutons sous le lit de vos copains ? Depuis combien de temps le gosse du bout de la rue ne s'est-il pas lavé les dents ? Quel est le record de jours passés à ne manger que des cochonneries ?

Les bouffonneries de vos pairs vous donneront le rythme. Avec très peu d'études et encore moins d'effort, vous pourriez devenir le plus grand Gaston Lagaffe de tous les temps. Vous auriez alors légitimement droit au titre d'enfant qui ne grandira pas.

Une fois assurée votre tête de pont dans l'irresponsabilité, vous pourriez employer la paresse pour enrayer le développement de toute maturité effective. Dieu sait si vous ne souhaitez pas entendre votre mère dire à celle de votre copain : « C'est incroyable ce que mon Pierre devient responsable ! Il fait tout ce que je lui demande et ne me cause aucun souci. » Si cela se produit, adieu votre beau programme ! Vous êtes en train de grandir.

Vos amis peuvent vous aider à demeurer irresponsable. D'un copain de classe vous apprenez l'art et la science du « différé » : « Dans une minute », « quand il y aura de la pub », « je finis mon chapitre », sont des classiques. Du garçon à côté vous apprenez comment oublier : « Oh, maman, j'ai oublié ! » ou bien « Tu ne peux quand même pas me demander de me souvenir de *tout* ce que j'ai à faire ? » Et lorsque ces réponses ne suffisent pas, vous pouvez toujours apprendre de nouvelles façons d'ergoter et de vous plaindre. « C'est pas juste », « c'est toujours sur moi que ça tombe », « aucun de mes copains n'est obligé de faire tout ça ! » constituent d'excellentes manœuvres.

Inutile d'être Peter Pan pour résister à l'âge adulte. L'irresponsabilité n'est pas nécessairement signe de mauvaise adaptation future. Il est naturel que les enfants se révoltent contre le fait de grandir : c'est quelque chose d'effrayant, encore plus aujourd'hui que jamais auparavant. Le simple fait de penser aux réalités de la vie adulte vous plonge dans un état de régression : pelotonné, pouce et chiffon dans la bouche, vous souhaitez être de nouveau à l'époque où le choix le plus terrible à faire était de décider quel jouet emporter dans le bac à sable.

Nous avons tous traversé des moments d'irresponsabilité. C'est ça, être un enfant. Mais nous avons, pour la plupart, dépassé l'immaturité et sommes aujourd'hui tellement habitués à nous assumer que nous sommes même obligés de programmer nos « bêtises ». Nous sommes parvenus à un stade où il nous est impossible d'échapper à la responsabilité.

Les victimes du SPP souffrent du problème inverse. *Ils ne peuvent échapper à l'irresponsabilité.* Ce piège prend tout d'abord la forme d'une innocente révolte tout à fait caractéristique mais devient vite un mode de vie adulte. L'irresponsabilité, crasse qui engendre l'incapacité à se prendre soi-même en charge pour les plus petites choses, est une des pièces fondamentales de ce puzzle qu'est le syndrome de Peter Pan.

APOGÉE DE L'IRRESPONSABILITÉ : ONZE ET DOUZE ANS

Lorsque, âgé de trois ans, vous vous enfoncez de la purée dans le nez, vous ne surprenez personne. Lorsque, âgé de six ans, vous faites votre lit mais qu'on a l'impression que vous êtes encore dedans, vous méritez d'être encouragé. Lorsque, âgé de neuf ans, vous préparez le repas familial mais que le ragoût est encore moins appétissant que la cuisine, vos efforts doivent être applaudis. Mais, à un moment ou à un autre, un adulte responsable doit vous dire : « Tu es trop âgé pour ce genre de bêtises. »

Les victimes du SPP n'entendent jamais ce message. Et si elles l'entendent, elles ne le retiennent jamais. Elles atteignent dix-huit, vingt ou vingt-deux ans solidement armées d'habitudes irresponsables. Bien qu'ayant dix ou quinze ans de plus, elles mangent toujours salement, ne savent toujours pas faire leur lit et s'imaginent que préparer un repas de fête consiste à ouvrir une boîte de conserve.

L'irresponsabilité est une des quatre pierres angulaires du syndrome de Peter Pan. Elle atteint son apogée vers onze/douze ans. L'arrivée soudaine d'hormones dans le corps de l'enfant semble en stimuler la persistance.

Voici maintenant quatre types d'irresponsabilités pubères. Chacune joue sur un registre différent mais toutes, si elles ne sont pas soignées, risquent finalement d'anéantir la responsabilité adulte.

« *Le petit ange* » : En un clin d'œil, le visage de cet enfant devient l'image même de l'innocence. Principalement lorsque la preuve de son méfait est la plus évidente. La larme immédiatement à l'œil, il proteste : « Me crois-tu vraiment capable de penser à faire une chose pareille ? » Le silence, la tristesse de son visage grave et le tremblement de ses lèvres submergent votre cœur et vous oubliez de répondre « oui ».

« *Le morveux* » : Pour lui, la meilleure défense c'est l'attaque. Il se plaint pour dérouter ses parents, s'insurge contre l'injustice du pouvoir parental et emploie tout l'attirail du « morveux ». Résultat, ses parents abandonnent et font eux-mêmes ce qu'ils lui avaient demandé.

« *Sourd, bête et aveugle* » : Si les parents ne savaient pas très bien qu'il n'en est rien, ils attribueraient ce type d'irresponsabilité à un certain degré de trouble cérébral. Mais nombre d'enfants parfaitement sains d'esprit et de corps utilisent cette stratégie. Sourd : « Je ne t'ai pas entendu. » Bête : « Je ne m'en souviens pas » ou « j'ai oublié ». Aveugle : « Oh là là, je n'ai même pas vu le petit mot sur la table. » Chacun à sa façon, ces enfants pensent pouvoir ainsi éviter toute responsabilité. En effet, « comment pourrait-on me demander quoi que ce soit puisque c'est comme si je n'avais rien dans le crâne ».

« *Le bon petit* » : Comment se mettre en colère contre un enfant qui semble avoir aussi bon caractère qu'un jeune chiot ? Nombre de parents affrontent en vain ce défi. « Le bon petit » obéit immédiatement et sourit, quoi qu'il lui en coûte. Le problème, c'est qu'il ne fait jamais ce qu'on lui demande si on ne le lui répète pas cent fois. Ce type d'irresponsabilité est le plus dangereux car les parents ont alors tendance à éviter de prendre des mesures fermes pour enseigner à leur enfant à assumer ses actes.

Jetons un coup d'œil sur l'histoire de quatre enfants, chacun à l'apogée de son irresponsabilité.

RICHARD

Pour le médecin de famille, Richard était un garçon plein d'énergie qui mangeait trop de cochonneries. Pour le pédiatre, il était peut-être hyperactif. Pour l'assistante sociale, il entrait en pleine puberté et avait besoin de compréhension et de patience. Pour grand-mère, la joie de son cœur ne faisait que traverser une sale passe et s'en sortirait bien vite. Chacun à sa manière avait raison. Mais Ruth Sharp en avait assez. Tout ce qu'elle voulait, c'est que son fils se ressaisisse.

Richard était le « petit ange » parfait. De grands yeux bleus aussi clairs et profonds que le jour de sa naissance, des cheveux blonds dans tous les sens qui sur tout autre que lui auraient fait négligés mais qui le rendaient encore plus mignon, une voix aussi frêle que son corps.

Richard était passé maître dans l'art du regard angélique et savait exactement quand l'utiliser. Lorsqu'on lui reprochait son irresponsabilité, il fixait de ses grands yeux bleus celui qui l'accusait et protestait de son innocence. Il levait les sourcils, plissait le front et laissait tomber sa mâchoire pour feindre la surprise. Il tenait front jusqu'à ce que le combat cesse. S'il en sortait vainqueur, il s'en allait en sautillant joyeusement. S'il perdait, il continuait de punir le vainqueur avec ses soupirs et ses murmures de guerrier profondément blessé mais courageux. Il perdait rarement.

Ce côté angélique dissimulait autre chose. Il avait, sans le faire exprès, découvert les pouvoirs secrets de l'innocence et s'en servait pour s'attaquer à l'autorité, diriger les événements à son avantage et persévérer dans sa lutte contre les responsabilités. Poussant ses qualités angéliques à leur extrême, il était tombé sur l'*alter ego* de l'ange, le diable.

Ses mystifications étaient des plus troublantes. Ayant appris que les plantes aiment les hydrates de carbone, il tenta l'expérience et arrosa celles de sa mère de graisse chaude. Voulant savoir si les chiens retombaient sur leurs pattes comme les chats, il poussa Bobby du toit du garage. Il idolâtrait Tarzan et regardait tous ses films : un après-midi, il se prit pour ce dernier et sauta d'un arbre. Malheureusement, il atterrit sur Mme Dupont, octogénaire pleine de courbatures, qui habitait à côté.

Qui oserait se mettre en colère contre un gosse qui veut rendre la jungle sûre pour l'humanité et s'assurer que les plantes bénéficient bien d'un régime équilibré ? Mme Sharp, assurément ! Le fait que le chien boitait et que Mme Dupont était en colère ne l'ennuyait pas tant. Elle commençait simplement à en avoir assez de l'irresponsabilité quotidienne de Richard.

Je dévoilai le jeu du « petit ange » lorsque celui-ci vint me voir brièvement dans mon bureau.

Après dix ou quinze minutes de conversation insouciante, je lui fis un grand sourire et me penchai en avant :

— T'es quelqu'un, hein, Richard ?

Il bouillonnait :

— Qu'est-ce que vous voulez dire ?

— Eh bien, t'en fais de drôles, non ? Comme sauter sur Mme Dupont.

— Oh, ça ce n'est rien. (Richard demeurait parfaitement maître de lui.) Elle aurait pu m'éviter. De toute façon, je l'ai à peine frôlée.

Je décidai de rectifier cette version des faits.

— A peine ?

— Ouais.

— Vraiment ? (Je me penchai un peu plus en avant.) Ta maman me dit que Mme Dupont a mal à une jambe. Qu'elle a vraiment mal.

— Je ne l'ai pas fait exprès. (Richard commençait à se tortiller.) Qu'est-ce qu'elle vous a dit d'autre, ma maman ?

— Eh bien, que tu sèmes facilement la pagaille, que tu es assez paresseux et que tu sais toujours te tirer d'affaire.

— Hein ?

— Tu sais bien. Quand elle te surprend en train de faire quelque chose de mal, tu la regardes simplement, tu ouvres grands les yeux et prétends être tout à fait innocent.

J'imitai le jeu du « petit ange ». Voir un adulte l'imiter le prit complètement au dépourvu. De toute évidence, il sentit venir le même genre d'attaque que lorsque son père ou sa mère tentait de le sermonner. Quelques secondes à peine après avoir terminé ma phrase, je me rendis compte que j'étais devenu prisonnier des yeux de Richard.

J'étais la cible de la tactique sophistiquée d'un gosse de onze ans. Il me sembla qu'une éternité s'écoulait avant que je ne prenne conscience de ce qui se produisait. Richard me faisait le même coup qu'aux autres adultes qui osaient s'opposer à lui : il donnait libre cours à ses pouvoirs diaboliques.

Lorsque je repris mes esprits, je fis la seule chose possible, je continuai de l'imiter.

— Dis donc, t'es sacrément bon.

Richard ne bougea pas. Il continua à me fixer du regard. Je crus voir une petite larme se former dans le coin de son œil.

Si je voulais l'aider, il ne fallait pas que je laisse sa tactique silencieuse réussir. Je poussai donc plus loin, mais doucement.

— Ça ne marchera pas avec moi, Richard. Je sais que tu as appris qu'il suffit que tu regardes les adultes comme ça pour qu'ils te laissent tranquille. Mais ce n'est pas juste. Et ça ne marchera pas ce coup-ci. Je ne vais pas te laisser tranquille. Tu as besoin de mon aide. Tu as besoin d'apprendre une autre façon de t'en tirer.

Je savais que Richard ne voudrait pas perdre la face. Je lui laissai donc une porte de sortie.

— Tu sais quoi, je vais aller me chercher un verre d'eau et quand je reviendrai, on parlera de tout cela.

Je m'absentai une minute environ. A mon retour, Richard était assis tranquillement sur sa chaise, la tête baissée. Je repassai à l'attaque, mais autrement.

— Eh ben, t'es vraiment doué. Tu m'as même eu pendant quelques secondes. Je parie que tu peux faire marcher maman, dis-je avec un grand sourire et une nuance d'excitation dans la voix.

Il hocha la tête tandis que ses yeux restaient rivés au sol.

— C'est plutôt amusant, non ? Tu les rends vraiment maboules, non ?

Je le poussai à me livrer ses secrets. Ses yeux quittèrent le sol et il me jaugea du regard. J'insistai.

— C'est vrai, non ?

Il essaya de paraître dur :

— Qu'est-ce qui est vrai ?

— Tu ne rends pas tes parents maboules avec ce regard ?

— Qu'est-ce que ça veut dire, maboule ?

— Allez, tu sais très bien de quoi je parle. Tu fais quelque chose de mal, tu te fais prendre, tes parents tentent de te punir. Vlan, tu leur fais le coup de l'œil diabolique, et hop, plus d'ennuis. Ça, ça les rend maboules. D'accord ?

Richard ne savait pas très bien comment me prendre. Son truc n'avait pas marché. Alors, comme tous les enfants qui ont tendu une embuscade et qui ont échoué, Richard fit la seule autre chose qu'il savait faire, il me dit la vérité.

— Ça marche vraiment bien.

— Et t'en es vraiment fier, non ?

C'était lui qui ricanait maintenant.

— Ouais.

Je redevins sérieux.

— Mais on ne se sent pas toujours bien ?

— Qu'est-ce que vous voulez dire ?

— Ça ne t'effraye pas un peu de continuer à faire des choses bêtes ?

— Ouais.

— Et ça ne t'arrive pas de souhaiter que tes parents te fassent payer tes fautes ?

— Ouais.

— Mais tu n'es pas près de le leur dire, n'est-ce pas ?

Richard se dérida.

— Non.

Je continuai de le pousser dans ce qui me semblait la bonne direction.

— Eh bien, devine qui va être obligé de le faire.

Nous nous regardâmes. Je hochai la tête, l'air totalement désolé.

— C'est moi qui vais être obligé.

Il n'abandonna pas immédiatement.

— Mais vous ne l'êtes pas.

— Si. Si je veux t'aider à grandir et à devenir plus responsable.

Richard reprenait du poil de la bête et le « diable » revenait à la charge. Il me lança un autre regard à moitié tactique et dit :

— Je ne suis pas obligé d'aimer ça ?

Il n'y avait rien à faire pour que Richard aime apprendre à assumer quoi que ce soit. En discutant avec ses parents je savais que tôt ou tard il se joindrait au chœur des autres enfants frustrés et hurlerait :

— C'est vraiment étonnant que personne n'ait encore tué le Dr Dan !

STÉPHANE

Stéphane Joyeux était tout sauf joyeux. Petit garçon désagréable et malpoli, doté d'une langue mordante et d'une humeur plus que chatouilleuse, il s'était replongé dans cette terrible période qu'est la troisième année de l'existence d'un enfant et y était demeuré dix ans. Il existe sûrement des enfants plus « morveux » que Stéphane, mais je ne les connais pas. Son histoire vous permettra de comprendre le développement de cette rage qui fait souvent partie du syndrome de Peter Pan.

Il avait sans doute fallu plusieurs années aux parents de Stéphane pour s'habituer à la morgue de leur fils. Rien d'autre ne pouvait expliquer le fait qu'ils tolèrent un tel chantage émotionnel.

Ce furent ses résultats scolaires qui persuadèrent Simone et Joseph Joyeux de m'amener Stéphane. Il avait toujours eu du mal à s'adapter à la maison, mais ses parents avaient appris à ne plus y faire attention. Néanmoins, lorsque les professeurs se montrèrent inquiets, Simone et Joseph comprirent qu'il était temps de se préoccuper des problèmes de leur fils. Mme Joyeux avait surmonté son souci du qu'en-dira-t-on et admis que Stéphane n'était plus contrôlable.

Il ne s'intéressait à aucune matière excepté l'éducation physique, se faisait régulièrement renvoyer du cours pour des raisons allant de l'insolence envers le professeur au fait de frapper d'autres enfants. Lorsqu'une enseignante tentait de le punir, il la défiait immédiatement : « Je ne suis pas obligé de faire ça, vous n'êtes pas ma mère. » Confronté au proviseur, cela se terminait toujours de la même façon : « Mon père ne sera pas content de savoir que vous m'avez menacé. »

Il me fallut du temps pour comprendre pourquoi les éducateurs n'avaient pas réagi plus tôt. Ils avaient peur. L'attitude de Stéphane les avait acculés : « Si Stéphane est une telle peste à l'école, ses parents doivent déjà le savoir et pourtant ils ne font rien pour l'en empêcher. Si nous nous plaignons, ils risquent de s'en prendre à nous. »

Vu la peur qu'ont les bureaucrates de l'approche « autoritaire » de l'éducation, il était tout à fait compréhensible que le proviseur et la maîtresse ne soient pas prêts à risquer leur emploi en affrontant un petit garçon qu'ils n'aimaient pas de toute façon.

Mais lorsqu'ils se manifestèrent, cela donna à Mme Joyeux le courage d'en faire autant. Elle avait du mal à me donner des exemples précis du manque de respect flagrant et de l'irresponsabilité de son fils. Son esprit semblait se vider chaque fois que je lui demandais de me raconter les choses en détail. Je découvris que les bêtises de Stéphane lui avaient causé tant de peine qu'elle avait érigé une barrière de protection autour de ses émotions, barrière qui lui évitait tout sentiment d'échec mais qui la rendait en même temps encore plus insensible à la nécessité impérieuse de changements.

Tandis que Mme Joyeux luttait pour se rappeler des souvenirs douloureux, M. Joyeux demeurait à l'écart. Sa femme luttait pour affronter la vérité, lui persistait à nier. Dans un discours aussi bien taillé que son costume, il disait :

— Stéphane ne nous ennuie vraiment que depuis quelques mois.

Mme Joyeux essayait de dissimuler sa contrariété et sa déception.

— Joseph chéri, je ne crois pas que tu aies vraiment réalisé combien les choses allaient mal. Cela fait plusieurs années que Stéphane dégringole la pente. Souviens-toi comme son professeur de CE1 était inquiet.

Joseph haussa les sourcils, fit la moue et soupira :

— Oh. (Ma troisième oreille entendit le commentaire non formulé.) Comme tu veux, chérie.

Je résistai à la tentation de jouer au conseiller matrimonial, sachant très bien que cela ne servirait à rien. M. Joyeux continuerait de nier tout problème et sa femme était trop

67

soucieuse d'essayer d'aider son fils. Mais de cet échange tendu se dégagea un espoir : Mme Joyeux se souvint d'un exemple typique de la morgue de Stéphane.

Le dimanche précédent, les trois Joyeux avaient déjeuné dans un restaurant du coin. Après que Stéphane l'eut considérablement « bassinée », Mme Joyeux avait accepté de s'arrêter sur le chemin du retour dans un magasin d'alimentation pour qu'il s'achète une friandise.

En entrant dans la boutique, Stéphane annonça sèchement :

— Je vais m'acheter un sac de bonbons et je te retrouve à la caisse.

Sa mère protesta doucement :

— Stéphane, je crois que tu devrais plutôt prendre une pomme cette fois-ci.

L'effronterie de Stéphane prit le dessus :

— Tu as dit que je pouvais m'acheter des friandises et je veux des bonbons. Je ne veux pas de pomme. C'est ridicule. Je vais m'acheter des bonbons.

Mme Joyeux essaya de faire preuve d'autorité :

— Stéphane, j'ai dit pas de bonbons cette fois-ci. Achète-toi une bonne grosse pomme.

Comme d'habitude, un refus fit ressortir le pire côté de Stéphane :

— C'est vraiment idiot. Je suis assez grand pour savoir de quelle friandise j'ai envie et j'ai dit que je voulais des bonbons.

Il criait maintenant et tous les autres clients regardaient cette mère se laisser démonter par un enfant belliqueux. Simone Joyeux reculait en chancelant face à l'insolence de son enfant et à l'embarras d'une telle scène en public.

Stéphane n'abandonnait pas :

— Si tu tiens à être aussi stupide, je rentre à pied.

Il se dirigea vers la porte.

Mme Joyeux céda à la pression :

— Tu ne peux pas rentrer à pied, il neige et il fait froid.

Tu vas attraper un rhume et demain tu seras malade et tu ne pourras pas aller à l'école.

Le dernier coup bas de Stéphane est sans doute le plus vicieux que j'aie jamais vu faire par un enfant de son âge.

— Ne fais pas semblant d'être gentille avec moi, maman. Tu ne me laisses pas m'acheter des bonbons et si j'attrape un rhume, ce sera ta faute de toute façon.

Mme Joyeux courut après son fils et le rattrapa dehors. Elle était totalement paniquée. Elle le supplia d'être gentil et de revenir à l'intérieur. Avant d'accepter, il exigea qu'elle se plie à son désir de s'acheter des bonbons. Elle le fit et l'incident prit fin aussi rapidement qu'il avait commencé.

A moins que vous ne pensiez qu'un enfant puisse être fondamentalement mauvais, vous devez savoir qu'au plus profond de lui-même Stéphane souffrait énormément. Deux ou trois fois par semaine, il se réveillait en hurlant, ayant fait un horrible cauchemar. Au mieux, il se rappelait avoir été pourchassé sans répit par d'ignobles monstres qui cherchaient à le dévorer.

Nul besoin de longue analyse de rêves pour être tenté de conclure que Stéphane était victime de sa propre insolence. Il évitait la responsabilité en attaquant toute autorité par un comportement intolérable. Le monstre grandissait avec son refus d'assumer quoi que ce soit. Stéphane souffrait d'une piètre opinion de lui-même et d'un manque de confiance en soi, ce qui le rendait vulnérable aux attaques du monstre qu'il avait lui-même créé. Et maintenant celui-ci se retournait contre son maître.

Sa morgue accentuait son irresponsabilité. Il était en train de passer rapidement maître dans l'art du chantage affectif, croyant à tort que le devoir pouvait être chassé à coups d'hostilité. Commençait à se développer en lui ce qui apparaît fréquemment chez les victimes du syndrome de Peter Pan : elles sont difficiles à aimer et faciles à détester.

L'histoire de Stéphane comporte une note ironique. Lorsqu'il avait sept ans, sa mère l'avait emmené chez un psychiatre pour enfants car son attitude la préoccupait. Ce dernier avait dit : « Ne tentez pas de le discipliner. Tout ce que vous réussiriez, c'est d'accentuer l'édification d'un arriéré de colère et d'hostilité. » Mme Joyeux avait suivi ce conseil. Cinq ans plus tard, elle affrontait un enfant qui s'était bâti un énorme « arriéré de colère et d'hostilité ».

BERNARD

Relativement peu de parents se trouvent confrontés à la morgue d'enfants tels que Stéphane. La plupart des gosses ne font que « répondre » ou ergoter. Mais, quel que soit leur degré d'insolence, il faut s'attendre à une certaine agressivité lorsque l'enfant lutte pour devenir un homme. Richard se comportait en « petit ange » agressif et Stéphane était simplement agressif.

Bernard Gros utilisait une tactique merveilleuse aussi vieille que la révolte des enfants. Il ne faisait rien. Il restait là, répondant par une de ses trois phrases habituelles, lorsqu'on le questionnait sur sa piètre performance. « Je n'ai pas entendu... », « J'ai oublié... » ou « Je n'ai pas vu... » constituaient sa lutte secrète. Il se prétendait sourd, bête et aveugle.

Lorsque je rencontrai cette famille pour la première fois, les excuses de Bernard étaient devenues tellement constantes qu'elles commençaient à le gêner physiquement. Il n'entendait souvent pas les instructions qu'on lui donnait à l'école, se précipitait sans regarder sur la chaussée quand il jouait au ballon et perdait ses affaires (dernières en date, un chapeau, des gants et une raquette de tennis) simplement en les oubliant.

Papa et maman Gros en avaient assez de voir leur fils se prétendre « sourd, bête et aveugle ». Ils avaient tout essayé pour lui faire perdre ses mauvaises habitudes. Ils étaient même allés dangereusement loin pour attirer son attention.

Rien n'y avait fait. A mon avis, parce qu'ils avaient tenté de le convaincre par la parole.

Corinne et Jérôme Gros, gens éduqués et raisonnables, chérissaient leur enfant unique. Corinne dévorait tous les ouvrages traitant de l'éducation des enfants et faisait partager ce qui lui semblait important à son mari. Jérôme n'était nullement impressionné par l'accent qu'elle mettait sur le fait de ne pas se montrer autoritaire et de jouer un rôle protecteur et nourricier. Il préférait l'approche plus ferme de son père et de son grand-père. Ainsi, l'un armé de l'idée qu'il fallait parler à tout prix, l'autre, qu'il fallait user de menaces, les deux parents tentaient d'affronter l'indifférence stoïque de leur fils.

Lorsqu'il jouait au « sourd, bête et aveugle », Bernard obtenait trois réactions différentes. Seul avec maman, il entendait : « Je rends maman triste. » Seul avec papa : « Je rends papa furieux. » Et, face aux deux réunis : « Papa et maman se battent à cause de moi. »

Voici trois brefs extraits de confrontations types :

Mme Gros asseyait Bernard à la table de la cuisine et entamait la séance de communication :

— Tu sais que tu as des choses à faire en rentrant de l'école, n'est-ce pas, Bernard ?

— Oui, oui.

— Et tu sais que je te laisse toujours des petites notes pour te dire ce que j'aimerais que tu fasses en particulier, n'est-ce pas ?

— Oui, oui.

— Alors, pourquoi ne le fais-tu pas ?

Corinne se sentait coupable de se mettre en colère contre son fils.

— Tu sais combien cela me fait de la peine quand je vois que tu n'essayes pas d'aider à la maison.

Bernard ressortait sa meilleure excuse :

— Je ne vois pas toujours les petits mots.

Corinne faisait bien attention de ne pas exploser.

— C'est ce que tu dis à chaque fois. Mais ce n'est pas pour autant que je sens du mieux. S'il te plaît, dis-moi ce qui se passe.

— Je ne sais pas, répondait Bernard.

Et la discussion revenait à la case départ.

Comme vous pouvez vous en douter, cette conversation ne menait à rien, même si elle se répétait chaque jour. Et l'approche directe de papa non plus.

La tendance de Bernard à tout perdre fit sortir papa de ses gonds :

— Tu crois sans doute que l'argent pousse sur les arbres. Ou bien peut-être ne penses-tu même pas. Qu'est-ce qui t'arrive, bon sang ?

Immédiatement intimidé, Bernard pleurnichait :

— Je ne sais pas, j'ai simplement oublié.

— Oublié, bon sang ! Tu perds tout ce que je t'achète de beau.

Soumis aux foudres paternelles, Bernard laissait généralement retomber sa tête et ne disait rien.

— Réponds-moi donc. Je veux savoir pourquoi tu aimes me mettre en colère.

— Je ne sais pas.

La force et l'hostilité excessives de papa n'étaient pas plus efficaces que la surprotection de maman. Dans les deux cas, Bernard se sentait acculé et y allait de sa réplique favorite : « Je ne sais pas. » Lorsque les deux parents se trouvaient impliqués dans la confrontation, ça faisait des étincelles.

Papa était généralement à l'origine de la querelle. Il s'énervait :

— Nom de Dieu, Bernard, c'est la troisième fois, ce mois-ci, que tu perds tes devoirs du soir. Je n'accepterai plus cette excuse. Si tu ne te ressaisis pas, je vais être obligé de te redonner la fessée, comme quand tu étais bébé.

Bernard demeurait immobile et silencieux tandis que maman tentait d'amortir le coup de papa.

— Bernard, explique-nous pourquoi tu as du mal à te souvenir des choses. Dis-nous ce qui te tracasse.

Bernard n'avait pas à répondre à cette prière. Papa le faisait à sa place.

— Oh, crois-moi, Bernard n'a besoin que d'une bonne paire de claques sur les fesses.

— Jérôme, disait alors Corinne, excédée, Bernard ne nous dira jamais ce qui ne va pas si tu t'obstines à l'humilier.

A partir de ce moment, l'attention se détournait de Bernard, et Corinne et Jérôme se lançaient dans une discussion sans fin. C'était toujours pareil. Papa embrassait la cause de la fermeté et maman suggérait que Bernard était irresponsable parce qu'il souffrait de quelque angoisse. Pendant ce temps, Bernard était abandonné à son sort, amené à croire qu'il était la cause de la dispute entre ses parents. Bernard n'était jamais tenu pour responsable de ce jeu du « sourd, bête et aveugle » auquel il jouait.

Tout portait à croire que, tout en apprenant à éviter les responsabilités, Bernard se faisait l'idée qu'il avait une influence négative sur la famille. Non seulement il était sourd, bête et aveugle, mais en plus il se considérait comme un mauvais garçon parce qu'il perturbait tant ses parents. Les mesures extrêmes de papa et maman leur retombaient sur le dos.

SAMUEL

Tout le monde adorait Samuel. Le bon petit Sam. Les voisins pouvaient compter sur lui pour rattraper le petit chat qui s'était enfui. Les dames de l'église déclaraient qu'il était le garçon le plus poli de tout le voisinage. Le responsable du square le louait pour son esprit de meneur, sa gentillesse et sa patience lorsqu'il jouait avec les enfants plus petits. Le proviseur lui-même faisait l'éloge de l'agréable personnalité de ce petit de douze ans, même s'il lui arrivait de se plaindre que Samuel était quelquefois un peu chahuteur.

Il y avait toutefois un problème de taille. La mère de Samuel, qui travaillait dur aussi bien chez elle qu'à l'extérieur, ne savait pas de qui tous ces gens parlaient. « Pas de mon Sam, pensait-elle en privé. Évidemment il est adorable mais je n'arrive même pas à lui faire faire la plus petite chose sans avoir à le supplier à genoux. »

L'histoire du bon petit Sam est caractéristique de nombre de victimes du SPP. Ni morveux, ni stoïques, ni angéliques, ce sont en fait de parfaites relations publiques avant l'âge. Toujours les premiers à offrir leur aide à ceux qui en ont besoin, ils vont même, pour ce faire, jusqu'à risquer leur vie. Toutefois, si on ne les harcèle pas, ils ne lèveront pas le petit doigt chez eux.

Comment un petit aussi serviable peut-il être aussi irresponsable chez lui ? Le meilleur moyen de vous faire comprendre cette contradiction apparente est de vous résumer l'étude psychologique du petit Samuel Koler, alors âgé de douze ans. Ce type de comportement est le plus dangereux car il est très facile, lorsqu'on est enfant, de s'y faire prendre au piège et, si personne ne se trouve là pour vous aider, il deviendra une pierre angulaire inamovible du syndrome de Peter Pan.

Samuel était l'aîné de trois garçons, âgés respectivement de douze, neuf et sept ans. Il était en cinquième et se maintenait légèrement au-dessus de la moyenne sans vraiment faire d'efforts. La maîtresse disait qu'il était tout à fait adorable mais qu'il faisait parfois le pitre pour amuser ses camarades. Un jour qu'elle l'avait expulsé de la salle de cours, elle l'entendit la traiter de « salope » en sortant. Elle fut choquée d'entendre une telle insulte dans la bouche de Sam. Cela lui ressemblait si peu. Elle n'aurait pas dû se troubler : Sam était un petit jeune homme en colère.

Et ce pour plusieurs raisons. Son corps était en train de changer et exigeait autre chose à sa vision d'enfant. Il découvrait l'indépendance mais vivait en situation de dépendance. Il cherchait à se détacher de sa mère surprotectrice, acte naturel mais qui faisait néanmoins naître chez lui une certaine culpabilité. Ces sentiments sont tout à fait caractéristiques du début de l'adolescence et disparaissent généralement. Mais l'une des sources de colère de Sam n'était pas inoffensive et pouvait engendrer chez lui des troubles durables. Il ne se sentait pas aimé de son père.

Ce dernier était un fana du boulot et ne consacrait que très peu de temps à sa femme, et encore moins à Samuel. Cherchant à gagner l'amour de son père, Sam se lança dans un rôle d'adulte avec la ferveur d'un homme plus âgé et l'efficacité d'un nourrisson. Il avait désespérément besoin de l'amour de son père mais ne l'obtenait jamais. Il porta sa quête dans le monde des adultes où, espérait-il, ses actes obligeraient les gens à rapporter à son père combien son aîné était parfait.

Samuel se figurait que lorsque les autres adultes diraient à son père combien il était formidable (ce qu'ils firent), celui-ci tendrait les bras et le serrerait contre son cœur (ce qu'il ne fit pas). Face à cet échec, plus son père l'ignorait, plus Sam tentait de gagner son amour en faisant plaisir à autrui.

Une pression fantastique poussait Samuel à se surpasser, ce qui l'angoissait. Il s'inquiétait en permanence d'être considéré comme mauvais par son père, ce qui le rendait nerveux et craintif. Il était dévoré par les « ferait bien », les « devrait », les « doit » et les « est obligé de », ce qui le mettait en colère.

Le seul soulagement de Sam, son seul moyen d'échapper à ce manège, était de se rebeller à la maison. Comme il était sûr de l'amour de sa mère, celle-ci devint la cible logique de son insurrection. S'il avait pu mettre en paroles cette attitude, il aurait sans doute dit : « Maman m'aimera toujours, même si je la maltraite. »

Il justifiait également son irresponsabilité militante en prétendant suivre les traces de son père. « Sois comme papa et papa t'aimera. » Malheureusement papa s'accrochait fermement à l'idée que le travail domestique est un travail de femme. Sam ne le disait jamais, mais agissait comme s'il le croyait.

N'oublions pas non plus que si le bon petit Sam était si peu responsable, c'est également qu'il était un petit garçon de douze ans qui, comme tout préadolescent, faisait tout pour ne pas grandir. Mais cette phase du cours normal des événements se trouvait faussée. C'est ce qui fut pour moi la première indication que quelque chose ne tournait pas rond chez ce bon petit.

Sam était trop parfait pour se bien porter. Il se donnait trop de mal pour plaire. Je poussai donc plus loin mon enquête et découvris que son comportement était trompeur. Malgré les apparences, Sam n'apprenait nullement à affronter les responsabilités. De banals sentiments d'insécurité motivaient son comportement « responsable » et sa glorification par autrui l'en soulageait quelque temps.

Il va sans dire que ce cercle vicieux ne faisait qu'accentuer progressivement les problèmes affectifs. Sam se sentait ignoré par son père et était obligé de se surpasser pour obtenir l'approbation sociale qui, espérait-il, résoudrait son problème. Mais le résultat était inverse. Il se donnait sans cesse plus de mal et, ce faisant, acquérait une aversion néfaste de la responsabilité qui prenait à ses yeux l'allure d'une supercherie, de quelque chose que faisaient les gens uniquement pour obtenir l'approbation d'autrui. Par conséquent, il n'assimilait pas le sens des responsabilités.

Lorsque je vis Sam et sa famille, l'une des pierres angulaires du syndrome de Peter Pan était déjà fermement en place. C'était à la famille d'inverser la tendance. Je présenterai mon approche du problème de Sam, ainsi que de celui des trois autres garçons, au chapitre 12.

Chapitre 5

ANGOISSE

JOHN : « (Peter) n'est pas vraiment notre père. Il
ne savait même pas comment être un père
avant que je lui montre. »
PETER : « Wendy, tu te trompes pour ce qui est
des mères. J'ai pensé la même chose que toi à
propos de la fenêtre (qu'elle resterait ouverte)
et je suis resté éloigné des lunes et des lunes,
puis je suis revenu en volant, mais la fenêtre
avait été fermée car ma mère m'avait complètement oublié et un autre petit garçon dormait
dans mon lit. »

Peter avait les nerfs en piteux état. Son angoisse
rebondissait à travers le Pays de Jamais Jamais, flanquant
instantanément la frousse à tout le monde. Vous avez tous
déjà vu quelqu'un dans cet état. Il est tellement tendu que
l'air devient électrique autour de lui. Vous lui demandez s'il
se sent bien, il ne vous laisse pas le temps de finir. « Moi ?
Bien ? Parfaitement ! Je suis en pleine forme ! Et vous, il y a
quelque chose qui ne va pas ? »
Prenez un instant pour gratter cette surface de Peter :
son angoisse se voit comme le nez au milieu de la figure. Pas
besoin d'être psychologue patenté. Oubliez les taches d'encre

et les diagnostics psychologiques. Jetez simplement un œil sur son comportement de tous les jours.

La preuve la plus fiable de l'angoisse de Peter est qu'il a perdu tout sens des priorités : il joue calmement de sa flûte de Pan tandis que le capitaine Crochet met le feu à la mèche d'une bombe ; il est tout excité à l'idée de se noyer car mourir lui semble une bonne façon de passer l'après-midi. Pas besoin d'être hystérique pour s'alarmer de ces deux calamités. Peter, quant à lui, ne sourcille même pas.

Par contre, la perte de son ombre le perturbe énormément ; il pique une rage lorsque ses loyaux serviteurs refusent de jouer leur rôle comme il l'entend ; et l'idée d'être touché par quelqu'un le rend très nerveux. Tout bien considéré, les priorités de Peter sont nettement faussées.

Si, comme moi, vous pensez que Peter n'était pas un malade mental, alors il vous faut conclure que quelque chose le tracassait. Il n'en était pas conscient mais en subissait néanmoins les effets négatifs. Il le ressentait mais ne pouvait l'exprimer.

Comme tout angoissé, Peter tente de dissimuler son inquiétude mais le camouflage lui-même en trahit la raison : en se défendant d'être nerveux, il sème des indices quant à l'origine de son angoisse. Les deux citations placées au début de ce chapitre représentent les deux indices : Peter se sent délaissé par son père et profondément perturbé par ce qu'il interprète comme le rejet de sa mère. Cette combinaison engendre chez lui une angoisse incommensurable. Il ne peut se confier à personne. Il a besoin d'aide.

Si j'avais été là pour aider Peter face à son angoisse, je me serais attaché plus particulièrement à ses parents, car celle-ci est signe de troubles familiaux. Quelque chose n'allait pas dans leur vie conjugale. M. Pan était-il un travailleur compulsif qui s'apitoyait sur son sort ? Était-il le produit d'une génération où les garçons ne pleuraient pas ? Mme Pan était-elle satisfaite du rôle traditionnel de femme au foyer et de mère ? Les Pan cédaient-ils aux pressions de leurs pairs lorsqu'il s'agissait d'élever leurs enfants ? M. Pan était-il un macho ? Si oui, Mme Pan jouait-elle les femmes « soumises » ? Les Pan faisaient-ils des efforts pour rendre leur vie conjugale agréable ou bien vivaient-ils en couple par simple habitude ?

Les réponses à ces questions, et à d'autres semblables, permettraient de mieux cerner l'atmosphère dans laquelle Peter était élevé : tendue et angoissée. D'une certaine façon, M. et Mme Pan inculquaient à leur enfant l'idée qu'il devrait éviter de trop se rapprocher de son père et s'inquiéter de savoir si sa mère l'aimait.

Cette angoisse, qui devient une pierre angulaire du syndrome de Peter Pan, naît des problèmes conjugaux qui la nourrissent ensuite. Plus ou moins, les parents n'ont plus de contacts entre eux. En règle générale, ils ne ressentent aucun désaccord flagrant et ne voient donc pas de raison de chercher les services d'un conseiller conjugal. Je sais que cela peut vous sembler quelque peu rebattu, mais ils souffrent surtout d'un problème de communication (ou plutôt d'un manque de communication).

Les parents des victimes du SPP pensent attribuer la même valeur aux choses. En fait, le temps et l'âge aidant, ils s'aperçoivent que leurs échelles de valeur respectives s'opposent parfois. Néanmoins, ils s'habituent l'un à l'autre et estiment que puisqu'ils sont toujours mariés, leur vie conjugale est, *de facto*, productive. Cette croyance magique les empêche de communiquer fructueusement. Ils sont conscients d'une certaine misère mais la rejettent comme fardeau inhérent à la vie de couple.

Elle peut être rejetée, mais non oubliée. Lorsque les parents n'arrivent pas à communiquer et à apprivoiser leurs différences, eux aussi s'angoissent. La frustration qu'engendre le fait de vivre avec quelqu'un dont vous ne vous sentez pas proche finit par se répercuter sur les autres membres de la famille, y compris les enfants.

Les victimes du SPP sont, de façon caractéristique, des enfants extrêmement sensibles. Ils écoutent leurs parents et essayent de faire ce qu'on leur dit. Ils ne le montrent peut-être pas toujours, mais ils possèdent un sens aigu du bien et du mal. J'ai souvent souhaité en conseillant des victimes plus âgées, qu'elles ne fussent pas aussi sensibles aux réactions de leurs parents. Elles ne seraient peut-être alors pas embourbées à ce point. Il est ironique de voir que des enfants qui démarrent dans la vie en étant aussi réceptifs aux messages de leurs parents puissent se sentir tellement troublés par ceux-là mêmes qu'ils aiment tant.

J'ai mis à jour huit messages encourageant le syndrome de Peter Pan. Je les appelle *messages camouflés* parce que ce sont des idées destructrices que communiquent inconsciemment les parents. Vous comprendrez bien vite comment ces messages découlent de la discorde conjugale et engendrent l'angoisse. Ils se paient tandis que les parents dissimulent leur angoisse en parlant aux enfants au lieu de se parler l'un à l'autre.

Je classe ces messages en deux catégories : mère/fils et père/fils.

Première catégorie :

N'embête pas ton père.
Tu agis exactement comme ton père.
Ton père ne comprend pas les sentiments.
Dommage que le travail de ton père soit plus important que sa famille.

Seconde catégorie :

Fais en sorte que je n'aie pas ta mère en permanence sur mon dos.
Ne fais pas de mal à ta mère.
Ta mère ne comprend pas les hommes.
Tu sais comment sont les femmes !

Avant d'étudier de plus près ces messages, laissez-moi vous expliquer pourquoi ils causent tant de ravages au cours des premières années de l'adolescence.

APOGÉE DE L'ANGOISSE : TREIZE A QUATORZE ANS

Il est quelque peu artificiel de choisir un âge pour cette angoisse : la discorde conjugale ne cesse d'exercer ces effets négatifs sur les enfants dès que ceux-ci sont en âge de ressentir l'atmosphère qui règne chez eux. Les spécialistes du développement nous apprennent que cette sensibilité affective est à l'œuvre avant même la naissance. Ainsi, la victime potentielle du SPP ressent l'absence de communication entre ses parents et la tension qui en résulte dès qu'elle apparaît. Malgré tout, certaines choses me permettent de désigner la période treize quatorze ans comme celle de l'apogée de l'angoisse.

Les très jeunes adolescents sont exceptionnellement conscients des premiers contacts garçon-fille. Rien donc de bien étonnant à ce qu'ils étudient en premier les rapports papa-maman. S'ils n'ont pas encore pris conscience de la discorde conjugale, ils le feront certainement à cet âge. Et dès lors deviendront extrêmement sensibles à tout message émanant de leurs géniteurs.

Le petit de treize quatorze ans est également mûr pour jouer au noble chevalier. La nature secrète des messages l'intrigue et il s'attribue le rôle de détective chargé d'en décoder le sens caché. Il ne lui faut pas longtemps pour découvrir que ses parents ont des ennuis. Guerrier courageux, il enfourche son blanc destrier et se précipite à leur rescousse. Enfant inexpérimenté follement épris de chevalerie, il conclut à tort que le problème c'est *lui*. Cela l'effraye,

81

mais il sait qu'il doit sauver ses parents de sa propre méchanceté.

MESSAGES CAMOUFLÉS

Ces messages sont de très dangereux lapsus qui propulsent l'angoisse vers des sommets vertigineux. Totalement involontaires, ils terrifient les parents lorsque ceux-ci découvrent ce que l'enfant a entendu. Totalement spontanés, ils les embarrassent lorsque ceux-ci prennent conscience de leur sens caché. Excessivement dévastateurs, ils plongent les parents dans le plus profond des remords lorsque ceux-ci apprennent plus tard que leurs enfants ont tenté de faire ce que disaient papa et maman.

Les messages camouflés qui m'intéressent sont ceux par lesquels un parent rejette sur l'enfant la frustration née de sa vie conjugale. Au lieu de clarifier les choses en parlant entre eux de leurs déceptions, chaque parent les garde pour lui. La frustration finit par déborder et l'enfant se retrouve au cœur de la discorde conjugale. Une angoisse débilitante s'installe alors.

Examinant la structure familiale des victimes du SPP, je me suis aperçu que les messages camouflés tournent autour de deux thèmes, l'un venant du père, l'autre, de la mère. Père/fils : *ta mère est une faible créature et tu la fais souffrir.* Mère/fils : *ne sois pas proche de ton père.*

Afin de comprendre comment ces thèmes opèrent leur travail de sape, rendons visite à une famille au sein de laquelle une jeune victime du SPP est sur le point de recevoir une forte dose d'angoisse sur le coin de la tête.

Maman arrive de son travail juste à temps pour répondre à un coup de fil d'un copain de son fils. Non, elle ne sait pas où il est, il ne prend jamais le temps de lui dire où il va. Elle découvre maintenant que ce même petit vagabond de treize ans a oublié de mettre la viande à décongeler comme elle le lui demandait dans le petit mot laissé sur la table. Elle est supposée préparer un repas savoureux en trente minutes et le plat de résistance est dur comme pierre. Tout bien considéré, elle aimerait prendre un bain, se détendre quelques minutes et tordre le cou de son fils. Et ce, pas nécessairement dans cet ordre. Le gond du placard de la cuisine hurle et devient une fois encore le bouc émissaire émotionnel de maman.

Papa rentre du boulot en broyant du noir, cherchant compassion, pitié et journal du soir. Il essaye d'être gentil, mais n'a jamais été très bon à ce jeu. Plusieurs mois plus tôt, lorsque sa femme a retrouvé un emploi, elle lui a demandé de l'aider un peu plus à la maison. Le soir suivant, il rangeait le journal et sortait la poubelle. Ce fut le début et la fin de sa contribution aux tâches ménagères. Son épouse aurait dû l'affronter ouvertement. Au lieu de quoi, elle lui lance régulièrement des petites piques sarcastiques qu'il ignore en public mais utilise en privé pour justifier sa décision de jouer plus souvent au golf.

Maman passe son temps à réprimer ses accès de colère et de rancœur. Son mari ne manifeste pratiquement aucun intérêt pour ses états de tension. Elle ne peut même pas se faire câliner sans avoir à le demander. Elle se sent traquée par un adolescent irresponsable, un emploi du temps impossible et un mari insensible. Comble d'ironie, son époux éprouve exactement la même chose sauf qu'il la traite, en riant, de garce, tout en noyant sa colère dans un gin-tonic au dix-huitième trou.

Tandis que papa et maman prétendent que tout va bien, leur fils unique entre en trombe dans la cuisine pour demander dans combien de temps on dîne. Sans attendre la réponse, il surgit dans le salon et demande de l'argent à son père pour aller jouer aux jeux vidéo. Papa murmure quelque chose à propos de son fils qui croit sans doute que l'argent se trouve sous les sabots d'un cheval et lui tend vingt francs. La gâchette, hyper-chatouilleuse est tirée et le chien s'abat. Les messages camouflés chargés des graines de l'horrible angoisse commencent à voler.

— Laisse donc ton père tranquille, crie maman. Il a eu une dure journée et il a besoin de se reposer. De toute façon, je ne vois pas pourquoi on te donnerait de l'argent. Tu disparais toute la sainte journée et tu oublies de faire ce qu'on te demande.

— Qu'est-ce qu'il fallait que je fasse ? rétorque l'enfant.

— Combien de fois faut-il te le rappeler ? (La voix de maman trahit sa réaction excessive.) Tu m'écœures. Ton père et moi on se crève pour toi et tu n'apprécies même pas assez pour faire une ou deux toutes petites choses.

L'enfant tente de se défendre.

— Je ne me souviens pas que tu m'aies dit qu'il fallait que je fasse quoi que ce soit. Je ne vois pas pourquoi tu me cries après.

La riposte de son fils déclenche le premier message camouflé de papa.

— Ne sois pas méchant avec ta mère, fiston ; elle essaye de préparer le dîner et tu ne fais que lui faire de la peine. Allez, arrête.

Maman injurie une boîte de haricots récalcitrante, la jette à moitié ouverte sur le plan de travail et s'en va, furieuse, se changer. Elle lance à son fils un regard chargé de haine qu'elle regrette à peine sortie de la pièce. Son irresponsabilité ne l'écœure pas vraiment, elle le sait. Elle souffre car elle vit avec un homme qui se montre plus aimable avec les inconnus qu'avec elle.

Papa appelle son fils. Gentiment, comme s'il cherchait à détendre l'atmosphère, il dit :

— Fiston, il faut que tu apprennes à connaître les femmes. Ta mère ne peut à la fois supporter le fait de travailler toute la journée et te voir méchant avec elle.

En aucune façon ce petit de treize ans ne peut déceler le

message dissimulé derrière ce que lui dit papa. Il prend ce conseil au premier degré.

— Je n'étais pas méchant, papa.

Papa ne cherche nullement à communiquer avec son fils. Il se replonge dans son journal et lance un dernier :

— N'oublie pas que ta mère ne comprend rien aux garçons, alors fais gaffe.

Congédié de façon péremptoire, le fiston retourne dans sa chambre. Il est loin de réaliser qu'il est sur le point de recevoir un échantillon de messages camouflés contradictoires.

Maman entend son fils qui fait un effort peu enthousiaste pour se laver les mains et la figure. La culpabilité due à son éclat dans la cuisine la tenaille et elle frappe à la porte de la salle de bains. Elle sait qu'il l'invitera à entrer, mais le fait de frapper amorce les prémices d'une supplique.

La douceur de sa voix séduirait n'importe quel enfant.

— Je peux te parler un instant ?

Sans attendre de réponse, maman explique son comportement en des termes si prévenants que personne ne pourrait l'accuser de dissimuler quoi que ce soit.

— Je sais que je me suis emportée et que je n'aurais pas dû. Mais c'est simplement parce que lorsque je te vois agir ainsi avec ton père, j'ai vraiment peur. Papa est très pris par son travail et n'a pas le temps de m'aider. Je ne veux pas que tu sois comme ça. Tu n'es pas comme lui. Tu es tendre. Je veux que tu le montres, que tu ne sois pas aussi dur. Pour l'instant, le travail de papa compte plus pour lui que sa famille. Il faut que tu acceptes ce fait. Un jour, il fera à nouveau attention à nous. Mais entre-temps il faut que tu m'aides.

Fiston regarde fixement le mur par-dessus l'épaule de sa mère et hoche la tête. Maman, rongée par la colère contre son époux, ne voit pas le ruisseau de larmes qui enfle chez celui qui est sa fierté et sa joie. Elle lui caresse la tête et va finir de préparer le dîner.

Papa est tiré de sa lecture des nouvelles du soir par le bruit que fait sa femme dans la cuisine. Il fait une vague tentative pour recoller les pots cassés en offrant de l'aider, ce qui ne fait que l'exposer aux coups. Son épouse n'exprime toujours pas plus directement ni honnêtement ses sentiments, mais la rudesse de ses critiques ne laisse planer aucun doute.

— Pourquoi lui donnes-tu de l'argent comme s'il en poussait dans les arbres ? Tu sais bien qu'il passe déjà trop de temps à jouer avec ces jeux vidéo. (Sans vraiment lui laisser le temps de répondre, elle ajoute :) Si tu passais un peu plus de temps avec ton fils, peut-être saurais-tu ce qu'il ressent. Peut-être saurais-tu de quoi il a besoin. Il n'a pas besoin que tu te débarrasses de lui en lui lançant de l'argent. Il a besoin que tu l'aimes, que tu comprennes les difficultés qu'il rencontre. Peut-être devrais-tu cesser de jouer autant au golf et prendre le temps d'aider ton fils.

Les protestations de papa tombent dans l'oreille d'une sourde. Quelque chose lui dit que sa femme n'attend aucune réponse. Elle cherche à le culpabiliser. Et elle y réussit. Jusqu'à un certain point seulement car papa commence à être tellement habitué à cette tension conjugale qu'il ne fait plus vraiment attention aux reproches de sa femme. Il s'exerce à ne plus rien ressentir.

Le climat trouble ne s'est pas dissipé lorsque tout le monde se retrouve à table. Fiston devient une balle de tennis renvoyée entre deux adversaires qui violent de façon flagrante les lois fondamentales de la décence et de la discipline.

Il se tient très mal. Au lieu de l'avertir avec fermeté, maman s'en prend à lui comme poisson pourri. Il se plaint de la nourriture. Plutôt que de tenter de l'entraîner dans une discussion agréable, papa fait un effort mesquin pour calmer son épouse en dépréciant les papilles gustatives de son fils. Fiston boude, donnant ainsi à ses deux parents l'occasion de le gronder en chœur : personne ne veut d'un boudeur pour ami. Ils n'auront pas longtemps à attendre avant que leur fils ne tente désespérément de leur prouver le contraire.

La scène se reproduisant régulièrement, le fils commence à s'y habituer. Il n'est pas aussi perturbé que vous pourriez l'imaginer. Rien d'étonnant donc à le voir débarrasser la table en chantonnant. Il n'est pas encore indifférent mais découvre les bienfaits de l'anesthésie émotionnelle.

Pour quelqu'un qui vient de passer une heure et demie à se faire fouetter émotionnellement, il tient une forme remarquable. Et heureusement pour lui. Il lui reste encore à recevoir une dernière flèche verbale que papa tient en réserve dans son carquois. D'une certaine façon, c'est celle qui pénétrera le plus profond.

La blessure est infligée au moment où père et fils pourraient jouir ensemble d'un moment de tranquillité. Bien que le ton de papa respire la chaleur et la sincérité, l'enfant se crispe lorsqu'il le voit s'approcher. L'histoire lui a appris que les moments de calme avec papa se terminent toujours de façon douloureuse.

— Essaye de te ressaisir, fiston, et fais en sorte que ta mère ne soit pas constamment sur mon dos. Je ne supporterai pas longtemps ses récriminations à ton sujet.

Face à ce coup bas, vous avez sans doute envie de jaillir de votre fauteuil pour affronter papa. Cela ne servirait à rien. Non seulement il nierait tout sens caché, mais il se sentirait offensé par la moindre suggestion que ce qu'il a pu dire puisse avoir blessé son fils. Après tout, protesterait-il, aucun père sain d'esprit ne dirait ou ferait quoi que ce soit dans le seul but de faire du mal à son fils.

Si vous avez bien écouté, vous comprendrez aisément qu'aucune dose de tranquillisant émotionnel ne pourrait empêcher cet enfant de se sentir dévalorisé. Il ne lui servirait à rien de se plaindre. Comme maman, papa ne se rend pas compte de ce qu'il fait. La seule bonne nouvelle de la soirée, c'est qu'elle est terminée.

En vous éloignant de la maison, jetez un dernier coup

d'œil dans la chambre du fils et écoutez les voix qui résonnent dans sa tête.

> Je fais du mal à maman parce que je suis comme papa qui ne supporte pas que je fasse du mal à maman. Papa ne nous aime pas autant que son travail parce qu'il est incapable de sentiments. Maman ne peut pas me comprendre et c'est à cause de moi qu'elle s'en prend à papa. Je suis supposé la protéger, mais cela veut dire que je dois utiliser mes sentiments pour faire ce que papa ne fait pas. Pour protéger papa, je dois me ressaisir et ne pas être comme lui.

Le moment où les messages camouflés causent le plus de torts est celui où l'enfant tente de trouver un sens à ce qui n'en a pas. Imaginez la douleur et le trouble qui assaillent son esprit. La boule, dans son estomac, le condamne comme coupable ; le cri qui résonne dans sa tête le désigne comme seul responsable. Ne doit-il pas, de façon pas si illogique que ça, conclure qu'il est à l'origine de la douleur qui afflige ceux qu'il aime ? Au moment où il est prêt à s'endormir, tout amour-propre qu'il ait réussi à sauvegarder au cours de la journée se trouve presque certainement anéanti.

Ne voyez-vous pas ce que ce garçon ferait si Peter Pan apparaissait sur le rebord de sa fenêtre et lui demandait de le rejoindre au Pays de Jamais Jamais ? Il s'emparerait si vite de cette poussière magique que vous n'auriez le temps de rien voir. Il se couvrirait le corps d'éclats de gaieté perpétuelle, convaincu de ce qu'au Pays de Jamais Jamais il serait libéré du souci de devenir adulte.

Quelle scène sinistre ! Un enfant n'est généralement pas bombardé par tous ces messages au cours d'une seule soirée, mais la victime du SPP les entendra tous en l'espace d'une ou deux semaines. Le fait de les entendre n'est cependant que le moindre des deux maux. Bien pire est le fait qu'*il n'entendra jamais aucune réfutation de ces messages.* Ni maman ni papa ne viendront le voir plus tard dans sa chambre pour lui dire : « Désolé, mon garçon, j'avais tort. Cela ne te concerne pas.

Comporte-toi seulement comme un bon petit gars et maman (papa) et moi résoudrons entre nous nos problèmes. »

Mis à part les incantations magiques, rien ne permet de se délivrer d'un tel sentiment de malédiction. Le garçon sait que quelque chose ne va pas. Son bon sens, d'une voix faible, lui suggère que ses parents ont peut-être tort, mais sa loyauté et son égocentrisme naturels s'associent pour le désigner comme coupable. Il est obligé de conclure qu'il a tort.

En même temps que cette impression de ne pas être « un bon petit » surviennent différentes évolutions dans l'esprit du garçon. Son auto-accusation s'accentuant, sa confiance en lui-même diminue. Une sensation de tristesse insinuante envahit les silences et il évite de rester seul. Il tire des conclusions illogiques sur sa capacité à faire mal à ses parents et/ou à les protéger. Cela devient l'élément d'un délire de mégalomaniaque où l'enfant croit détenir le pouvoir de sauver ses parents de la souffrance. Et il se blâme lorsqu'il ne le fait pas.

Ces pensées se transforment très rapidement en nuées de désespoir. Il tire une conclusion générale excessivement destructrice quant à la nature de son âme : ses parents l'aiment et il est, lui, incapable de les aimer en retour. Il voit en lui un démon qui le transforme en un être qui ne peut aimer.

Cette image négative agit finalement comme la méthode Coué. Parce qu'il se considère comme incapable d'aimer, il n'exige pas de lui-même politesse ou considération envers autrui. Sa voix intérieure lui souffle : « Cela ne me servirait à rien d'essayer d'être poli puisque je ne suis pas une personne sympathique. »

Il faudra des années avant que la victime du SPP soit capable de prendre conscience du cercle vicieux engendré par cette image de soi négative. Au stade de l'affection qui se situe au milieu de l'adolescence, le garçon n'est conscient que d'une chose : son besoin d'échapper à la douleur affective.

C'est dans ce contexte de fuite que les problèmes vis-à-vis de la mère et du père prennent forme.

La relation de la victime avec ses parents ne dépasse jamais ce stade. Sa fuite vers le Pays de Jamais Jamais entraîne une stagnation de la maturation émotionnelle. Nombre de victimes passent le restant de leurs jours à essayer de se rapprocher de leur père sans immédiatement paniquer, à tenter de se détacher de leur mère sans pour autant se sentir coupables. A chaque tournant, elles sont assaillies par la croyance qu'elles détiennent le pouvoir de préserver leurs parents de la souffrance. Un tel pouvoir n'existe pas.

La victime du SPP finit par avoir des problèmes avec toute figure autoritaire mâle. Elle exige des choses impossibles de son maître d'école, de son professeur, de son employeur, etc. Elle exige également cent fois trop d'elle-même tant elle cherche à leur plaire. En retour, elle s'attend à ce que ces derniers lui accordent un statut particulier qu'elle interprète comme une parenté symbolique avec son père. Et ce faisant, elle espère recueillir l'absolution pour son échec à plaire à papa. Ce problème avec le père contamine les relations de la victime avec toute autorité mâle et, dans la plupart des cas, creuse encore plus le fossé.

Le problème vis-à-vis de sa mère dont souffre celui qui est atteint du SPP se manifeste lorsqu'il s'approche d'une femme. Pour lui, l'aimer c'est en faire un substitut maternel. Il exigera de celle qui partage sa vie un certain comportement et, au moindre écart (par exemple, et c'est là ce qu'elle peut faire de pire, si elle n'approuve pas tout ce qu'il fait et dit), il se mettra en colère ou, pire, deviendra grossier et violent. Et c'est en plaisant totalement à cette mère de substitution qu'il espère apprendre à devenir une personne sympathique.

Parce qu'il se rebelle et parce que sa vie d'adolescent manque de stabilité, le gros de son trouble intérieur ne réapparaîtra pas pendant plusieurs années. La détérioration et la stagnation se développent à l'insu du jeune homme. Deux indices majeurs de cette angoisse annihilante et de cette image de soi négative existent cependant.

Vous verrez peut-être l'enfant victime du SPP, au milieu de son adolescence, s'en prendre à quelqu'un de proche. Sa jeune sœur, par exemple, le cas échéant, fera les frais de sa méchanceté. Autrefois, le garçon l'idolâtrait. Il lui donnait son biberon et voulait constamment la regarder. Aujourd'hui il l'embête sans merci, la taquine. Envieux et jaloux, il se laisse aller à des remarques vicieuses. Il ne s'agit pas là d'une rivalité frère/sœur habituelle. Il la critique sans cesse, la fait souvent pleurer. Elle se plaint à sa mère :

— Il faut que tu fasses quelque chose. Je n'aime pas détester mon frère.

Cette angoisse se manifeste également parfois par une soudaine dégringolade des résultats scolaires. Aux environs du BEPC, les professeurs disent qu'il est éveillé mais qu'il ne travaille pas. Qu'il est paresseux, qu'il « pourrait mieux faire ». Sa concentration se relâche. Dans certains cas, il joue le rôle de pitre. On a beau l'encourager, le pousser à étudier davantage ou le punir, rien ne semble y faire. Le garçon se moque réellement de tout.

IRRESPONSABILITÉ + ANGOISSE

De l'image de soi négative naît l'attitude je-m'en-foutiste. Associée de l'irresponsabilité, crasse examinée au chapitre précédent, elle engendre l'un des principaux traits caractéristiques de la victime du SPP : la procrastination, ou art du « différé », du « remettons à demain ce que nous pourrions faire aujourd'hui même ».

Celle de la victime du SPP est bien plus destructrice que celle que nous nous autorisons parfois. Nous repoussons les choses au lendemain, au surlendemain, parce que nous sommes fatigués, physiquement ou mentalement, ou parce que nous n'avons tout simplement pas le temps. Mais *nous les ferons.*

La victime du SPP *ne les fera vraisemblablement pas.* Elle remet toujours tout à plus tard parce qu'elle ne voit aucune raison — ou presque — de s'investir dans *demain.* Pour elle, toute dépense d'énergie n'aboutira qu'à un échec de plus. Ce fatalisme transforme la procrastination ordinaire en désastre. Les choses sont *constamment* remises au lendemain et ne sont bien évidemment jamais faites.

Irresponsabilité + angoisse entraînent procrastination fataliste. D'où entrave importante à la capacité de l'adolescent à surmonter sa stagnation émotionnelle. Gaston Lagaffe s'est déjà emparé de lui et maintenant, tout *espoir* de voir les choses changer s'envole. Il est perdu. Le mépris s'associe à la dépression pour bâtir un obstacle formidable à sa croissance. Toute son énergie passe dans son désir frénétique d'appartenance. Nous verrons dans le chapitre suivant comment la pression des pairs joue le rôle de ciment psychologique pour consolider l'engagement de la légion des enfants perdus menée par Peter Pan.

LES DARLING D'AUJOURD'HUI

Au début et à la fin de l'histoire de Peter Pan, l'auteur nous donne à voir la dynamique familiale d'une maisonnée, celle de George et Mary Darling. Ils ont trois enfants : Wendy, Michael et John. Au cours de l'histoire, Peter recrute Wendy comme mère de substitution, et Michael et John comme membres de sa troupe d'enfants perdus.

Les éléments abondent qui nous indiquent que le syndrome de Peter Pan fleurissait déjà chez les Darling. M. Darling est un macho qui s'apitoie sur son sort, un enfant dans un corps d'homme. Mme Darling, quant à elle, souffre en silence, materne son époux et se sacrifie pour ses enfants. Nous ne sommes pas avisés des problèmes intimes du couple mais entendons voler nombre de messages camouflés. George et Mary souffrent de ne pas s'entendre et leurs enfants se retrouvent piégés entre eux deux. Quelques pages suffisent pour comprendre pourquoi Peter se sent attiré par la fenêtre de la chambre des enfants Darling.

De nos jours, un nombre incalculable de « familles Darling » déroulent le tapis rouge devant Peter et sa légion. Voici l'histoire de deux d'entre elles.

LES PILSEN

Marie souffrait profondément de son enfance déshéritée et se révoltait contre elle. La voix ferrée qui scindait la petite ville où elle avait grandi devenait dans son esprit une frontière à double tranchant. Le rail sud constituait la limite d'un corail paradisiaque où folâtraient des enfants totalement acceptés et jouissant de l'approbation générale. Le rail nord aurait pu être de fil de fer barbelé tant elle se sentait griffée et déchirée chaque fois qu'elle tentait de le franchir. Si le nord ne la laissait jamais mourir de faim, elle ne pardonna néanmoins jamais à son père d'avoir été content de travailler pour cette même voie ferrée qui la retenait prisonnière.

Tout en grandissant et en devenant une belle jeune femme, Marie poursuivait inlassablement deux buts : s'acheter des vêtements qui l'affirmeraient aux yeux de tous comme une jeune fille réellement acceptable et décrocher tous les prix d'excellence de façon à les échanger contre une bourse pour la meilleure université, université qui lui ouvrirait la porte du mariage, reléguant ainsi son passé aux oubliettes.

Pendant ce temps, Bertrand Pilsen ne vivait que pour une chose : dédommager sa mère de la rude vie qu'elle avait soi-disant menée. Son père était mort lorsqu'il avait quatre ans, laissant à sa femme suffisamment d'argent pour son éducation mais pas assez pour les dépenses quotidiennes. Il ne se passait pas une journée sans que sa mère lui rappelle le sacrifice démesuré qu'elle faisait pour lui. Combien de fois lui avait-elle répété qu'elle oublierait toutes ses souffrances si seulement il épousait la femme qui convenait et la protégeait. L'asservissement impliqué par ce contrat affectif fut à l'origine de la plupart des problèmes de Bertrand.

Marie et Bertrand se sentirent attirés l'un vers l'autre dès les premiers jours à l'université. Marie fixa immédiatement ses espoirs sur la droiture et la sobriété de Bertrand qui vit en elle sa chance de remplir son contrat envers sa mère.

Ils parlèrent mariage avant même la fin de leur première année d'études. Tous deux trouvaient cela tellement naturel qu'ils ne prirent pas la peine d'apprendre à se connaître. En fait, Bertrand ne demanda jamais sa main à Marie. Elle la lui donna, en toute logique, le lendemain de leur diplôme.

L'empressement de Bertrand à se sacrifier silencieusement pour les autres faisait de lui un parfait employé. Son ascension météorique dans les affaires était égalée, étape après étape, par celle, mondaine, de Marie. Devenait-elle membre d'une association, immédiatement Bertrand était invité à faire partie d'un club prestigieux. Etait-il promu directeur des ventes, sa femme était aussitôt choisie comme présidente des auxiliaires de l'hôpital et comme membre du jury du concours de beauté local. Dans certaines soirées, Bertrand se voyait reproché d'être « Monsieur Marie Pilsen ».

L'ombre du passé de Marie s'était pratiquement effacée. Elle mentait si souvent à propos de son enfance qu'elle se croyait presque, elle-même, orpheline élevée par une vieille tante et un vieil oncle quelque part au fin fond de l'Auvergne. Elle avait choisi cette région parce qu'aucune des personnes de sa connaissance ne semblait en connaître l'existence. Les chances que quiconque vienne à découvrir le pot aux roses étaient pratiquement nulles.

La mère de Bertrand se montrait enchantée par Marie et

ne manquait jamais d'approuver publiquement le choix de son fils. Ni d'ailleurs de lui demander mille petits services. Parce qu'ils vivaient relativement près les uns des autres, Bertrand passait son temps au téléphone avec des avocats, des banquiers, des comptables, voire des plombiers, uniquement pour faire plaisir à sa mère. Il n'appréciait guère cette dépendance excessive, mais dès qu'il s'en plaignait un tant soit peu, il se sentait submergé sous des torrents de culpabilité.

Bertrand et Marie vécurent leur conte de fées dans les règles et eurent trois enfants, deux garçons et une fille. Ceux-ci furent à l'origine de la lente détérioration de l'équilibre fragile auquel étaient parvenus les Pilsen. Les besoins affectifs des enfants forcèrent Marie à analyser sa plasticité. Extérieurement, elle disposait d'atouts merveilleux mais, intérieurement, elle se sentait vide. Bertrand était sur la route presque toute la semaine et la solitude la décida à chercher une vie meilleure, à changer les règles de sa vie conjugale.

Bertrand ne comprenait pas grand-chose lorsque sa femme lui parlait de partage, de croissance affective et de communication accrue. Il rangea son inquiétude au rayon des crises de demi-saison. Précoce, certes mais sans plus. Et lui conseilla de se chercher un emploi et de jouer plus souvent au tennis. Au fond de lui-même, il paniquait à l'idée de se retrouver avec deux femmes exigeant de lui des choses impossibles. Il résolut sa propre inquiétude en jouant plus souvent au squash et en buvant davantage. Il avait envie de vivre une aventure mais avait trop peur pour passer à l'acte.

Claude Pilsen entra dans l'adolescence au sein d'un foyer débordant de rancœurs inexprimées. Il n'était pas suffisamment mûr pour démasquer la discorde parentale. En fait, il ne prêtait guère attention à quoi que ce soit autour de lui, y compris à ses responsabilités. Ce paresseux de fils à la langue bien pendue, autrefois si sensible, et qui traitait aujourd'hui les gens comme des meubles, irritait Marie. Au lieu de mettre à exécution des procédures disciplinaires rationnelles, Marie hurlait et criait après son irresponsable de quatorze ans. Ce qui ne le rendait que plus insensible encore aux conseils de sa mère.

Une psychothérapie aurait enseigné à Marie Pilsen qu'une large part de sa frustration vis-à-vis de Claude n'était en fait due qu'à un transfert de sa colère contre son mari. Elle aurait également appris qu'elle se condamnait secrètement de nier aussi farouchement sa propre éducation, pourtant bien meilleure que celle qu'elle-même et son mari offraient à leurs enfants. Elle prit rendez-vous chez un thérapeute mais se déroba au dernier moment. Cela risquait trop d'attaquer son vernis mondain.

Autant que je sache, cette histoire se termine mal. Marie et Bertrand vivent toujours ensemble et dépensent presque toute leur énergie à s'éviter. Marie est présidente de plusieurs associations, la plupart ayant pour but de venir en aide aux enfants difficiles. Bertrand est en passe de devenir président de la compagnie où il travaille et a maintenant une petite amie qui l'aime profondément. L'importance de leur image sociale et le spectre du désastre financier excluent un divorce.

Claude, à vingt-quatre ans, tente toujours de finir ses études. Aux premiers stades de l'alcoolisme, il n'a jamais réussi à garder un emploi de vacances ou à mi-temps plus d'un mois et commence à souffrir de périodes de dépression au cours desquelles il joue avec l'idée de suicide.

Son plus jeune frère et sa sœur semblent avoir échappé au plus gros de la tempête. Comme c'est généralement le cas, les messages camouflés frappent principalement le fils aîné. C'est donc lui qui part à la recherche d'une réponse et la trouve au Pays de Jamais Jamais.

LES TORRENT

Le père de Jacques Torrent ne fut jamais un père. Il demeura une énigme jusqu'au jour de sa mort. Jacques avait peur de lui mais ne le respectait pas, combinaison de sentiments qui mène souvent à la révolte. Ce qui fut le cas. Jacques était un fauteur de troubles. « Un vrai petit gars », dirait-il plus tard. En fait, son côté rebelle le mena bien souvent à deux doigts de la prison.

Jacques fut élevé dans une ferme et travailla dès qu'il sut marcher. Ce dur labeur fut tout à la fois un bienfait et une calamité. D'après lui, c'est ce qui l'empêcha de devenir un délinquant, mais c'est également devenu sa raison d'être. Jeune homme, il ne s'autorisait à se détendre que s'il avait sué sang et eau. Il espérait ainsi recueillir l'approbation de son père. Il n'obtint que l'héritage d'un névrosé du travail. Jacques entra dans la vie adulte fermement résolu à améliorer son sort et brûlant du désir d'apprendre à être un père aimant pour son propre fils.

Édith, sa femme, était la fille d'un père adorable et d'une mère perturbée. Elle s'imaginait que son père restait avec sa mère uniquement par pitié. Sentiment qui, associé à sa culpabilité parce qu'il buvait trop, le maintint esclave d'une femme qui souffrit de quatre dépressions nerveuses dont elle l'accusa à chaque fois.

Le foyer d'Édith retentissait d'explosions affectives. Sa mère accusait régulièrement son père de tout, d'avoir laissé brûler les toasts comme de coucher avec la femme du voisin. Papa ne disait généralement pas grand-chose tant qu'il n'était pas soûl. Ensuite, il devenait grossier, en gestes comme en paroles. Édith lui pardonnait. Sa femme, non.

Édith devint allergique aux querelles de ses parents. Elle faisait tout pour les éviter. Elle échangea ses propres désirs contre le rôle de pacificatrice. Elle s'abstint de sortir avec des garçons afin que ses parents ne se chamaillent pas sur la façon dont elle s'habillait. Elle abandonna son idée de

97

poursuivre ses études à l'université parce qu'elle ne supportait pas leurs lamentations sur leur situation financière. Elle ne s'en rendait pas compte à l'époque, mais elle commençait à rendre responsables *toutes* les femmes du fait qu'elle ne pouvait devenir une personne à part entière. Elle en voulait amèrement à sa mère, vénérait son père et était douloureusement déçue d'être née femme.

Après ses études de secrétaire, Édith quitta la maison. Elle partit travailler pour une entreprise de construction dotée d'affaires qui se chiffraient en milliards et d'un jeune contremaître nommé Jacques Torrent. La timidité d'Édith dissimulait son manque d'expérience. Jacques fut séduit par sa modestie. Bien vite ils firent des plans de mariage.

Leur premier enfant fut conçu au cours de leur lune de miel, véritable fiasco sur le plan sexuel. Aucun des deux n'avoua sa déception, ce qui était tout aussi bien pour eux car Jacques était surtout désireux de trouver une bonne mère pour ses enfants et Édith recherchait un père de substitution qui la mettrait à l'abri des peines affectives de la vie. Comme il arrive si souvent dans les familles de victimes du SPP, Jacques et Édith vont très bien ensemble. Pour toutes sortes de mauvaises raisons.

A trente-trois ans, Jacques était devenu second associé de l'entreprise de construction qui l'employait et père de deux jeunes garçons qu'il adorait. Travaillant quatre-vingts heures par semaine et consacrant chaque minute de liberté à ses enfants, il ne lui restait guère de temps pour Édith. Il aurait été très surpris d'apprendre que sa femme se faisait l'impression d'être la cinquième roue du carrosse.

Édith était furieuse de voir sa présence considérée comme allant de soi. Elle réprimait sa désillusion pour recompter les bénédictions que représentait une atmosphère familiale dénuée de détresse affective. Elle vivait enfin dans l'environnement aseptisé qu'elle avait tant désiré. Mais le prix qu'elle devait payer pour son paradis la suffoquait.

Son dégoût d'elle-même atteignit un stade de crise

lorsque le désir de Jacques de s'installer à son compte l'obligea à retrouver un emploi. Elle se détestait de détester son mari. Ses sentiments sur le point d'exploser, des visions de son enfance l'assaillirent. Son fils aîné, adolescent paresseux et gâté, devint la cible privilégiée de son agitation.

« Laisse ton père tranquille », était le message camouflé qu'Édith utilisait pour exprimer son ressentiment. Les variations constantes sur ce thème poussèrent finalement Jacques à dire à son fils : « Vas-y doucement avec ta mère, elle ne comprend pas les garçons. » Jacques junior était pris entre un père aveugle aux désirs excepté les siens et une mère qui en avait assez de passer sa vie à être troublée par le moindre soupçon d'agitation émotionnelle.

Leurs emplois respectifs furent à l'origine du tournant décisif que prit leur vie conjugale.

Le patron d'Édith était gentil et flatteur — remontant bienvenu pour son ego souffrant. Ils déjeunaient ensemble, faisaient de longues marches et partageaient leur insatisfaction mutuelle face à la vie conjugale. Leur amitié s'épanouit en une relation sexuelle passionnée. Édith s'acceptait elle-même, sensation merveilleuse mais également douloureuse. Elle se sentait déchirée entre l'excitation que lui procurait le fait d'être amoureuse d'un homme et le confort d'aimer encore son mari.

Un soir, alors qu'elle était sur le point de partir rejoindre son amant, elle reçut un appel téléphonique du chantier de son époux. Jacques s'était gravement blessé en tombant et se trouvait dans un état critique. Elle se précipita à l'hôpital sans penser, un seul instant, à annuler son rendez-vous. Elle se sentait assaillie par toutes sortes de sentiments contradictoires mais se sentait aussi étrangement soulagée : une chose était sûre, quelle que soit l'issue de cette soirée, sa vie ne serait jamais plus la même.

Édith abandonna son travail pour se consacrer à la convalescence de Jacques. Elle se montrait tolérante, patiente et faisait preuve d'amour, tout en se rendant compte que Jacques était particulièrement exigeant et insensible. Autrefois, elle se serait accusée elle-même. Pas aujourd'hui. L'expérience qu'elle venait de vivre, aimer un homme et s'aimer elle-même, lui donnait le courage d'affronter le vide de son mariage.

La crise survint un soir où Jacques boudait en se traînant dans la maison, suffisamment rétabli pour retourner travailler mais pas encore autorisé à le faire par son médecin. Il se montrait particulièrement rouspéteur et odieux. Édith fit une chose dont elle se croyait incapable, elle se mit en colère contre lui.

Elle se libéra ainsi d'années de frustration. Une large part de sa catharsis prit la forme d'accusations excessives. Elle était furieuse et se moquait de faire du mal à Jacques. Et bien lui en prit, car si elle s'était montrée moins violente, il serait resté indifférent. Au lieu de quoi, il fut choqué. Tout ce qu'il trouvait à dire, c'était : « C'est pas vrai, je n'ai jamais su que tu vivais comme ça. » Édith était choquée elle aussi. Tout était sorti et rien d'horrible ne s'était produit. Elle avait vaincu sa peur.

Jacques et Édith firent appel à un conseiller conjugal dès la semaine suivante. Ils devaient se débarrasser de bien des mauvaises habitudes, mais ils s'attaquèrent avec plaisir à leurs problèmes. Ils semblaient sans cesse en train de discuter, allant de découvertes en découvertes vis-à-vis de l'autre, découvertes à chaque fois stimulantes. Leur éveil se poursuivit dans la chambre à coucher où ils découvrirent qu'ils étaient des amants fantastiques. En l'espace de quelques mois, ils s'aperçurent que non contents de s'aimer, ils étaient également amoureux l'un de l'autre.

Tout en travaillant sur leur vie conjugale, Jacques et Édith repensèrent entièrement la façon dont ils élevaient leurs enfants. Jacques junior se joignit à eux lors des séances chez le conseiller conjugal. Son jeune frère également. Le « quatuor redoutable » lutta pour remodeler la façon dont chacun contribuait à la cellule familiale. Jacques devint un homme capable de voir plus loin que ses propres besoins. Édith, une femme prête à lutter pour l'amour. Et, plus important encore, Jacques junior abandonna la légion des enfants perdus et laissa loin derrière lui le syndrome de Peter Pan.

Jacques et Édith donnèrent à leurs fils le courage et les atouts dont ils avaient besoin pour devenir des hommes. Mais, pour ce faire, maman et papa avaient dû grandir les premiers. Ils y étaient parvenus. Tard, mais pas trop tard.

« CE DOIT ÊTRE MOI »

Les Pilsen, comme les Torrent, engendraient chez leurs enfants une certaine inquiétude. Pas volontairement, en fait sans même s'entendre le faire. Comme toute communication secrète, leurs messages camouflés poussaient à chercher le motif et à lire entre les lignes.

Selon les milieux, les moments, les situations, les parents utilisent toutes sortes de termes différents pour leurs messages camouflés. Un élément demeure néanmoins constant pour les victimes du SPP : toutes aboutissent à la même conclusion : « Quelque chose ne va pas ici et *ce doit être moi.* »

L'auto-accusation devient instinctive chez les jeunes atteints de ce syndrome et la négation-camouflage suit très rapidement. En décodant les messages travestis de leurs parents, ils sont violemment projetés dans un cercle vicieux. Ils concluent à tort que leur existence même les oblige à faire du mal aux autres et échappent au remords qui en découle en niant toute responsabilité de leurs actes et en la remplaçant par l'idée qu'il ne font jamais rien de mal. Ils passent d'un extrême à l'autre. Ceux qui les aiment ne voient que la négation et la prennent pour de l'insensibilité. Il est de la plus haute ironie de voir que les enfants qui ont démarré dans la vie en étant extrêmement sensibles aux sentiments d'autrui sont ceux qui finissent par se comporter de façon si dure.

Au fur et à mesure qu'il découvre le large éventail des relations adultes, l'enfant se retrouve poursuivi par le conditionnement de son enfance qui stimule l'auto-accusation chaque fois que quelque chose ne va pas. La négation protège le peu d'intégrité dont il dispose. Face à une culpabilité et à une honte irrationnelles, il s'absout en se prétendant incapable de la moindre faute. « Je suis désolé » ne fait pas partie de son vocabulaire parce qu'il ne peut le dire sans, à son avis, se dévaloriser.

Ces deux histoires nous enseignent également que les parents des victimes du SPP ont eux aussi leurs problèmes. Des relents d'insécurité enfantine s'insinuent dans leur vie quotidienne, les obligeant à vivre avec un pied dans le passé, l'autre dans le présent. Ils se marient sans connaître leur partenaire et manquent de cette capacité à communiquer de façon efficace qui pourrait remédier à ce handicap. Dans la plupart des cas, la vie familiale cède le pas à une préoccupation excessive pour l'argent et le statut social. Ils évitent la confrontation rationnelle parce qu'ils ont peur de faire du mal à leur partenaire. Au lieu de se montrer honnêtes, ils se retranchent derrière une pseudo-félicité conjugale. La présence de messages camouflés est symptomatique du fait que ces parents n'ont souvent pas grandi eux-mêmes.

L'AÎNÉ

Au cours de ma description du profil psychologique général (*cf.* chapitre 1), je suggérais que la victime du SPP est sans doute l'aîné de la famille. Même s'il existe de rares exceptions, il est important de remarquer que tel est le cas de 82 pour 100 des sujets que j'ai eu à traiter.

Rien de plus logique. L'aîné est, de façon caractéristique, « l'enfant-test », le centre des préoccupations et des controverses. C'est lui qui risque le plus d'avoir à affronter les espérances les plus réalistes. Son mauvais comportement lui vaut une désapprobation excessive, à la fois de lui-même et de ses parents, et il devient la cible privilégiée des messages camouflés.

La définition scolaire de l'angoisse est : sensation que ressent un être lorsqu'il est obligé de faire une chose et que les alternatives lui semblent inutiles. C'est bien de cela que souffrent les victimes du SPP. Elles décodent les messages camouflés dus à la discorde conjugale entre leurs parents d'une façon qui les pousse à conclure que quelque chose ne va pas et que « ce doit être moi ». Pour résoudre ce problème, elles doivent trouver un moyen de sauver leurs parents d'elles-mêmes.

Si ces êtres souhaitent vivre (ce qui est généralement le cas), aucune voie logique ne peut les sortir de ce piège. Les effets secondaires de l'angoisse qui se prolonge sont incroyables. Ils se sentent constamment rejetés. La colère et la culpabilité vis-à-vis de maman, ainsi que le sentiment d'aliénation de papa ne les quittent plus. La mégalomanie et la pensée magique s'installent. Les pensées en viennent à dominer les émotions, tandis que l'enfant se rend compte qu'il peut utiliser sa tête pour anesthésier la douleur qui lui enserre le cœur. La paralysie émotionnelle devient un havre de paix dans la tempête. L'image qu'il se fait de lui-même et l'estime qu'il se porte subissent de graves dommages, mais il survit tant bien que mal.

Voici comment la mère d'une victime du SPP âgée de vingt-deux ans expliquait pourquoi son fils avait été atteint de cette affection. Lisez avec vos yeux mais utilisez votre troisième oreille pour entendre les messages camouflés.

« Son introduction à l'autorité parentale fut tempérée par son exceptionnelle gentillesse travestie en besoin. La situation se trouva envenimée par un soi-disant harassement parental (mythe et non-réalité). Tout ceci chez un petit qui idolâtrait ses parents tout en se sachant d'une certaine façon impliqué dans ce qui leur rendait la vie douloureuse.

Survint une certaine distorsion de son psychisme, peut-être due à une maîtresse d'école au caractère rébarbatif et qui le rejetait. Son manque de respect était souvent tel que les vacances peu fréquentes mais bien méritées des parents devaient être annulées.

Adolescent, il se comporta de façon insolente et égocentrique. Sa mère ne jouissait ni de l'inspiration ni de la santé adéquates pour tolérer ses insinuations. Mère d'enfants charmants facile à idolâtrer, elle n'aurait pas dû être affligée d'une telle disgrâce.

Tous ses propos indélicats sur les filles ne sont qu'un moyen pour lui de se mettre en valeur. Il ne faut pas y voir d'exploitation physique réelle. »

L'auteur de ces remarques froides et méprisantes est une femme cultivée dont le fils souffrait de graves troubles émotionnels. Son manque d'empathie est sidérant. La référence à la maîtresse d'école est une parfaite description de sa propre manière d'élever des enfants. Rien donc de surprenant à ce que ce jeune homme soit rongé par l'angoisse et le sentiment d'être rejeté. Vous imaginez facilement combien il a pu se sentir seul. Il n'hésita pas une seconde à se joindre à la troupe de Peter. Au moment où j'écris ces lignes, ce garçon est en train de revenir du Pays de Jamais Jamais, mais sa mère n'y est vraiment pour rien.

Chapitre 6

SOLITUDE

WENDY : « Où habites-tu maintenant ? »

PETER : « Avec les enfants perdus. »

WENDY : « Qui sont-ils ? »

PETER : « Ce sont les enfants qui tombent de leur poussette pendant que la nourrice regarde de l'autre côté. Au bout de sept jours, si personne n'est venu les réclamer, ils sont envoyés très loin, au Pays de Jamais Jamais. Je suis capitaine. »

WENDY : « Comme ce doit être amusant. »

PETER : « Oui, mais nous nous sentons un peu seuls. »

TOOTLES (un des enfants perdus) : « Puisque je ne peux pas être important, y 'en a un de vous qui aimerait me voir faire un tour de passe-passe ? »

Vous parlez d'un rejet ! Incroyable ! Pouvez-vous imaginer pire ? Nourrisson, vous tombez de votre poussette et non seulement vous vous faites mal, mais on vous injurie : votre nourrice personnelle ne se rend même pas compte au bout de sept jours que vous avez disparu ! Les zéphyrs de la solitude soulèvent les morceaux de votre esprit brisé et les éparpillent au Pays de Jamais Jamais comme autant de fétus de paille.

Sans la résistance que vous confère la jeunesse, vous succomberiez à une véritable dépression nerveuse.

Peter Pan est de ceux qui ne se laissent pas abattre. Lorsqu'il se réveille au Pays de Jamais Jamais, en proie à la solitude, il ne panique pas. Il regarde autour de lui, voit d'autres enfants victimes du même destin et transforme en victoire ce qui aurait pu être un désastre. De tous ces garçons liés entre eux par un sort commun qu'ils ressentent profondément — ils ont tous été rejetés de la pire des façons — il crée une troupe dont il scelle l'unité en s'en déclarant capitaine. Et c'est bien là ce qu'il est. Seul un meneur-né peut posséder l'habileté et la ruse nécessaires pour transformer un sentiment de rejet en *raison d'être.*

Mais cette camaraderie, cette identité de groupe n'empêchent nullement Peter et sa légion de se sentir atrocement seuls. Pour surmonter cette solitude, il leur faut trouver des moyens de transformer ce cauchemar en sport. L'enfant étant l'exemple type du joueur, rien de bien étonnant à ce qu'ils travestissent leur solitude en gaieté et en ruse. Tootles, par son attitude compensatoire, illustre bien cet art de gagner sans enfreindre les règles. Et vous qui avez été écolier, cette attitude compensatoire ne devrait pas vous être inconnue : c'est elle qui pousse le pitre à agir comme il le fait.

Dans ses commentaires, Barrie nous informe que Peter paye un lourd tribut à la solitude. Il est excessivement superficiel, passe son temps à changer d'alliés et se complaît dans des visions magiques de lui-même. Nous sommes choqués de voir ce jeune garçon heureux réagir à la sollicitude d'autrui en usant de pitié pour manipuler les uns et d'indifférence pour intimider les autres. Peter peut toujours essayer de s'enfuir, il est l'otage de la solitude.

Nous en faisons tous l'expérience, chacun à sa façon. Pour certains, elle est comme un jour de grisaille qui n'en finit pas. Pour d'autres, un vide qui les tenaille au creux de l'estomac. Certains s'échappent de leur corps et se voient tels de minuscules grains de poussière balayés par la tempête de l'insignifiance. D'autres encore recherchent tant les contacts humains qu'ils font absolument n'importe quoi pour ne pas rester seuls.

C'est le cas des adolescents. La plupart, ne possédant ni l'expérience ni le recul nécessaires pour faire preuve de poésie face à ce fléau et uniquement conscients de leurs besoins de chaleur humaine, la recherchent à tout prix.

La solitude devient une pierre angulaire du syndrome de Peter Pan lorsque l'enfant ne se sent plus désiré chez lui. Les deux chapitres précédents vous ont permis de voir comment celui-ci, accablé d'irresponsabilité et d'angoisse, peut se sentir seul dans son propre foyer. Papa est distant, maman fait naître en lui culpabilité et colère, lui-même ne pense pas valoir grand-chose : comment alors ne pas ressentir l'impression terrifiante de ne pas avoir sa place au sein de sa propre famille ?

Et cet isolement se révèle encore pire à supporter lorsque les parents tentent de compenser leur manque d'amour en offrant argent et biens matériels. L'abondance agit alors comme catalyseur et accélère l'apparition de la crise. Le mythe selon lequel l'argent peut acheter l'amour donne à l'enfant un faux sentiment de sécurité et mine encore plus son moi déjà atteint. « Si j'ai de l'argent et des choses, quel besoin ai-je d'autrui ? » Ce mensonge le pousse à rechercher une solution à sa solitude qui ne lui vaudra que plus d'ennuis.

Les jeunes victimes du SPP sont déchirées par la solitude et l'abondance. L' « appartenance à un groupe » devient pour eux une marchandise qui peut être troquée ou achetée. Ils tentent donc de gagner l'admiration d'autrui en assumant des rôles « bidons » (comme Tootles), de se faire reconnaître en s'habillant à la mode, voire même, sautant une étape, de s'acheter directement des amis.

On ne devient membre d'un groupe que si l'on se montre attentif aux autres. Ces enfants ne le comprennent pas, tant ils sont occupés à s'acheter de l'amour. Quant à leurs parents, ils sont tellement prisonniers du cercle vicieux « argent = bonheur » qu'il ne reste personne pour enseigner aux enfants les joies de l'altruisme.

La quête d'un soulagement à cette solitude devient peu à peu plus désespérée. Plus ils se sentent mal, plus ils s'entourent d'autres enfants. La horde s'agrandissant, la frénésie du jeu, la recherche de modes et la pression qui pousse à se conformer font de même. Il en résulte une exacerbation de la pression des pairs qui étouffe la sollicitude et exaspère la solitude.

La pression des pairs se nourrit de cette peur du rejet : « Fais comme tout le monde sinon tu seras rejeté et personne ne se souciera de toi. » Pour l'enfant qui se sent ignoré chez lui, cette idée lui rappelle constamment que sa seule chance d'avoir des contacts humains est d'appartenir au groupe. Il risquera donc tout — et n'importe quoi — pour ne pas la laisser lui filer entre les doigts.

Lorsque la pression des pairs atteint ce stade, la victime du SPP est dans de sales draps. Les amis deviennent infiniment plus importants que la famille, la morale du groupe s'impose aisément face aux valeurs parentales, l'autorité des parents s'efface devant la conformité au groupe et le comportement de l'enfant devient un exemple classique de l'aveugle menant d'autres aveugles.

APOGÉE : QUINZE A SEIZE ANS

La solitude nous frappe tous. Mais, sur l'adolescent de quinze-seize ans, elle a des effets désastreux. Pour moi, l'apogée de ce fléau se situe vers cette période car c'est alors que l'enfant adopte un comportement social. Si, à quinze ans, il apprend à affronter la solitude en suivant aveuglément le groupe le plus proche, la force dont il aura besoin pour résister aux trois étapes suivantes du SPP s'en trouve sérieusement diminuée.

IRRESPONSABILITÉ + ANGOISSE + SOLITUDE

Vous le remarquerez après l'école lorsque cinq ou six adolescents passeront devant chez vous en route vers nulle part. Vous l'entendrez au cinéma, juste avant le film. Vous le ressentirez tard le soir en entendant un brouhaha de voix jeunes, tout le monde parlant mais personne n'écoutant. Cela vous semble virulent, provocateur et méprisable. Vous vous mettez en colère contre des adolescents mal élevés. Mais leur insolence n'est pas ce qui vous fait froid dans le dos.

C'est quelque chose de plus rudimentaire, d'effrayant. Les enfants semblent excités et contents mais leur gaieté est artificielle, leur rire, hystérique. Leur bonheur vous glace le sang et ne présage rien de bon.

Vous ne parvenez peut-être pas à mettre un nom dessus, mais il s'agit bien d'une panique qui s'empare de vous. Une panique générale. Les enfants eux-mêmes ne se rendent pas compte qu'ils ont peur. Leur affolement les incite à se surpasser les uns les autres. Courant aveuglément après la reconnaissance, ils feront pratiquement n'importe quoi pour gagner la faveur du groupe. Le but est d'appartenir ou, plus exactement, d'échapper à la solitude.

Nous recherchons tous l'approbation de nos pairs mais, chez l'adolescent, cette quête devient primordiale. Lorsqu'il est prêt à abandonner sa propre morale à seule fin d'être reconnu, c'est qu'il a perdu tout l'équilibre acquis au cours de sa courte vie. La panique commande à ses actes.

Et c'est bien de cela que souffre la victime du SPP. Ses années d'irresponsabilité lui ont dérobé sa vraie fierté. L'angoisse permanente qui règne chez lui fait qu'il se sent rejeté et lui ôte tout espoir de jours meilleurs. Ses besoins d'affiliation insatisfaits le contraignent à rechercher ce sentiment d'appartenance hors de chez lui. Il rejoint la rue où il finit par rencontrer d'autres enfants comme lui. Quelques-uns, incapables de s'adapter où que ce soit, partent en solitaire.

LE SPP DANS LES CLASSES MOYENNES ET SUPÉRIEURES

L'ironie de cette quête affolée de la reconnaissance par le groupe est que, quel que soit le mal qu'il se donne, Peter Pan n'y parvient jamais réellement. Il peut prendre part à nombre d'activités du groupe, mais il est très rarement considéré comme membre à part entière.

Les « chahuteurs » ne veulent pas de lui car il est trop sensible pour s'adapter à leurs tendances destructrices. Les « durs » le rejettent parce qu'il est relativement trop doux et le traitent de « pédé » ou autres qualificatifs faisant référence à sa soi-disant homosexualité. Les « minets » le repoussent car il détonne dans leur monde prestigieux. Les « gagneurs » l'ignorent parce qu'il n'a décidément rien de commun avec eux. Les « drogués » l'acceptent dans leurs soirées mais ne lui font pas confiance.

La panique de celui qui souffre du SPP le prive de toute réelle amitié. Il craint tellement d'être rejeté qu'il fait ou dit constamment ce qu'il ne faut pas, et au mauvais moment. Son rire est long et bête. Sa vulgarité, forcée et inepte. Il exagère, en paroles comme en actes, à seule fin d'être approuvé. Mais ses efforts lui retombent sur le nez. Sa panique s'associe à ses piètres aptitudes sociales pour engendrer rejet et accroissement de la solitude.

Il prétend avoir des amis. Pourtant ceux-ci ne l'appellent que très rarement (c'est lui qui doit le faire) et évitent soigneusement de l'avertir de toute activité parce qu'ils ne veulent pas de lui. Et, ce qui est peut-être pire, il ne comprend rien à ce qui se passe. Ses seules relations durables se bornent à deux ou trois autres enfants comme lui, des laissés-pour-compte qui forment leur propre groupe dont l'identité est fondée sur le fait que personne ne veut avoir quoi que ce soit à voir avec eux.

Il est étonnant de voir cette triste succession d'événements frapper principalement les classes moyennes ou supérieures, prétendu centre d'une vie mondaine et d'une solidarité de voisinage. Je me suis néanmoins aperçu que dans ces milieux, les individus sont tellement pris dans l'engrenage de la quête d'une « vie agréable » qu'ils en oublient ce qui rend la vie agréable. Ils ont argent en banque mais solitude au cœur. Ce déséquilibre ouvre les vannes aux marchands d'influence qui dépouillent totalement ces familles, usant de variations sur un seul thème : si vous achetez ceci, vous « ferez partie d'un groupe ».

Les parents acceptent ce message. Les enfants également. L'appartenance à un groupe s'inscrit en première place sur la liste des courses. En état de privation, les membres de la famille deviennent une cible trop facile pour le mensonge selon lequel l'argent peut être converti en sentiment d'appartenance. Les symboles se nomment voiture, maison, vacances, manteau de fourrure, magnétoscope ou tout autre jouet adulte. Pour l'enfant, nouvelle chaîne stéréo, concert rock, jeans de marque ou « boums ».

Le symbole ne tarde pas à être détruit. Il suffit d'un instant de panique pour que l'acquéreur se rende compte qu'il n'a pas acheté ce qu'il fallait. Il n'est nullement conscient que l'appartenance ne peut s'acheter. En fait, à partir du moment où un individu fixe un prix à ce sentiment, il est sûr de ne jamais le posséder. Et cette tentative d'achat ne fait qu'accroître sa solitude.

Le psychologue Abraham Maslow nous a mis en garde contre cette fatalité il y a de cela plusieurs années. Il

111

suggérait qu'une des façons les plus simples de considérer le comportement humain est de se concentrer sur nos besoins et sur notre façon de les satisfaire. Il proposait une hiérarchie en cinq points des besoins : abri, sécurité, appartenance, amour-propre et réalisation de soi. Selon sa théorie, une fois que nous sommes sûrs qu'un de nos besoins sera satisfait, nous passons au suivant, plus élevé.

Après avoir travaillé avec des familles de tous les niveaux socio-économiques, je suis convaincu que la théorie de Maslow explique pourquoi le syndrome de Peter Pan est fondamentalement un trouble des classes moyennes à supérieures. Celui qui vit dans ce milieu se sent suffisamment à l'aise financièrement et socialement pour ne pas avoir à se préoccuper d'abri ou de sécurité. Lui, sa femme et ses enfants s'attachent donc à la satisfaction du besoin d'appartenir à un groupe social. Leur richesse leur ayant permis de satisfaire aux deux premiers besoins, ils supposent à tort qu'ils vont pouvoir s'en servir cette fois encore. Ce n'est pas le cas. Bien pire, ils ne se rendent pas compte qu'ils sont prisonniers d'une quête inutile.

Dans les familles où la permissivité et la discorde conjugale ont suivi le même rythme que l'accroissement du revenu, les enfants, et plus particulièrement l'aîné, tombent victimes d'un manque de confiance en eux-mêmes et d'un sentiment de rejet. Ils ressentent doublement la solitude. Leur quête de l'amitié devient frénétique et engendre ainsi la panique décrite plus haut. Les parents ressentent également souvent cette panique et font ce qu'ils ne devraient jamais faire : ils donnent à leurs enfants argent et biens matériels au lieu de temps et affection. Il ne faut pas longtemps à l'esprit de Peter Pan pour se glisser dans leur chambre et voler leur cœur.

A L'EXTÉRIEUR,
REGARDANT VERS L'INTÉRIEUR

Il est extrêmement difficile d'identifier la victime du SPP lorsque vous croisez par hasard un groupe d'adolescents à la recherche d'eux-mêmes. Leur irresponsabilité est un phénomène courant et, en soi-même, peu révélateur. Angoisse et solitude sont les compagnes occasionnelles de tous et, modérées, ne posent pas de problèmes graves. Mais lorsque l'association : irresponsabilité + angoisse + solitude ronge l'existence d'un jeune homme, il peut se retrouver « dehors regardant dedans ».

Il arrive de temps en temps à tout enfant de rester à l'écart de l'activité d'un groupe important. Cela fait partie des hauts et des bas de l'adolescence. Toutefois, voici l'histoire de deux jeunes gens qui n'ont jamais trouvé leur place. Si vous pensez que votre enfant est peut-être « à l'extérieur regardant vers l'intérieur », lisez-les attentivement. Si vous repérez un schéma qui vous semble familier, peut-être votre fils envisage-t-il une fuite vers le Pays de Jamais Jamais. Il survivra cependant à cette crise passagère de pensée magique s'il appartient au seul groupe susceptible de lui fournir un sentiment de permanence : sa famille.

TOM

A seize ans, Tom traînait avec des gars de dix-huit ou vingt ans. Il les trouvait plus mûrs, au-delà des bêtises de gosses. Il côtoyait ainsi boisson, drogues, filles (dont l'affection idiote lui faisait croire qu'il était un homme), et comportements hostiles à l'éducation, au travail et à l'autorité adulte.

Le résultat immédiat de cette affiliation fut une détérioration radicale de ses résultats scolaires. Lorsqu'il ne séchait pas les cours, il y dormait. Il se plaignait sans cesse de ses professeurs, ennuyeux et ineptes, et des autres élèves qu'il traitait de « pédés ». Lorsque ses parents lui reprochèrent ses mauvaises notes, il les envoya sur les roses : « Ne vous mêlez pas de ma vie. » S'il n'abandonna pas ses études, ce fut uniquement grâce au fait qu'il avait été un excellent élève au cours des années précédentes, qu'il parlait d'entreprendre des études supérieures de mathématiques et de sciences. Cependant, en l'espace d'un an ou deux, ces projets devinrent des « idioties de gamin ».

Les parents de Tom accusaient ses copains. Papa les traitait de perdants et de paresseux. Maman suppliait son fils de trouver des amis de son âge. Tom rejetait leurs récriminations sans même les écouter. Ce dont ils ne se rendaient pas compte, c'est que Tom savait que ses amis étaient des perdants et des paresseux. C'est pour cela qu'il les aimait. Il pensait avoir bien des choses en commun avec eux.

Ces gars plus âgés que lui se servaient de lui, ce qu'il savait et acceptait sans doute. Il recevait deux cents francs d'argent de poche chaque semaine qui passaient presque entièrement en boissons et marijuana pour ses copains. Grâce à Tom, ils pouvaient s'amuser. De surcroît, ils étaient curieux de voir jusqu'où ils pouvaient pousser un fada de seize ans. Tom capitulait face à cette attitude protectrice en échange d'un sentiment, aussi superficiel soit-il, d'appartenance.

Tom aurait pu rencontrer d'autres enfants sympathiques du même âge que lui, mais il les rejetait comme « idiots » ou « inintéressants ». Nul doute que ces enfants avaient leur mauvais côté ; après tout, ce n'étaient que des enfants. Mais Tom repérait leur moindre défaut et l'exagérait au point que ses parents eux-mêmes se trouvaient contraints d'avouer qu'il avait raison sur certains points. Puis il faisait volte-face et prêtait serment de fidélité à d'autres gosses dont les manques étaient si évidents que ses parents n'y comprenaient plus rien.

Ce que Tom avait en commun avec ces enfants plus

âgés, c'était ce comportement rebelle, cette vision pessimiste de la vie. Sa place était parmi eux, les perdants. Parfaitement élevé, Tom savait que ses amis glissaient sur la mauvaise pente et c'est pour cette raison même qu'il les avait choisis. L'angoisse et le rejet dont il souffrait chez lui le persuadaient que lui aussi était sur la mauvaise voie.

Il fallut aux parents de Tom plusieurs heures de rude confrontation pour comprendre ce qu'il était en train de faire. Ils avaient cherché de l'aide pour lui sans soupçonner un seul instant qu'ils auraient à affronter leur propre mésentente conjugale. Ils réagirent rapidement car ils voulaient mettre un terme à la lente destruction de leur foyer. Au bout de quelques semaines, ils étaient prêts à admettre leurs erreurs face à leur fils et à exiger qu'il en fasse autant.

Tom lutta. Il se plaignit, menaça, poussa ses parents à bout. Lorsqu'il vit que ceux-ci ne céderaient pas à son chantage, il commença à changer. Il n'admit jamais ses erreurs, mais l'amélioration de son comportement était un bon présage pour l'avenir.

Sa réputation à l'école et son comportement en public étaient tels que la famille décida de l'envoyer en pension. Nous parlâmes longuement des moyens de rétablir une solidarité familiale alors que Tom était absent la plupart du temps. Ses parents décidèrent qu'une césure nette et totale avec le passé constituait sa seule chance de prendre un nouveau départ. Il ne pourrait sans doute pas surmonter tant de mauvaises habitudes tout en continuant de vivre chez lui. J'acquiesçai à contrecœur.

Tom partit donc en pension à plusieurs centaines de kilomètres de sa famille. Ce fut un sacrifice financier pour ses parents et une expérience excessivement difficile pour Tom car il ne possédait que très peu des aptitudes à la vie sociale de ses contemporains. L'école l'aida plus particulièrement à reprendre ses études et à apprendre à vivre en société. Aux dernières nouvelles, il est bien parti pour décrocher les honneurs académiques et est devenu un membre exceptionnel de l'équipe de hockey. Ses parents ont totalement reconstruit leur couple et sont ravis de découvrir que la vie de famille peut être belle et sereine. Tom a passé d'excellentes vacances avec eux et se révèle un merveilleux exemple pour ses jeunes frères et sœurs.

La famille envisage aujourd'hui le retour de Tom pour qu'il termine ses études dans la ville où tous résident, et étudient tous les aspects de ce problème. Mais en fait elle écoute surtout le désir de Tom. Et bien lui en prend car ce n'est plus un perdant.

RAOUL

A quinze ans, Raoul n'avait apparemment rien de la victime type du SPP. Second fils, il passait beaucoup de temps avec son père et était devenu le chef d'une bande de garçons du voisinage. Dans la plupart des cas, ces caractéristiques désignent l'enfant qui échappera à la légion des enfants perdus. Toutefois, dans le cas de Raoul, la première impression n'était pas la bonne.

Quoique n'étant pas l'aîné, Raoul jouissait d'une trop grande liberté. Ses parents s'étaient montrés sévères envers son frère, de cinq ans son aîné, et ce dernier avait si bien réussi qu'ils avaient relâché leur éducation. Ils avaient réussi avec le premier ; inutile de se donner autant de mal pour le second. Ainsi, alors qu'on avait exigé de son aîné qu'il se débrouille tout seul, ce qui lui avait permis d'acquérir un réel sentiment de fierté, Raoul recevait tout ce qu'il désirait sans lever le petit doigt. Son irresponsabilité le rendait vulnérable aux difficultés personnelles qu'éprouvait son père.

C'était un homme frustré. Il n'avait pas réussi à atteindre le niveau d'éducation et la position sociale qu'il désirait tant, et se sentait floué par son enfance déshéritée. D'humeur excessivement chatouilleuse, il avait tendance à accuser tout le monde de ses difficultés. Bref, c'était un homme en colère.

Parce qu'il ne se sentait pas en sécurité et qu'il recherchait l'approbation de son père, Raoul faisait de son mieux pour l'imiter. Exposé en permanence à un modèle agressif, Raoul devint bagarreur. Le temps qu'il passait avec son père lui fut en fait plus nuisible qu'autre chose.

Même l'identité de groupe n'était pas ce qu'elle semblait être. Bien sûr, il était considéré comme un meneur, mais les garçons du voisinage le suivaient plus par peur physique que par respect. Statut par ailleurs confirmé par le fait qu'il suffisait d'un rien pour qu'il se montre agressif. En d'autres termes, Raoul était devenu un tyran.

Son père lui avait formellement interdit de chercher la bagarre mais également de ne jamais se dérober. Plutôt que de mettre son intelligence au service de sa réussite scolaire, il passait son temps à imaginer des moyens subtils de déclencher des bagarres. Il affectionnait plus particulièrement les provocations verbales et avait découvert que les allusions à des activités homosexuelles étaient particulièrement payantes. Il s'habillait n'importe comment, portant surtout des T-shirts recouverts d'expressions vulgaires à seule fin de transformer l'affrontement verbal en affrontement physique. Il s'assigna le rôle de défenseur du faible, non par souci de justice mais parce que cela lui offrait de nombreuses occasions de tabasser d'autres enfants.

Et Raoul avait rarement le dessous : il mesurait plus d'un mètre quatre-vingts et pesait quatre-vingts kilos ! Rien que du muscle. Chaque fois que ses parents recevaient un coup de fil de personnes se plaignant de son agressivité, son père exigeait force détails sur l'incident, soi-disant pour décider s'il fallait ou non punir Raoul, en fait parce qu'il prenait un malin plaisir à le voir exprimer cette colère que lui-même réprimait.

La mère de Raoul ressentait ce déséquilibre et faisait de son mieux pour y remédier. Mais, plutôt que d'affronter son mari, elle fit malencontreusement comprendre à son fils, par le biais d'un message camouflé, qu'il décevait son père. Résultat, Raoul s'acharna de plus belle à obtenir l'approbation de ce dernier en se montrant encore plus agressif.

La seule lueur d'espoir dans ce cercle vicieux était que Raoul n'aimait pas jouer ce rôle de brute. Il n'était nullement méchant. En fait, il était même, fondamentalement, un garçon pacifique. Il savait, au plus profond de son cœur, que les autres gosses ne l'aimaient pas vraiment. Ce sentiment de solitude ne fit qu'accroître sa panique et son agressivité.

Lorsque je le rencontrai pour la première fois, il était coincé par sa réputation autant que par son angoisse, son irresponsabilité et sa solitude. Il comprenait très bien que s'il venait à modifier son comportement, non seulement il perdrait un tas de copains mais en outre, il s'en trouverait pas mal pour vouloir se venger. Il craignait de devoir se battre pour pouvoir arrêter de se battre. Il avait réellement besoin de l'aide de son père.

A ma grande surprise, celui-ci la lui offrit. Son père avoua assez facilement sa frustration et fut sincèrement surpris d'apprendre combien Raoul en souffrait. Je me posai en intermédiaire au cours de plusieurs discussions entre eux qui permirent à Raoul de se débarrasser du fardeau que représentait le fait d'extérioriser la frustration de son père. Une fois qu'il eut compris que la faiblesse de ce dernier ne le concernait pas, il fut libre de changer de méthode pour se faire des amis.

Raoul ne se plaignit même pas — du moins pas trop — lorsque ses parents introduisirent des mesures disciplinaires plus sévères. Ses heures de sortie furent limitées et son activité scolaire attentivement surveillée. On exigea de lui bonnes manières à la maison, propreté et habillement correct. Ces règles éloignèrent Raoul de son rôle de brute de quartier et le récompensèrent d'être un enfant doux et plein de sollicitude. Il avoua même qu'elles l'aidèrent à se faire de nouveaux amis et à le transformer en excellent étudiant. Mais ce fut lui qui montra clairement qu'il avait compris par un commentaire spontané : « Je pense que mes parents tiennent aujourd'hui autant à moi qu'à mon frère. »

UN RÉSULTAT :
INFLEXIBILITÉ DU RÔLE

Raoul et Tom avaient bien des choses en commun. Entre autres, leur lutte contre la solitude en avait fait des maîtres dans l'art d'expliquer tout échec et de refuser d'essayer quoi que ce soit de nouveau. Ils avaient trouvé un moyen d'affronter la solitude et ne voulaient, ni ne pouvaient parfois, risquer le rejet en s'essayant à des comportements plus appropriés. Leur comportement social était immuable. Leur manque de souplesse faisait d'eux une cible facile pour le conflit d'identité sexuelle, ce quatrième bloc constitutif du syndrome de Peter Pan.

C'est l'inflexibilité du rôle qui enferme la victime du SPP dans une vision extrêmement restrictive de son rôle de mâle. Au chapitre suivant, nous verrons comment cette inflexibilité s'associe à l'irresponsabilité, l'angoisse et la solitude pour produire le caractère sexiste du SPP.

Chapitre 7

CONFLIT
A L'ÉGARD DU RÔLE SEXUEL

WENDY : « Quels sentiments éprouves-tu exactement à mon égard, Peter ? »

PETER : « Ceux d'un fils dévoué, Wendy. »

WENDY (se détournant) : « C'est bien ce qu'il me
semblait. »

PETER : « Je ne te comprends pas. Lys Tigré est
comme toi. Elle dit qu'elle veut être quelque
chose pour moi, je ne sais pas quoi, mais pas
ma mère. »

WENDY (s'emportant quelque peu) : « Non,
effectivement. »

PETER : « Mais quoi alors ? »

WENDY : « Il ne sied pas à une dame de le dire. »

PETER (ennuyé) : « Je suppose qu'elle veut dire
qu'elle veut être ma mère. »

CLOCHETTE (jetant des étincelles de lumière
codée) : « Espèce d'imbécile. »

Pour quelqu'un décidé à survivre, Peter est un sacré naïf.
Il ne comprend pas qu'il fait une fixation sur sa mère, ne
remarque pas la frustration que cela fait naître chez Wendy,
ne saisit pas les allusions sexuelles de Lys Tigré, autre
habitante du Pays de Jamais Jamais, et n'apprécie jamais les
réactions pleines de bon sens de sa fée-compagnon, Clochette.

Peter veut que les filles agissent en mère à son égard. Seules le préoccupent l'acceptation et l'approbation maternelles. Sa dépendance infantile inhibe le développement de toute relation adulte. Il ne pense qu'à une chose et si les filles ne peuvent pas penser comme lui, qu'elles passent alors leur chemin !

Wendy fait de son mieux pour satisfaire les besoins de Peter. Même si, de toute évidence, elle est déçue, elle met tout en œuvre pour qu'il se sente un fils chéri. Cela ne la réjouit guère. Une fois, elle le pousse à agir en père et mari. Peter en est profondément perturbé et a tôt fait d'abandonner ce rôle d'amant et de retrouver celui de fils. Wendy cède à tous ses caprices.

Clochette aussi aimerait bien être la petite amie de Peter. Néanmoins, sa réponse cinglante face à la naïveté de ce dernier montre clairement qu'elle ne tolérera aucune divagation magique de la part de celui qu'elle aime. Bien que n'étant pas faite de chair et d'os, Clochette manifeste un grand nombre d'émotions humaines, y compris la jalousie et l'amour attentif. Mais chaque fois Peter la repousse avec mépris. Tout simplement parce qu'il n'aime pas la voir agir en femme et non en mère de substitution.

Wendy entretient une relation distante et parfaitement contrôlée avec Peter. Elle sait comment celui-ci souhaite la voir se comporter et agit en conséquence. Elle n'hésite pas à modifier ses pensées et ses actes pour satisfaire les exigences de Peter, aussi infantiles soient-elles. Elle tient à lui mais ne le prouve qu'en se montrant indulgente et maternelle. Il exige qu'elle ne le touche jamais : elle en est troublée mais lui obéit.

Clochette, par contre, bouillonne de vie. Ses réactions ressemblent plus à celles qu'on serait en droit d'attendre de Wendy. Elle n'est qu'un quantum d'énergie lumineuse mais demeure bien plus humaine que Wendy. Elle a soif d'une relation privilégiée, spontanée et sans cesse prête à évoluer avec Peter, idée que ce dernier rejette sans la comprendre.

L'ironie de voir un esprit électrique capable de pénétrer les émotions humaines est à son comble lorsque nous apprenons que Clochette a, elle, le droit de toucher Peter.

L'histoire de la rivalité entre Wendy et Clochette met en évidence de façon convaincante et instructive le refus exprimé par Peter de grandir. Le destin exige que l'une des deux gagne. A la fin de la pièce, nous assistons au triomphe de la chair et du sang sur la réalité « électrique ». Peter garde une relation parfaitement structurée, froide et distante, avec Wendy. Elle y gagne une affiliation permanente avec lui mais, sa maturité l'éloignant du Pays de Jamais Jamais, tout espoir de relation fructueuse s'estompe. Quant à Clochette, nous apprenons le sort de cette courageuse petite boule de lumière à travers ce dialogue, sibyllin mais instructif :

> WENDY : « Je n'ai pas vu Clo, cette fois ? »
> PETER : « Qui ? »
> WENDY : « Oh, je suppose que c'est parce que tu vis tant d'aventures. »

Qu'a donc Peter pour que deux femmes aussi dissemblables le désirent tant ? Lui-même ne semble pas se considérer comme un homme à femmes, son boulot n'a franchement rien d'attrayant (on pourrait le comparer à un militaire affecté au loin), personne ne peut l'accuser d'être de sang royal, vu qu'il est tombé de son berceau et que sa mère a tout simplement passé commande d'un autre fils et, quelle que soit son assise financière, on ne peut pas vraiment dire que le fait d'habiter dans une souche d'arbre soit une preuve de vie facile.

L'attachement de Peter à la jeunesse éternelle est pour lui à la fois un bienfait et un fléau, et fait naître chez Wendy et Clochette des réactions opposées. Wendy l'aime pour ce qu'il est : un petit garçon qui a besoin d'être protégé. Clochette, pour ce qu'elle croit qu'il peut devenir : un jeune homme plein d'énergie juvénile. Le fait que Peter choisisse de rester avec Wendy nous permet de comprendre la dernière des quatre pierres angulaires du syndrome de Peter Pan, le conflit à l'égard du rôle sexuel.

CONFLIT A L'ÉGARD DU RÔLE SEXUEL

Je ressens comme un vide en moi, comme une caverne dans mon âme, qui me hante et m'effraye mais dont je ne connais pas le nom. Parfois, lorsque je suis avec mes amis, j'ai l'impression que cela disparaît. Mais cela revient toujours en hurlant à voix basse : « Attention ! Fais gaffe ! Quelque chose de terrible va se produire. » Mais rien ne se produit si ce n'est que je me sens seul.

Chaque fois que je me sens comme ça, je n'ai qu'une envie, c'est en parler à maman. Lorsque j'entends sa voix, je n'ai plus peur. Je me sens bête d'avoir toujours besoin de maman, mais la simple idée de ne pas lui parler m'effraye.

Le vide devient pire encore lorsque je suis avec une fille. Je veux la toucher mais je ne veux pas faire d'erreur en le faisant. Cela m'ennuie d'avoir peur des filles. J'en arrive presque à souhaiter ne pas avoir d'élan sexuel. Mais j'en ai.

Pourquoi est-il si difficile de parler aux filles qu'on aime ? Pourquoi suis-je si nerveux lorsqu'une fille m'excite ? Et surtout, pourquoi est-ce que je me mets en colère contre les filles qui me plaisent ?

Eh ! oui, je me mets en colère contre les filles que je préfère. Je les envie ; tout est fait pour elles. Elles sont libres de se montrer agressives ou aguichantes, passives ou autoritaires, féminines ou masculines. Ce n'est pas juste que les garçons aient plus envie des filles que les filles des garçons.

Je ne peux pas parler de tout ça. Mes copains pensent que je suis un vrai « mec ». Qu'est-ce qu'ils diraient s'ils savaient ce que je pense vraiment ! J'aimerais être tendre, parler de mes sentiments, pleurer même. Mais je ne suis pas supposé le faire. De toute façon, si j'essayais ce genre de truc avec les copains, ils se moqueraient de moi et me traiteraient de tous les noms. Et ça m'avancerait à quoi ? A me sentir encore plus mal qu'aujourd'hui !

Ce cri intérieur dit l'impuissance, cette impuissance qui naît d'un déchirement entre deux tentations. La pulsion sexuelle pousse à rechercher de nouveaux rapports avec les filles ; l'insécurité, à chercher refuge dans les jupons de maman. Le conflit à l'égard du rôle sexuel condamne le garçon à l'inaction. Son approche de la sexualité n'est ni particulièrement positive ni particulièrement négative, elle n'est tout simplement pas.

Le conflit annonce le déclin du processus de maturation. Le sujet atteint, confronté à une immense barrière, s'écrase le nez par terre. La réalité lui fait signe de se joindre aux autres dans cette entreprise risquée qu'est l'exploration sexuelle et la poussière magique endort ses pulsions biologiques. Sa croissance se trouve stoppée et son impuissance, masquée par un surcroît de simulation et de fausse gaieté.

Tout adolescent éprouve de la difficulté à découvrir ce que signifie le fait d'être une créature sexuée. C'est une aventure terrifiante même si elle est également excitante. Toutefois, la fréquence et l'intensité de ce conflit atteignent depuis vingt, vingt-cinq ans des proportions extraordinaires. Si les filles vivent une perturbation considérable, ce sont les garçons qui se retrouvent bloqués par l'impression que quoi qu'ils fassent, ils sont perdus.

Au cours des années 50 et au début des années 60, des lignes de démarcation claires et nettes protégeaient les jeunes adolescents de cette immobilisation lorsqu'ils testaient leur identité sexuelle. Il leur suffisait de suivre des directives tout à fait précises.

Quand je repense à ces années, je vois l'esprit de Peter qui traîne à la sortie des boîtes le dimanche en fin d'après-midi, cherchant de nouvelles recrues pour sa légion. Mais même ceux des adolescents qui se sentaient rejetés chez eux comme dans la rue pouvaient se raccrocher à quelque chose : pour minimiser l'influence de Peter, ils n'avaient qu'à se conformer aux règles traditionnelles gouvernant les rapports avec les filles. Les gars étaient des machos et les filles savaient où était leur place.

Les événements sociopolitiques de ces deux dernières

décennies ont tout chamboulé. Les filles se sont vu offrir un nouveau scénario, mais les garçons ne disposent malheureusement que de l'ancien. Pour les adolescents qui se sentent suffisamment sûrs d'eux, le nouveau jeu évoque les montagnes russes : on ne sait jamais d'où viendra le prochain frisson. Mais pour ceux qui sont traqués par l'angoisse et la solitude, les nouvelles règles ne signifient qu'une menace accrue du rejet.

Afin de comprendre comment le syndrome de Peter Pan a pu engendrer un trouble sexuel encore plus grand de nos jours, comparons celui qui en est victime aujourd'hui et celui qui en souffrait il y a vingt-cinq ans.

En apparence tous deux peuvent se montrer cruels mais, au fond d'eux-mêmes, ils sont sensibles. Tous deux souffrent d'être coincés dans un rôle impossible à modifier et d'une piètre capacité à prendre des risques. Tous deux ont peur d'être rejetés, en particulier par les femmes. Toutefois, la victime actuelle a encore moins confiance en elle-même car elle a, bien plus que celle d'il y a vingt-cinq ans, connu paresse, permissivité et abondance.

Les scénarios peuvent avoir changé, la scène n'en demeure pas moins la même : le rassemblement d'adolescents connu dans les années 50 sous le nom de surprise-partie. Tous voulaient y aller pour écouter la musique et danser. Ce n'était un secret pour personne que le but réel était d'apprendre comment se comporter avec le sexe opposé. Les chaperons, généralement des professeurs dans le cas des « soirées au lycée », ou des parents, lorsque la rencontre avait lieu chez l'un ou l'autre des adolescents, étaient présents pour surveiller la « grande découverte » et faire respecter les règles du jeu.

Les gars d'un côté, les filles de l'autre. Les premiers se vantent de leurs prouesses d'amant, sans vraiment savoir ce que signifie le terme. Expansifs, les mains dans les poches et l'estomac noué, ils jouent les durs décontract' et font comme si les filles n'étaient pas là. Peter est parmi eux : ils

LE SYNDROME DE PETER PAN

dissimulent leur peur en racontant des blagues sur le prof ou en pouffant de rire au souvenir du dernier coup fumant du pitre de leur classe.

Pendant ce temps, les filles rient nerveusement et bruyamment, chacune prétendant n'éprouver vraiment aucun intérêt pour ces jeunes gens, de toute évidence trop immatures, de l'autre côté de la pièce. Elles ne peuvent cependant s'empêcher de chuchoter combien untel est mignon et vous savez qui j'ai entendu parler avec devinez qui l'autre jour au téléphone... Les plus courageuses engagent des paris sur qui viendra le premier les inviter à danser.

Les deux groupes tournent en rond, veillant bien à ne pas trop s'approcher l'un de l'autre. Le rituel atteint son point culminant lorsque les parents ou les professeurs poussent les garçons à aller inviter les filles. A voir la façon dont ils protestent, on croirait qu'on leur demande de se suicider. Et pourtant, un brave traverse la frontière imaginaire. Les copains retiennent leur souffle puis, bien vite, deux ou trois autres suivent son exemple et la tension se relâche. La poussière magique qui pousse à simuler est délaissée en faveur de l'apprentissage de nouveaux pouvoirs qui font rougir d'excitation garçons et filles. Voyant qu'il ne trouvera pas de nouvelles recrues, Peter s'en va à tire-d'aile.

Le garçon doit être agressif, la fille soumise et dépendante. Le premier est supposé s'aventurer sans retenue aucune et la fille s'empêcher, ainsi que le garçon, d'aller trop loin. Lorsque tous deux se retrouvent au milieu de la piste, chacun joue son rôle avec succès.

Le sujet atteint du SPP, souffrant de solitude et craignant d'être rejeté, peut alors retrouver une certaine assurance. Son succès lui permet de dépasser son irresponsabilité et son rôle inflexible.

Le plus navrant cependant, dans cette scène, c'est que nombre de ces gars et filles n'ont jamais dépassé les limites de ces stéréotypes. Les uns se sentaient à l'aise dans ce rôle de macho et les autres s'adaptaient à celui de quantité négligeable. Elles se considéraient comme faibles et sans défense mais devaient néanmoins se montrer suffisamment fortes pour supporter le comportement infantile d'un petit ami égocentrique.

Beaucoup de ces adolescents se sont mariés entre eux et se sont installés dans ce laminoir quotidien : les uns « gagnent l'argent du ménage », les autres s'occupent de ce « ménage ». Leur vie commune n'est jamais réellement devenue plus excitante qu'au moment où ils se sont rencontrés sur la piste de danse. Nombre de ces fanas des surprises-parties sont aujourd'hui parents de victimes du SPP.

Le Mouvement de Libération, entraîné par ceux qui se révoltaient contre ces surprises-parties, a réécrit le scénario. Il était temps. La ligne froide et dure qui traversait la piste de danse a peut-être aidé ces enfants à explorer sans danger leur sexualité ; elle les a néanmoins enfermés dans un comportement qui leur a ôté toute chance de grandir spontanément en tant qu'êtres humains.

Toutefois, ce nouveau scénario contient à mon avis autant de failles que l'ancien. Jetons un coup d'œil à la « boum » d'aujourd'hui et voyons comment fonctionnent les nouvelles règles.

L'idée reste la même. Le décor a vraisemblablement changé, l'appartement généreusement prêté par papa et maman étant bien plus confortable. Les chaperons, s'il y en a, marchent sur des œufs de peur de devenir impopulaires en imposant des limites à l'amusement.

Aucune ligne de démarcation ici. En fait, très peu — si ce n'est aucune — d'organisation. Pour ceux qui savent déjà agir en société, le pandémonium est tout à fait tolérable. Ils fixent leurs propres règles. Mais pour la majorité des enfants, rien n'indique comment se lancer dans l'exploration sexuelle. Beaucoup calment leur trac en buvant une bière ou deux ou en fumant un joint de marijuana avant de se rendre à la soirée. Le niveau sonore a tôt fait de les débarrasser de tout reste de peur qui n'aurait pas succombé aux drogues.

La plupart des gars sont là, debout, les mains dans les poches. Les mêmes sujets éculés sont sur les lèvres de ceux encore assez sobres pour aligner deux pensées cohérentes. Ceux qui possèdent déjà un certain savoir-faire social trouvent très vite une compagne. Certains, plus nombreux, se servent du vieux rôle de macho pour dissimuler leur peur d'être rejetés. Ceux qui souffrent du SPP se retrouvent tôt ou tard (et plutôt tôt que tard) dehors pour un autre joint ou une autre bière. Quant aux solitaires, ils se sentent malheureux et rentrent tôt.

Les filles par contre jouent leur nouveau rôle : elles sont agressives et peu complaisantes. Certaines, cherchant à se démarquer, racontent des blagues grossières, repèrent l'étalon le plus sexy et se vantent de ce qu'elles lui feront lorsqu'elles se retrouveront seules avec lui. Beaucoup se sentent poussées à jouer le rôle de *superwoman* toujours maîtresse de ses pensées et de ses sentiments. Elles se sentent souvent totalement bloquées au fond, ne sachant que faire.

Le nouveau scénario enjoint aux filles de ne jamais se soumettre à un mâle, *même si elles le désirent.* Elles doivent s'affirmer au point d'être agressives, se montrer indifférentes au point d'en devenir sarcastiques et exigeantes au point d'être insensibles. Celles qui ne parviennent pas à suivre ce schéma se sentent exclues. Celles qui ne veulent pas s'y conformer restent vraisemblablement chez elles, persuadées d'être dans l'erreur.

Une jeune fille de quinze ans me confia qu'après avoir bu deux bières, elle avait donné libre cours à son agressivité. S'approchant d'un type, elle lui avait mis « la main au panier » et dit : « Si t'es vraiment un mec, allons-y ! » Elle admit qu'elle tentait d'imiter le nouveau type de rôle qui, pensait-elle, la ferait accepter.

Rares sont les gars suffisamment mûrs et maîtres d'eux-mêmes pour faire face à ce genre d'attaques. Et il n'existe aucun chaperon, sur place ni ailleurs, pour lui dire qu'il est tout à fait normal de rire bêtement, de rougir et de se ruer aux toilettes. Tandis que les filles s'emparent des méthodes traditionnellement masculines d'affirmation de soi (l'exemple cité plus haut demeure néanmoins une exception), la plupart des gens s'essayent au rôle de macho et échouent lamentablement.

Vous comprenez donc pourquoi la victime du SPP, craignant d'être rejetée et trop sensible pour tenir avec succès le rôle de macho, abandonne la place et s'associe à ceux qui lui ressemblent. Et les voilà partis se soûler à en devenir idiot, se plaignant des femmes arrogantes et des pédés. Pas question d'admettre qu'ils aimeraient partager leurs peurs. Au contraire, ils se mettent en colère et pansent leur moi blessé en se lançant dans ce que j'appelle le « discours du viol ».

Pourquoi cela se produit-il ? Que se passe-t-il dans la tête de ces gosses qui rend le conflit à l'égard du rôle sexuel aussi dévastateur ? Ma recherche clinique me pousse à croire que tandis qu'on offre aux filles un scénario susceptible de les faire pénétrer en territoire traditionnellement masculin, on n'accorde rien aux garçons pour leur permettre de pénétrer en territoire traditionnellement féminin. Il est donc tout à fait accepté qu'une fille s'affirme et se montre indépendante mais pas du tout qu'un garçon soit passif et dépendant. Ce déséquilibre est à l'origine du conflit à l'égard du rôle sexuel de certains garçons et en fait des candidats de choix à la légion des enfants perdus.

Mais de qui apprennent-ils donc ce schéma suicidaire ? Mon expérience me dit que *ce n'est pas* de leurs parents. Ces derniers ne leur offrent d'ailleurs rien en matière de guide pour l'exploration sexuelle. Totalement ignorants, les adolescents se tournent vers le chaperon des temps modernes : la télévision.

Et que dit celle-ci ?

LE SCÉNARIO DES FILLES

Une superbe et séduisante jeune femme apparaît quelques instants sur l'écran, totalement sûre d'elle et respirant la compétence sexuelle. Tout jeune homme, toute jeune fille « normalement constitué » ne peut que la remarquer. La jeune femme chante et fait passer un message aussi précis que celui lancé par le chaperon d'il y a vingt-cinq ans :

> Je peux faire les courses, te faire à manger sans jamais, jamais te laisser oublier que tu es un homme.

Incroyable ! Les filles se jettent sur le produit. Elles aussi peuvent alors envoyer le même message à tous les hommes. Voici ce qu'elles disent réellement : « Je peux prendre un emploi. A travail égal, salaire égal. Je peux également assumer le rôle traditionnel de la femme au foyer et vous préparer votre dîner. Et, par-dessus le marché, je vous séduirai agressivement et satisferai chacun de vos désirs sexuels. Je suis une vraie femme qui sait tout faire à la perfection. »

LE SCÉNARIO DES GARÇONS

Tandis que les filles complotent pour savoir comment jouer ce rôle de supernana, les garçons tremblent et cherchent un moyen d'affronter leur compétence. Dans quelques instants à peine, la première publicité va leur fournir une réponse.

Voici un gars tendre qui éprouve des sentiments et n'a pas peur de les exprimer ouvertement. Pas mal, non ? Mais à peine les garçons commencent-ils à s'identifier qu'une nouvelle dimension vient se greffer sur ce scénario. Le type est un idiot et un crétin. Il se cogne dans tout, s'enfonce le pied dans la bouche et se fait traiter comme un enfant. Comme si cela ne suffisait pas, c'est un menteur. Il vit soi-disant avec deux filles et apprécie le sexe opposé mais, afin d'assumer cet arrangement, il se prétend homosexuel. Le message est donc : « Si vous voulez être sensible et gentil, vous agirez en clown et les autres vous considéreront comme moins qu'un homme. » Tout gamin souhaitant être hétérosexuel rejette immédiatement ce rôle.

Tout espoir n'est cependant pas perdu. Dans l'heure qui suit, les garçons voient apparaître un détective privé séduisant et toujours à l'aise qui n'agit jamais bêtement et qui est considéré par ses pairs comme le meilleur. Lorsque ce héros désire une fille, il n'a même pas besoin d'ouvrir la bouche ; ses muscles et la force qui émane de lui parlent pour lui. Ce type ne perd jamais. Quelle que soit la situation, il s'en tire toujours avec les honneurs de la guerre. De surcroît, il ne laisse jamais voir ses sentiments et n'est jamais contraint d'admettre qu'il ne sait que faire contre sa peur et sa solitude.

Certains gamins n'y comprennent plus rien. Ils se rendent bien compte qu'ils ont des sentiments et désirent les partager. S'ils osent le faire, ils courent le risque d'être considérés comme des imbéciles et des chiffes molles ; s'ils suivent les pas du héros qui « sait y faire », ils n'auront pas le temps de se montrer faibles.

Ils sont là à essayer d'y voir clair quand apparaît une autre pub. Un gars plus âgé, du genre paternel, doux, expressif, qui aime faire la cuisine, s'occupe des enfants, admet ses faiblesses et ne craint pas de faire preuve de sentiments. Ah ! Voilà peut-être la solution ! A peine les garçons ont-ils commencé à envisager les bienfaits de ce modèle que le type se révèle être homosexuel. Effroi ! « Et si c'était moi ? » pensent-ils tout bas.

Si ces enfants — dont plusieurs souffrent du SPP — adoptent ce dernier schéma, il y a de fortes chances pour qu'ils entendent parler ou entrent en contact, d'une façon ou d'une autre, avec la communauté gay. L'homosexualité semble offrir une solution à ce qui les tracasse. Toutefois, la plupart des homosexuels souffrent tout autant — peut-être même plus encore — du conflit à l'égard du rôle sexuel que les hétéros. Ils ont peut-être assumé leur féminité, mais cela ne les empêche nullement de se poser encore des questions sur leur masculinité. Cherchant à affronter leur solitude, ils n'ont fait qu'intervertir leur problème et vivent toujours au Pays de Jamais Jamais. (Il est intéressant de voir qu'au théâtre le rôle de Peter Pan est généralement confié à une jeune fille.)

Le conflit à l'égard du rôle sexuel rend infirmes ceux qui sont sujets au SPP. Incapables de jouir de la nature fluide et dynamique de toute relation adulte, leur rigidité les frustre de toute expérimentation et les enferme dans des rôles restrictifs, leur peur de l'échec et du rejet détruit leur capacité à prendre des risques, ce qui les empêche de s'investir corps et âme dans une relation. En réalité, ils se considèrent comme incapables d'aimer. S'ils acceptent cette idée fausse, elle devient réalité et les mène droit à un narcissisme aveuglant. Pour la surmonter, trois solutions s'offrent à eux : trouver une femme qui les materne et les protège contre les risques qu'il y a à grandir ; fuir le conflit en prétendant que la vie d'homosexuel n'a rien de solitaire ; ou bien chercher de l'aide pour affronter leur solitude et prendre leur vie en main.

APOGÉE : DIX-SEPT A DIX-HUIT ANS

Trois raisons me poussent à choisir cette époque comme représentant l'apogée du conflit sexuel :

Premièrement, c'est au cours de ces deux années que les préférences et le comportement sexuels commencent à s'implanter. Toute attitude qui se sera affirmée tend à résister au changement.

Deuxièmement, l'apparition du conflit à l'égard du rôle sexuel dépend de la rigidité née de devoir affonter la solitude à cet âge. Elle crée des œillères et le jeune homme devient incapable de tenter d'autres types de relations avec le sexe opposé. Le comportement sexuel qui en résulte est donc souvent dénué de chaleur et limité à la quête de satisfactions physiologiques.

Troisièmement, c'est à cet âge que l'émergence du conflit sexuel enclenche tout un engrenage d'autres conflits qui n'affleureront peut-être pas avant plusieurs années mais prendront forme lorsque la confusion qu'il engendre se cristallisera. Les contraintes d'un comportement socialement acceptable sont reléguées au profit d'un style de vie riche en actes irrationnels. Que la victime du SPP soit votre fils de dix-huit ans ou votre mari de quarante ans, ses excès peuvent vous inciter à vous demander : « Mais qui est donc ce type ? A quoi peut-il bien penser ? »

A QUOI PEUT-IL BIEN PENSER ?

Peter choisit de rester avec Wendy parce qu'elle le protégeait contre ses conflits intérieurs. Elle cédait à tous ses caprices et avait pitié de sa faiblesse émotionnelle. Elle manifestait certes une légère déception vis-à-vis de son manque de maturité mais se gardait bien de s'opposer à lui sur le plan de sa « loyauté ». Peter réagissait en manifestant une double personnalité. Il rebondissait sans cesse d'un monde réel où il ressentait rejet et désespoir, à un autre, imaginaire, où il prétendait pouvoir demeurer à jamais un petit enfant insouciant.

Wendy, Clochette, toute femme qui tente d'aimer ou de comprendre un de ces garçons perdus reconnaîtra aisément chez lui ce dédoublement de style Dr Jekyll et Mr. Hyde. Un instant vous baignez dans la gentillesse d'une personne chaleureuse et attentionnée, et l'instant suivant vous vous prenez un grand coup d'indifférence glacée derrière la tête. Dans bien des domaines, le sujet atteint du SPP pense d'une façon et agit d'une autre. Ces pensées, ces paroles, ces actes excessifs indiquent tous une double personnalité. Pourtant vous savez qu'il n'est pas fou. Et vous avez raison de le croire. Il n'a pas perdu tout sens des réalités. Il sait qu'il se sent très mal. Mais il n'est tout simplement pas assez fort pour y remédier.

Les comportements contradictoires qui apparaissent avec le conflit à l'égard du rôle sexuel peuvent suivre des stades différents, voire ne pas se manifester avant que celui qui en souffre se soit installé dans le train-train boulot-mariage-enfants. De même, il est très rare de voir tous les conflits possibles surgir en même temps. Néanmoins quel que soit l'ordre dans lequel ils apparaissent ou leur fréquence, ces conflits sont une réelle bénédiction : votre première réaction est de vous sentir totalement déboussolée, incapable de comprendre quoi que ce soit à ces comportements et ces humeurs lunatiques, mais prenez un peu de recul, regardez en quoi ces extrêmes se rejoignent, et vous serez à même de répondre à la question : « À quoi pense-t-il donc ? »

ESPOIR CONTRE DÉPRESSION

La vision du monde de celui qui souffre du SPP est de nature cyclique : il oscille entre une excitation proche de la folie à l'arrivée du printemps et une dépendance dépressive qui semble gâcher une bonne part de ses vacances de Noël. Il arrive que ce balancement soit tel que vous en venez à vous demander s'il ne risque pas de se suicider. « Il m'inquiète au plus haut point, confiez-vous à votre ami(e). Un jour la vie lui semble merveilleuse, le lendemain il ne trouve plus aucune raison de vivre ! »

Vous venez de mettre le doigt sur la graine du doute profondément enfouie chez cet homme intelligent et sensible. En fait, il s'agit de l'éternelle question existentielle qui nous hante tous : « Pourquoi suis-je sur terre ? »

Lorsqu'il se trouve une raison d'être, son excitation devient contagieuse. La vie lui semble-t-elle inutile, sa dépression atteint des profondeurs abyssales. Et vous qui l'aimez, vous vous faites l'impression d'être un yo-yo, un jour en haut, le lendemain en bas. Vous n'aspirez plus qu'à une chose, la stabilité.

Son manque de calme est lié à la tempête qui fait rage dans son âme. Le simple fait de vivre ne lui suffit pas pour se sentir authentique. Il croit devoir se prouver jour après jour qu'il est quelqu'un de bien et qu'il *mérite* de vivre. Lorsque les autres — et plus particulièrement sa maman — l'aiment, il s'accepte et se sent plein d'espoir, jusqu'à l'excès. Confronté à l'échec ou à la désapprobation, il conclut à tort qu'il *n'est pas* quelqu'un de bien et qu'il *ne mérite pas* de vivre. Et tombe alors dans la dépression.

Le fait qu'il ne se sente pas « authentique » devrait vous aider à comprendre pourquoi il s'entoure de copains, en fait trop — au point de se rendre ridicule — pour se faire aimer, considère celle qui partage sa vie comme « chose » acquise, rejette tout sentiment négatif vis-à-vis d'autrui et se met dans une rage folle lorsqu'on le critique. Pire encore, il n'est jamais libre d'être lui-même. La simulation et le Pays de Jamais Jamais sont ses seules issues de secours.

DÉVOUEMENT CONTRE MÉPRIS

Au cours des premières années de leur existence, les sujets atteints du SPP manifestent un respect illimité pour toutes les femmes qui font partie de leur vie, respect qui les rend extrêmement attentionnés, bien élevés et serviables. Ils sont adorés des voisins, des professeurs, des parents...

Rétrospectivement, on pourrait prétendre que ce respect n'est pas sincère, qu'il n'est que manipulation. Ce n'est pas le cas. Il est profondément ressenti et honnêtement exprimé.

Au fur et à mesure que les conflits sapent le moi de la victime, la peur du rejet grandit et ce respect se trouve altéré par un dévouement excessif. L'idolâtrie qui en résulte enferme le sujet dans des sentiments de servitude. La colère devient inévitable. Tout comme la révolte. Pour se débarrasser de cette subordination imaginaire aux femmes, il devient méprisant envers le sexe opposé, l'accuse d'être responsable de son sentiment d'impuissance. Ce mépris est tout aussi tortueux et injuste que l'était son dévouement.

Les hommes prisonniers de ce conflit font preuve d'un respect excessif en présence des femmes puis se répandent en critiques et se moquent d'elles dès qu'ils se retrouvent entre copains. Entre autres fanfaronnades, ils se vantent de posséder une capacité surnaturelle pour remettre les femmes à leur place. Lorsque peur et colère parlent d'une même voix, ce coup de pouce à leur ego se colore souvent de propos évocateurs de domination sexuelle par la force physique, ce que j'appelle le « discours de viol ».

Peut-être soupçonnez-vous votre compagnon d'osciller entre mépris et dévouement. Ce « discours de viol » ne parviendra néanmoins vraisemblablement pas jusqu'à vos oreilles, n'étant, dans la plupart des cas, prononcé qu'en présence d'autres mâles. Vous pouvez cependant déceler la nature paradoxale de son respect pour les femmes. Mon exemple préféré est celui de l'homme qui jure comme un charretier mais se montre profondément offusqué si la moindre grossièreté est prononcée en présence d'une dame. Il ne place la femme sur un piédestal que pour se moquer d'elle lorsqu'elle n'est pas là.

INSTINCT GRÉGAIRE CONTRE SOLITUDE

L'homme atteint du SPP adore le monde ; du moins agit-il comme si c'était le cas. Il s'entoure d'un nombre incalculable d' « amis », prend la mouche s'il pense avoir raté la moindre occasion de s'amuser, reste longtemps après que sa présence n'est plus souhaitée à une soirée uniquement pour ne pas rater la dernière plaisanterie. Quant à vous, assise de l'autre côté de la pièce, vous vous demandez : « Qu'y a-t-il de drôle là-dedans ? Pourquoi rit-il si fort ? »

La réponse est simple : par ce rire tonitruant, il tente d'étouffer les voix de la solitude. Son esprit grégaire, ses amis, sa passion des soirées, tout cela ne l'empêche nullement de se sentir extrêmement seul, même au sein de la foule.

Une distance psychologique considérable sépare cet homme des autres. Assis à côté d'un copain, il se sent encore à des milliers de kilomètres. Dans la plupart des cas, il s'habitue à cette aliénation et la trouve normale.

Ce comportement de « solitaire au milieu de la foule » pousse l'amante ou l'épouse à le prendre en pitié. L'une d'elles se demandait tout haut : « Pourquoi se donne-t-il tant de mal ? Pourquoi ne se détend-il pas tout simplement ? Ne sait-il pas que les autres l'aimeront pour ce qu'il est ? » (La réponse à cette dernière question est non.)

SENSIBILITÉ CONTRE REPLI SUR SOI

Les hommes atteints du SPP ont été des enfants empathiques et sensibles. Leur mère leur a inculqué la valeur des émotions, ce qui leur permet d'exprimer sans aucun problème leurs sentiments. Toutefois, avec le manque d'autodiscipline lié à la paresse et à l'irresponsabilité, ces enfants deviennent incapables d'apprendre à contrôler leurs émotions. Ils ne savent absolument pas se protéger des déceptions inévitables de la vie et sont donc excessivement vulnérables.

Peu de temps après la puberté, ils doivent affronter le rejet de leurs pairs et leur incapacité à le surmonter. Ils commencent alors à se replier sur eux-mêmes. Ne sachant comment se garantir de cette douleur, ils décident d'éviter tout sentiment : dès qu'ils se sentent vulnérables, ils se retranchent derrière une certaine réserve et deviennent indifférents. Voilà qui permet de mieux comprendre pourquoi ces hommes adoptent une attitude je-m'en-foutiste dès que quelque chose les attriste ou les emplit de remords. Plus âgés, cette réserve les incite à proclamer qu'ils ont dépassé ce « sentimentalisme ridicule ».

GENTILLESSE CONTRE CRUAUTÉ

Voici peut-être le conflit le plus difficile à supporter pour l'être aimé. Celui qui souffre du SPP peut vous quitter le matin après vous avoir tendrement embrassée et vous abreuver de sarcasmes cruels en revenant le soir. Il s'attend à ce que celle qui l'aime, amante, épouse ou mère, supporte son manque de maturité et sa méchanceté parce que *c'est son boulot!* Votre destin consiste à supporter sa cruauté, excuser ses insultes et l'aimer quoi qu'il fasse. Il ne comprend jamais que vous vous rebelliez et ne s'attend jamais à devoir présenter des excuses. « Quoi que je fasse, tu m'aimeras toujours. »

L'homme prend épouse ou amante pour alliée inconditionnelle. Pour lui, l'amour de la compagne est le même que celui de la mère. L'amour adulte se trouve déformé au point que l'épouse ou l'amante n'est jamais supposée attendre plus de lui que ce qu'il choisit de donner au moment où il choisit de le donner. Il ne comprend pas que cet amour est placé sous le signe des concessions, qu'il faut donner et prendre. Au contraire, lui prend et celle qui l'aime donne. Celle qui s'élève contre cette injustice est immédiatement considérée comme une garce qui ne connaît pas son bonheur.

Inutile d'ajouter que si ce conflit n'est pas résolu, cet homme n'a aucun espoir de vivre une relation adulte pleine d'amour.

VICTIME CONTRE SAUVEUR

Celui qui souffre du SPP connaît mille façons de s'apitoyer sur son sort. Il marmonne lorsqu'on lui fait voir combien il est cruel, se fige devant la colère de son épouse et suce son pouce psychologique quand sa mère autoritaire tente de diriger sa vie. Aurait-il vécu au temps de l'Ancien Testament qu'il aurait sans doute été le premier à sacrifier son amour-propre pour apaiser les dieux.

Et pourtant, ce même martyr volontaire prend sur lui de vous sauver du monde. Il a son idée sur la façon dont vous devriez vous comporter et se précipitera pour aider autrui alors que vous-même ne saurez ni où il est ni ce qu'il fait. Il semble secourir tout le monde mais ne lève pas le petit doigt lorsque vous avez besoin d'aide.

Pour comprendre ce conflit, ne perdez pas de vue que Peter Pan refusait de considérer les femmes autrement que comme des figures maternelles. Lorsque vous aurez saisi que cet homme ne voit en vous qu'une projection de quelque maman idéale, vous imaginerez aisément sa réaction lorsqu'il entend que maman a besoin d'aide.

Premièrement, il ne comprend pas comment une maman parfaite peut être améliorée. Il vous fait aussi parfaite qu'il vous désire et tombe des nues quand il voit que vous ne vous conformez pas à cette image.

Deuxièmement, il a peur de vous offrir son aide car, persuadé qu'il ne vaut pas grand-chose, il est sûr de commettre une faute. Et sa plus grande faute est de ne même pas essayer d'aider. Sa meilleure façon d'affronter ce problème consiste à se replier sur lui-même ou à nier (parfois violemment) que vous puissiez avoir la moindre faiblesse.

Si vous comprenez ces deux réactions, je suis certain que vous allez protester : « Mais je ne veux pas être sa mère ! » Très bien. Mais n'oubliez surtout pas de lire le chapitre 13 afin d'être sûre de ne pas vous être fait piéger dans ce rôle.

FIDÉLITÉ CONTRE FLIRT

Vous pensez le connaître, mais vous ne le connaissez pas du tout. Cela vous rappelle quelque chose ? Lorsqu'il s'agit de la fidélité de votre compagnon, cela le devrait. Vous le croyez lorsqu'il vous assure ne jamais vous tromper mais, au cours des soirées entre amis, il ne fait rien pour cacher ses entreprises de séduction et se laisse tant emporter par ses efforts pour impressionner les autres femmes qu'il finit par se rendre ridicule.

L'homme souffrant du SPP déclare à celle qui partage sa vie qu'elle est le centre de l'univers. Et, aussi bizarre que cela puisse sembler, elle l'est. Ce qui ne l'empêche nullement de regarder les autres femmes d'une façon qui montre clairement qu'il ne s'agit pas d'une fantaisie passagère. Il ne peut se retenir de faire des avances à des femmes qui ne sont rien de plus que des relations. Et ce, pas vraiment discrètement. Il va même jusqu'à vous faire part de ses désirs sexuels pour les autres femmes, comme s'il n'était pas vraiment — ou pas du tout — conscient de votre jalousie. Il veut partager cela avec vous comme si vous étiez sa grande sœur (ou, ce qui n'est pas surprenant, sa mère).

Pour comprendre ce comportement de séducteur, il vous faut comprendre son narcissisme. Cherchant si ardemment à être reconnu, il déforme la réalité et conclut qu'il est réellement le plus désirable de tous les hommes et que priver les autres femmes du plus grand séducteur de tous les temps c'est courir le risque de les offenser. Je sais bien que tout cela doit vous sembler incroyable, mais c'est si souvent vrai ! Le chapitre suivant vous offrira de multiples occasions de comprendre la complexité de ce fantasme narcissique.

Chapitre 8

NARCISSISME

PETER : « Wendy, ne t'en va pas. Je ne peux pas
m'empêcher de pousser des cris lorsque je suis
content de moi. »
WENDY (à Peter) : « Il est vraiment bizarre que
les histoires que tu préfères soient celles qui
parlent de toi. »

Imaginez que vous pénétrez dans une pièce recouverte
de miroirs. Où que se porte votre regard, rien d'autre que
vous. Tout d'abord, vous ne pouvez retenir un sourire. C'est
si agréable de se voir ainsi multiplié. Vous faites des
grimaces, ne serait-ce que pour savoir combien d'images
différentes de vous-même vous présentez au monde.

Comme vous êtes parfaitement seul, vous oubliez toute
gêne et vous demandez : « Suis-je beau ? » « Mon nez est-il
trop long ? » « Ne suis-je pas trop rembourré d'ici ? Et de
là ? » Ces questions, très légèrement critiques, que vous vous
posez sur vous-même semblent tout à fait naturelles et
inoffensives. Vous ne pouvez résister à la tentation de savoir
comment les autres vous voient. Vous voulez qu'ils vous
aiment. Cela rend la vie tellement plus facile et agréable.

Au bout de quelques minutes dans cette pièce, vous

commencez à vous sentir mal à l'aise. Les miroirs se retournent contre vous, s'en prennent à vous. Non, vous n'êtes pas beau. Oui, votre nez est trop long. Mais oui, vous êtes trop rembourré là, là et là, *partout* où vous ne devriez pas l'être. Encore quelques minutes et la moindre ride prend des allures de Grand Cañon. Cette pièce n'est pas vide. Une entité s'y trouve, qui vous attaque.

Les miroirs semblent avoir revêtu une personnalité hostile. Vous vous retrouvez en train de leur répondre, de défendre votre intégrité. Vous êtes bien trop occupé à réagir aux critiques pour vous rendre compte que ces personnalités ne sont que d'autres dimensions de vous-même. Les miroirs deviennent le point de focalisation de vos insécurités. Plus vous avez l'habitude de vous mentir au sujet de vos faiblesses, plus les miroirs deviennent impitoyables.

Après plusieurs minutes à livrer bataille contre vos sentiments d'insécurité, les défauts de votre caractère deviennent aussi évidents que ceux de votre corps. Votre piètre affirmation de soi se remarque tout autant que vos cuisses molles. Vos problèmes sexuels, aussi prononcés que vos horribles pattes d'oie autour des yeux. Vous repensez à votre dernière sortie dans le monde, convaincu que les autres ont vu ce que vous voyez maintenant. Votre transparence vous embarrasse terriblement.

Pouvez-vous imaginer ce qui se passerait si vous restiez coincé entre ces miroirs pendant des jours, des semaines, voire des années ? Vous commenceriez par fermer les yeux pour éliminer ces visions de vos imperfections maintenant devenues grotesques. Vous chercheriez à faire disparaître ce monde où chacun de vos défauts est multiplié par mille. Les paupières violemment fermées, vous chanteriez à tue-tête pour essayer de noyer les voix désapprobatrices et réaffirmer votre présence.

Votre tentative de dénégation échoue finalement. Brisé et meurtri, il vous faut trouver un moyen d'affronter cette personnalité hostile. Vous souhaitez de toutes vos forces la présence d'un ami, de quelqu'un qui vous dise que vous n'êtes pas si mauvais que ça, malgré tous vos défauts. Mais vous êtes seul. Il ne vous reste qu'une chose à faire : vous défendre.

Vous ouvrez les yeux. Mais cette fois, au lieu d'attendre l'assaut de la personnalité hostile, vous attaquez le premier. Vous utilisez tout matériau emmagasiné dans votre mémoire pour bâtir des fantasmes qui viennent contredire le réquisitoire auquel vous venez d'être soumis. Vous prenez la bataille en main, projetant ces fantasmes sur les miroirs. Comme si vous étiez dans une salle de cinéma, obligé de regarder un mauvais film. Vous vous servez de votre cerveau pour monter le film d'une façon qui vous plaît puis pour projeter sur l'écran la version la plus acceptable.

Vous domptez vos incertitudes. Votre nez est maintenant le plus beau du monde, votre beauté, renversante. A côté de vous, le plus bel athlète ressemble à une vieille sorcière. Vous vous sentez tout neuf, simplement parce que vous n'avez plus besoin de quiconque pour vous sentir mieux. Il ne vous faut qu'une chose pour guider vos projections fantasmatiques et du même coup vous protéger de toute attaque future : la perfection. Tout ce qui, sorti de votre œil intérieur, est projeté sur les miroirs doit être parfait. Il n'y a qu'un *hic.* Lorsque les portes s'ouvrent, vous ne pouvez quitter la pièce aux miroirs. Vous êtes prisonnier de la perfection.

LA QUÊTE DE PERFECTION

Peter voulait entendre des histoires dont il était le héros afin de renforcer son idée de la perfection. Il ignorait totalement le fait que Wendy l'aidait à surmonter un problème, tant il était content de lui. Il recherchait la perfection avec un zèle inébranlable. Mais il ne pouvait faire autrement. L'autre alternative aurait été d'affronter la masse de ses incertitudes. Son narcissisme le protégeait contre la solitude et la peur. Il n'allait pas l'abandonner.

L'homme atteint du syndrome de Peter Pan n'a qu'une chose en tête, la perfection. Plus forte son insécurité, plus nettes les images réfléchies désobligeantes et plus grand le perfectionnisme. L'assaut des incertitudes projetées se trouve exacerbé par l'absence d'amis intimes et de confidents. Des années d'angoisse et de solitude lui interdisent de chercher refuge auprès de ceux qui l'aiment réellement. Il sacrifie l'amour à la sécurité que lui apporte la perfection.

Il la recherche avec une ferveur obsédante. Mais, parce qu'il est désespérément peu doué pour la survie, il ne parvient pas à l'atteindre de façon socialement acceptable. Il compense ses grossières imperfections en demeurant dans la pièce aux miroirs à regarder ce qu'il veut voir. Un schéma narcissique se met en place, formant au sein de cette salle des glaces des passages communiquant entre eux, qui tous servent d'abord de défense contre l'imperfection puis rapprochent la victime de la réalité pour ensuite la ramener là où elle se sent le plus à l'aise, entourée d'images parfaites.

Voici les traits prédominants du narcissisme tels qu'ils se présentent chez celui qui souffre du SPP.

Exploitation.

L'homme est prêt à exploiter amis et relations à seule fin de promouvoir sa perfection, voire à modifier l'échelle des valeurs uniquement pour se mettre en avant. Face à la mère de celle qu'il désire, il prononcera une plaidoirie tout à fait convaincante en faveur de la chasteté avant le mariage pour, une heure après, ensorceler la jeune fille avec sa théorie selon laquelle les jeunes devraient se révolter contre la tyrannie des tabous sexuels imposés par les parents. Il n'a pratiquement aucun sens de la loyauté.

Rage.

Lorsqu'il se trouve dans l'incapacité de faire disparaître la réalité, la suprématie de sa perfection se trouve menacée. Ses bonnes dispositions peuvent alors céder instantanément à la rage et, si ses tentatives d'exploitation échouent, il l'utilisera pour intimider quiconque cherche à lui imposer la réalité. Cette colère est si violente et soudaine qu'on se sent attaqué, pris dans un tir où les sentiments remplaceraient les balles. La plupart des individus se replient en désordre, laissant le sujet imposer ses désirs ; les brutes et autres personnages narcissiques, non. Et voilà pourquoi ceux qui souffrent du SPP se bagarrent parfois. En règle générale, ils perdent, mais vous ne les entendrez jamais l'admettre.

Cette rage éloigne autrui, protégeant ainsi le frêle amour-propre de la victime. Malheureusement, elle éloigne également amour, attention et chaleur. Elle est le mur qui isole de tout contact intime.

Irréprochabilité.

Le sujet n'est jamais responsable. Aussi néfaste qu'ait pu être son comportement, aussi mauvaises ses intentions, il sera toujours en mesure d'accuser quelque chose ou quelqu'un. Il rentre tard parce qu'il a dû raccompagner des amis. Il est arrêté en possession de marijuana parce qu'il la gardait pour un copain. Il est sorti en laissant tout en désordre parce qu'il fallait qu'il aille voir quelqu'un pour un boulot (qu'il n'a d'ailleurs pas obtenu). Sa petite amie l'a laissé tomber parce qu'on a médit de lui. Admettre l'accusation, c'est admettre qu'il n'est pas parfait. Vous n'y pensez pas !

Insouciance.

Parce qu'il n'assume jamais ses responsabilités, celui qui souffre du SPP a le chic pour se retrouver mêlé à des accidents. Objets du ménage brisés, livres perdus, voitures en panne ou rendez-vous manqués le poursuivent tels de gros nuages gris. Et ce qui est encore plus frustrant, c'est qu'il ne tire aucune leçon de ses erreurs. Il récidive. Encore et encore. Parce qu'il n'admet jamais être responsable de quelque faute que ce soit, il n'imagine pas un seul instant pouvoir faire quoi que ce soit pour être moins négligent.

Toxicomanie.

Voici un domaine dans lequel on retrouve souvent la victime du SPP. Malgré son perfectionnisme, il a en permanence l'impression agaçante de ne pas valoir grand-chose, ce qui intensifie son besoin de soulagement. Nombre de ses amis sont des toxicomanes, il ne lui est donc pas difficile de compter sur cet élargissement du champ de la conscience généralement associé aux drogues. Il prend l'habitude de consommer alcool et marijuana de façon excessive et, dans les cas plus graves, la cocaïne devient son billet d'aller simple vers un sentiment inviolable de perfection.

Promiscuité sexuelle.

Rien ne nourrit autant le moi fragile de celui qui souffre du SPP que les soupirs de contentement des filles qu'il conquiert physiquement. Plus il peut ajouter de filles à son palmarès, plus il devient parfait. Comme dans ses rapports avec autrui, c'est lorsque la jeune femme reste distante qu'il se sent le plus à l'aise. Il n'est en fait pas déçu si elle feint l'excitation et la satisfaction car, en réalité, son attitude d'exploiteur l'empêche généralement d'entendre la simulation.

DES FÊLURES DANS LES MIROIRS

J'ai tenté de vous donner une définition scolaire du narcissisme. Les spécialistes de la santé mentale sont rarement confrontés à ce genre de cas type car ceux-ci ne sont pas si fréquents. Ceux qui en souffrent à ce point sont dans de sales draps. Il ne leur reste pas grand espoir.

Le narcissisme des victimes du SPP est loin d'être aussi dangereux. Les traits caractéristiques ne s'emboîtent pas les uns dans les autres pour former un tout aussi destructeur. Le sujet peut être insouciant, mais il s'accuse secrètement de nombre de ses échecs. Il s'emporte violemment, mais son sens des convenances le pousse à demander pardon. Il exploite autrui, mais il a un ou deux amis intimes. Il se rend parfois subitement compte qu'il est soumis au charme de sa pensée magique et qu'il n'est pas aussi parfait qu'il le prétend. Quant à ceux qui sont particulièrement actifs sexuellement, ils rencontrent généralement une femme qui les aime sincèrement. Cette chaleur les touche au cœur et peut bien souvent devenir le stimulant nécessaire pour les aider à affronter leurs imperfections et à sortir de leur prison aux miroirs.

Ainsi, pour mieux comprendre comment le narcissisme vient s'emboîter dans le schéma de développement du syndrome de Peter Pan, il vous faut imaginer que les miroirs qui recouvrent cette pièce où il est enfermé sont fêlés. La réalité s'y glisse et donne ainsi au sujet des chances réelles de s'échapper.

APOGÉE : DIX-NEUF, VINGT ANS

Comme vous vous en êtes déjà rendu compte, les symptômes constitutifs du SPP n'apparaissent pas à des âges présélectionnés, comme déclenchés par quelque horloge biologique ou psychologique. Ils sont mélangés ; chacun nourrissant l'autre. Le narcissisme est l'un des deux symptômes intermédiaires (le machisme étant le second) qui découlent de l'interaction entre des problèmes plus fondamentaux. Quoique plantées de bonne heure, les graines du narcissisme mettent du temps à pousser. Et, le narcissisme dépendant tellement d'autres facteurs, l'espoir est grand de voir sa croissance freinée.

Les graines du narcissisme prennent vie lorsque l'enfant de deux ans exigeant se voit tout accordé. La soumission des parents, leur indulgence lui dénient son besoin d'apprendre à découvrir ses imperfections dans un environnement où il se sent en sécurité. S'il atteint la puberté en n'ayant qu'une chose en tête, se mettre en avant à n'importe quel prix, et si les quatre pierres angulaires du SPP — irresponsabilité, angoisse, solitude et conflit d'identité sexuelle — sont toujours à l'œuvre, alors le narcissisme risque fort de s'épanouir.

Si ces conditions demeurent inchangées, si elles ne sont pas remises en question, le narcissisme atteindra son apogée vers dix-neuf-vingt ans, car c'est alors que la transition de l'adolescence à l'âge adulte oblige le jeune homme à prendre conscience de façon très vive de ses imperfections. S'il prend sa vie en main, accepte ses limitations et tire les leçons de ses échecs, il surmontera le syndrome de Peter Pan et s'efforcera de grandir. S'il nie ses limitations et poursuit sa quête de perfection, il fait un pas de géant vers une vie de prisonnier, coupé de la réalité par sa propre insécurité.

DEUX NARCISSES

Le narcissisme n'est pas un flirt inoffensif avec la poussière magique. Dans le cas du syndrome de Peter Pan, il représente une fuite dangereuse hors de la réalité. Pensée rationnelle, jugement sensé et bon sens se trouvent relégués vers le siège arrière, les processus de pensées illogiques, voire bizarres, prenant le volant.

Le sujet atteint du SPP utilise son intelligence pour concevoir un système de pensée et se forger des opinions totalement imperméables aux critiques. De quelque milieu social qu'il soit, quelle qu'ait été son éducation, il est impossible de discuter rationnellement avec ce type de Narcisse. Il opère à partir de prémisses truquées, incompréhensibles. Quand bien même vous parviendriez à en découvrir et remettre en question la première, il en changera en cours de route. Et si, par ce tour de passe-passe, vous le prenez en défaut, il vous écrasera de sa colère.

Voici l'histoire de deux victimes du SPP en quête de perfection. La panique affective et la rigidité du rôle expliquées au cours des chapitres précédents étaient ici enfouies sous un narcissisme qui se caractérisait par une pensée unique, totalement déformée. Aussi désespéré qu'ait pu être le cas de ces jeunes gens, il est réconfortant de se souvenir que leurs miroirs étaient fêlés. Sinon, ils ne seraient jamais venus me voir.

DENIS

— Le Seigneur est mon berger.

Même si vous êtes quelqu'un de profondément croyant, admettez que ce premier verset du 23ᵉ Psaume est une réponse étrange à la question : « Qu'est-ce qui t'amène chez moi ? »

Je ne m'attendais vraiment pas à une réponse aussi insolite de la part de ce jeune homme. Je connaissais ses parents, de braves gens qui avaient fait de leur mieux pour élever trois fils. Celui qui se trouvait en face de moi et qui, bien qu'à moitié enfoncé dans mon fauteuil trop rembourré, refusait de se détendre, était le plus âgé, Denis.

Grand, séduisant, cheveux noirs bouclés, Denis faisait preuve de manières raffinées et exhibait un sourire qui disait « vous me plaisez ». A dix-neuf ans, il allait entrer en seconde année dans une grande université où son talent d'acteur avait déjà fait l'objet de critiques dithyrambiques. Ses parents m'avaient dit qu'il avait eu du mal à s'adapter à l'université mais qu'il avait obtenu des notes moyennes et qu'apparemment il était content d'y retourner.

Alors, pourquoi cette citation biblique en réponse à une question tout ce qu'il y a de plus banale ? Cela ne présageait rien de bon et me semblait à la fois défensif et hostile. A moins qu'il ne soit fou. Mais je savais que ce n'était pas le cas. Je conclus donc qu'il avait peur, qu'il était en colère et qu'en fait il me signifiait qu'il n'avait nullement l'intention de me parler.

Je ne fis aucun commentaire ; cela ne m'aurait mené nulle part de toute façon. J'essayai de glaner des informations.

Il était venu me voir parce que sa mère pensait que cela pourrait servir à quelque chose.

« En quoi cela pourrait-il être utile ? » Il n'en savait rien. Sans doute y avait-il un rapport avec les changements survenus au cours de l'année précédente.

« Quels changements ? » Il avait découvert Dieu et la grâce salvatrice de Jésus-Christ, mais ses parents ne comprendraient jamais.

Que voulait-il dire par « découvert » ? La question déclencha un instant de haine mais il se servit de son sourire en toc pour me regarder avec pitié pour ma « pauvre âme égarée » tout en réprimant rapidement ses émotions. Il ne pouvait s'empêcher de pontifier lorsqu'il parlait de sa nouvelle conscience transcendantale. Il mélangeait des bouts de théologie et des concepts métaphysiques et épistémologiques anciens dans un récipient sur lequel était inscrit « paix de l'âme » et qui n'était en fait qu'une salade mixte cérébrale dénuée de sens.

Au bout d'environ cinq minutes d'élucubrations, je l'arrêtai pour tenter de retrouver un semblant de dialogue constructif.

Quand avait-il découvert Jésus-Christ ? Au cours de sa première année d'université. Et il se remit à divaguer. Je l'interrompis immédiatement.

Pourquoi donc, à son avis, Dieu avait-il choisi ce moment précis pour l'imprégner du Saint-Esprit ? Il n'en savait rien mais imaginait nombre de raisons pour lesquelles Il lui avait fait prendre conscience du fait que ce que nous prenons pour la réalité ne l'est pas et que la seule vraie réalité c'est la vie après la mort, au Paradis ou en Enfer.

— Minute, lançai-je. Tu veux dire que le monde dans lequel nous vivons n'est pas le vrai ?

— Absolument. Nous autres humains, à ce stade dans le temps, ne sommes qu'un mirage. Ce monde n'est qu'un terrain d'essais qui permet à Dieu et au diable de nous évaluer, de décider qui choisira qui dans la prochaine vie.

— On dirait que Dieu s'est mis au Loto, dis-je.

Cette fois, il ne dissimula pas sa colère.

— Vous êtes comme les autres ! Tentateurs ! Vous essayez de perturber les croyants en nous noyant sous votre décadence et vos péchés de chair. Vous n'arriverez jamais à toucher mon âme. Il est difficile de distinguer Dieu de Satan, mais moi je sais, je sais dans mon cœur qui est qui.

Et il continua d'entasser pensée théologique confuse sur pensée théologique confuse. Ses mots ne voulaient rien dire. Ses gestes, si. Tout en me bombardant de non-sens conscients, il se passait sans cesse la main sur le visage, évitant toujours ses yeux et son nez.

— Pourquoi te frottes-tu le visage ?

— Simple habitude idiote, fut la réponse.

Je n'abandonnai pas.

— De quoi te caches-tu ? On dirait que tu n'aimes pas le visage que Dieu t'a donné en ce monde irréel ?

Dans le mille !

— Et vous ? Ça vous plairait de le porter, vous ? Il est tout boursouflé. Il est laid ! (Les larmes embuaient ses yeux.) Les gens ne peuvent se rendre compte à quel point il est laid. Mais moi je sais. Je sais combien il est laid.

— Quels gens ?

— Les gens. Vous savez bien... Les gens.

— Non, je ne sais pas quels gens. Mais je crois deviner. Les filles, non ?

Instantanément écarlate :

— Ouais, peut-être.

Aimait-il les filles ? Encore plus écarlate :

— Ouais.

Apercevant les brèches dans son système de défense, j'allai plus loin. J'insistai sur les filles. Il ne fallut pas trop de temps pour qu'il me fasse confiance et donne libre cours à sa souffrance.

Il adorait les filles et désirait ardemment connaître le plaisir sexuel mais avait peur d'être rejeté. Ses nombreux fantasmes et sa peur de se mêler au monde résultaient de ce qu'il considérait comme une masturbation excessive (deux fois par jour en moyenne). Il avait bien essayé d'avoir des rapports sexuels avec une fille mais avait éjaculé avant de la pénétrer. Il s'en voulait d'avoir essayé et, en même temps, d'avoir échoué.

En réalité, il s'en voulait de presque tout ce qu'il faisait. D'être à l'université sans vraiment savoir pourquoi, de ne pas travailler, de gaspiller l'argent de ses parents, de fumer de la marijuana et d'être puceau. Pour se garantir de sa culpabilité accablante, il se réfugiait dans la pièce aux miroirs. Mais plus il s'y contemplait, plus il se trouvait laid. Chacun de ses traits reflétait la laideur de son âme. Cracher des incantations ésotériques était le moyen magique qu'il avait trouvé pour échapper à une autocondamnation permanente.

Denis et moi nous frayâmes un chemin à travers ce labyrinthe d'explications psychologiques, tentant dans le peu de temps qui nous était accordé de ramener les choses à leurs justes proportions. Lorsqu'il repartit pour l'université, il avait compris que la peur du rejet l'empêchait de se connaître et de devenir adulte. Ses buts étaient maintenant, entre autres, d'accepter le fait que la masturbation et la virginité n'ont rien d'anormal, d'améliorer sa façon d'étudier, de sortir avec des filles sans se forcer à avoir des rapports sexuels avec elles. Au fur et à mesure que nous parlions de tout cela, sa préoccupation vis-à-vis du péché diminua. Ainsi que son baratin métaphysique.

La dernière fois que j'ai entendu parler de Denis, il était heureux de vivre. Sur le point de terminer ses études brillamment, il voulait se présenter à l'agrégation avant de se lancer dans la vie, en quête de gloire et de fortune. Apparemment, il avait osé s'aventurer hors de son narcissisme étouffant et avait enfin trouvé sa place dans le monde réel.

JÉRÔME

« Comment un gentil garçon comme toi a-t-il fait pour se retrouver avec un casier aussi chargé que le tien ? »

Vols, à l'étalage et ailleurs, violations de domicile et autres accusations de « mauvaise » conduite, ce n'était là que ce pourquoi il s'était fait arrêter. Dieu sait ce qu'il avait fait d'autre !

Comment ce voleur confirmé de dix-neuf ans pouvait-il être narcissique et victime du SPP ? Il me fallut un certain temps pour m'en rendre compte. Pourquoi même prenait-il la peine de venir parler à un psy ? La réponse était simple : maman lui avait dit de le faire et il obéissait toujours à maman. En se faisant prier, mais il le faisait. Après tout, c'est elle qui le tirait toujours d'affaire. Le moins qu'il puisse faire pour elle c'était de parler à un psy. Cela ne l'inquiétait nullement. Il n'allait rien lui dire de toute façon.

Jérôme était passé entre les mains d'un grand nombre de psy. Psychiatres, psychologues, assistantes sociales, conseillers scolaires, etc. Il connaissait le jargon et s'en servait mieux que tout autre individu deux fois plus âgé que lui. Mais je ne crois pas qu'il s'attendait à quelqu'un comme moi. A tout hasard, je le considérai comme victime du SPP dès que j'eus vent de son narcissisme. Grâce à ce diagnostic, j'avais une longueur d'avance sur lui.

Afin de comprendre le narcissisme de Jérôme, souvenez-vous de la dernière fois où vous avez vu un petit de deux ans jouer à cache-cache. Vous comptez jusqu'à dix et l'enfant court se cacher derrière le divan. Quelques minutes à peine suffisent pour l'entendre pouffer de rire et ses pieds qui dépassent vous indiquent où il est.

L'enfant est consterné d'avoir été découvert aussi rapidement. Il vous accuse même parfois d'avoir triché. « C'est pas juste. Tu as regardé. »

Si vous comprenez la détresse de cet enfant, vous pouvez saisir la nature du narcissisme de Jérôme. *Parce que l'enfant ne pouvait vous voir, il s'imaginait qu'il en était de même pour vous.* Ce que ses yeux voyaient — l'arrière du divan — voilà ce qu'il croyait que vous pouviez distinguer. Et seulement cela. Dans sa petite tête, il n'a jamais pensé qu'on puisse voir autre chose de lui que ce que voyaient ses propres yeux. Et, tout excité qu'il était, il ne s'est pas entendu pouffer de rire. Il n'avait donc aucune raison de supposer que vous ayez le moindre indice susceptible de révéler sa cachette. La seule conclusion qu'il puisse tirer, c'est que vous avez triché en regardant entre vos doigts.

Ce qui me permit de parvenir à cette interprétation fut tout d'abord le compte rendu, véritable récitation apprise par cœur, que me fit Jérôme de ses arrestations — il s'était fait prendre bien plus souvent qu'on aurait pu le croire —, et le fait est que la seule réelle émotion dont il fit preuve était la colère de s'être laissé coincer. « Les flics aiment m'embêter », m'expliqua-t-il.

Il fit de son mieux pour m'émerveiller par sa perspicacité et me perturber par son inconséquence. Mais je ne voulais pas entrer dans ce jeu.

Lorsqu'il m'annonça : « Il faut que je trouve un boulot pour rembourser maman de tout ce qu'elle a fait pour moi », j'acquiesçai simplement. Lorsqu'il déclara que j'étais le meilleur de tous les conseillers à qui il avait jamais parlé (et ce au bout d'un quart d'heure), j'en doutai en silence. Lorsqu'il devint nerveux parce que je ne réagissais pas comme un psy était supposé le faire, je lui fis remarquer qu'il se sentait, de toute évidence, mal à l'aise. Ce qui le rendit encore plus nerveux. Lorsqu'il se mit en colère contre moi et me dit que je ne l'aidais pas, je lui répondis :

— Évidemment non. Tu ne veux pas que je t'aide. Tu es là uniquement pour que maman ne te gronde pas.

Pour le coup, il se mit réellement en colère et, dans sa colère, m'avoua la vérité.

— Vous pensez que je ne suis qu'un paresseux, non ? (Pas de réaction.) Vous pensez que j'aime faucher des choses aux gens, hein ? (Silence.) Vous pensez que je ne cherche qu'à m'en tirer facilement ? (Toujours rien.) Alors, pourquoi ne dites-vous rien ? Vous m'avez l'air d'un drôle de docteur, vous !

Je l'affrontai.

— Je ne suis pas un docteur pour toi. Tu ne fais qu'essayer de me tendre un piège pour m'embobiner comme tu le fais avec tous les autres. Et je ne te laisserai pas faire. Tu viens de me dire que tu cherches une façon de t'en tirer facilement. Ça, ça ne marche pas ici.

Il se renversa dans son fauteuil, respira profondément et, croyez-le ou non, se détendit.

— Comment êtes-vous devenu aussi intelligent en si peu de temps ?

— Tu n'abandonnes pas facilement, hein ? Maintenant tu joues à « disons au docteur combien il est fantastique ». Est-ce tout ce que tu sais faire ? Jouer ?

— Je n'ai jamais rien fait d'autre, je devrais être bon.

Sa naïveté était enfantine mais réconfortante.

— C'est vraiment si bon que ça d'arriver à tromper tout le monde avec des trucs et des mensonges ?

— Cela me permet de survivre en attendant de trouver mieux.

— Et ce quelque chose de mieux, c'est pour quand ?

— Lorsque je verrai quelque chose de mieux que ce que j'ai.

Je ne pus résister à la tentation. Je ne pensais pas le revoir et pris donc le risque de lui révéler ce que je pensais qu'il se cachait et ce qu'il pouvait faire pour que ce « mieux » se présente. Je lui décrivis la vie que j'imaginais être la sienne, cette vie de victime du SPP.

Je ne pris pas de gants. Il était sorti de derrière le divan et je lui assenai mon meilleur coup avant qu'il ne coure se cacher ailleurs.

— Tu es l'aîné. Tes parents vivent toujours ensemble. Les tests affirment que tu as un Q.I. supérieur à la moyenne mais l'école t'ennuie. Tu adores les filles mais tu es encore puceau, ce qui t'embarrasse drôlement. Tu n'es pas capable de garder un emploi et préfères faire la bringue plutôt que respirer. Tu n'as jamais été proche de ton père et tu ne supportes pas ta mère. Mais tu as la trouille de le lui dire. Tu crois avoir plein de copains mais tu sais que ce n'est pas vrai. Tu n'as pas un ami et tu passes des heures à éviter de te sentir seul. La seule chose dont tu sois fier, c'est de ton talent de voleur. Mais même là, tu n'es pas bon. Tu fuis tout ce gâchis en prétendant que tu t'en fous. Tu aimerais être froid et calculateur, mais tu ne l'es pas. Tu es un petit garçon perdu cherchant quelqu'un qui l'aime.

Il resta là, sans rien dire. Je pensais avoir peut-être été trop dur mais, avant même que j'aie le temps d'avoir pitié de lui, il soupira, soulagé.

— Bon Dieu. Ça fait du bien de voir que quelqu'un me connaît vraiment. Comment avez-vous deviné tout ça ?

J'évitai tout piège en restant distant.

— Cela n'a aucune importance. Seule compte la vérité. Avec la vérité tu peux commencer à te bâtir quelque chose de mieux.

— M'aiderez-vous ?

La question me sembla honnête.

— Oui, mais uniquement si tu me prouves que tu veux sérieusement chercher quelque chose de mieux.

— Et je commence par où ?

— En revenant la semaine prochaine.

Jérôme revint la semaine suivante, puis celle d'après. Nous parlâmes de sa maladresse à communiquer, de son besoin d'aide pour écrire un résumé, pour garder un emploi, pour ne pas gaspiller son argent. Pendant toutes ces discussions, je ne cessai de lui répéter qu'il lui faudrait prouver son désir de changer en *changeant effectivement*. Il acquiesça.

Jérôme cessa de venir après sa quatrième visite. Il avait trouvé un emploi et usa de ce prétexte pour ne pas prendre d'autres rendez-vous. Je n'ai pas entendu parler de lui depuis assez longtemps. Son père et sa mère ne m'ont pas appelé, ce qui tendrait à prouver qu'au moins il n'a pas eu d'ennuis récemment.

J'aimerais pouvoir dire qu'il s'est définitivement échappé du Pays de Jamais Jamais, mais après des années à lutter contre le syndrome de Peter Pan, je suis devenu comme saint Thomas. Je ne crois que ce que je vois.

Chapitre 9

MACHISME

PETER : « Wendy, une fille vaut plus que vingt garçons. »

PETER : « Non, tu ne dois pas toucher, [Wendy] ce ne serait pas assez respectueux. »

LA MÈRE DE WENDY : « Mais Peter, je laisserai Wendy aller te voir une fois par an pendant une semaine pour le grand nettoyage de printemps. »

Mettez-la sur un piédestal. Faites-en une déesse et adorez-la. Mais assurez-vous qu'elle nettoie la maison et prépare vos repas. Elle vaut vingt hommes et vous ne pouvez à la fois la toucher et la respecter. Cela dit, sa vie se limite à une cuvette de WC propre et à du riz qui ne colle pas.

Mais ce double jeu idiot a disparu avec le Mouvement de Libération des femmes, non ? Faux ! Le machisme est toujours vivant. Et bien vivant. Ce ne sont pas les preuves qui manquent dans notre vie quotidienne. Les mass media reflètent les idées sexistes. A travail égal, salaire toujours pas égal. Ces comportements machistes, vous les trouvez dans les bars, les salles de sport, dans tous lieux où trois ou quatre hommes se retrouvent pour prétendre qu'ils n'ont aucun sentiment, aucune faiblesse, qu'ils ne doutent nullement de leur moi.

Ces attitudes, je les vois tous les jours dans mon bureau. Ce sont elles qui minent toute relation familiale saine, qui entravent toute croissance au sein d'un couple. Pire encore, elles sont de mauvais exemples pour les enfants car ceux-ci les suivent effectivement, surtout les garçons ; et plus encore les garçons qui cherchent à éviter de grandir.

Le sujet souffrant du SPP exhibe une variante de ce machisme, généralement plus subtile et sournoise, que vous ne découvrez que lorsque vous en ressentez les effets négatifs. Je me souviens d'un jeune homme qui disait vivre une relation chaleureuse, toute d'amour attentif et de partage. Il tenta de me convaincre qu'il se réjouissait à la fois de la tendresse et de la rationalité de l'égalité des sexes. Sceptique, je lui demandai de m'expliquer ce qu'il entendait par égalité des sexes. Il me raconta les merveilleux moments qu'il passait avec son amie. Elle prenait soin de lui, le comprenait et le soutenait. Il était clair que la réciproque n'était pas vraie. C'est visiblement emporté par son narcissisme qu'il m'avait dit : « Elle n'a pas besoin de me dire ce qu'elle veut, je le sais toujours. Et je le lui donne. »

Le machisme associé au SPP est, d'une certaine façon, plus dangereux que sa variété ordinaire, évidente. Le fanfaron ne dissimule pas le fait qu'il croit en deux poids, deux mesures, l'un pour les hommes, l'autre pour les femmes. Je n'éprouve que très peu de sympathie pour la femme qui se trouve liée à ce genre de machiste. C'est sa faute. Il avoue honnêtement ses attitudes sexistes et avertit ainsi clairement toute femme de rester à l'écart. Celle qui « aime » ce vantard n'a de toute évidence pas assez de fierté pour exiger d'être traitée autrement qu'en quantité négligeable.

Le sujet atteint du SPP, par contre, est passé maître dans l'art de la duperie. Il va même jusqu'à dire qu'il croit à la possibilité d'une relation égalitaire. Pire encore, au moment même où il déclare cela, il est fort possible qu'il soit sincère. Aux premiers temps de la relation, il peut essayer de vivre cette égalité en faisant la cuisine pour celle qui est avec lui, en l'aidant à faire le ménage et en faisant les courses pour elle. Tout à leur nouvel amour, ces femmes interprètent à tort ces actes de gentillesse comme des preuves d'attitudes non sexistes. Mais attendez qu'elles aient un problème ou qu'elles se trouvent perturbées sur le plan affectif. Mise à l'épreuve, la victime de ce machisme associé au SPP dévoilera alors son véritable jeu.

Si vous vivez une relation intime avec un homme victime du SPP, gardez l'œil ouvert afin de repérer les signes de son machisme (attention, il est évident qu'ils apparaissent à des degrés divers).

Vous avez un problème. Il prend immédiatement tout sur ses épaules, en fait son problème et vous dit comment vous y attaquer. Ou bien, il s'en occupe pour vous. Lors d'une soirée, par exemple, un type vient vous draguer. Votre victime du SPP « résout *votre* problème » et dit au type de vous laisser tranquille. En fait, il trouve quasi impossible de laisser sa petite amie ou sa femme tranquille et de l'aider à régler seule *son* problème.

Quelque chose vous perturbe sur le plan affectif. Votre compagnon fait alors preuve de réactions imprévisibles, voire idiotes. Il s'énerve de votre « sentimentalisme » et, rejetant votre souci comme « stupide », exige que vous cessiez immédiatement. Bien des femmes répriment leurs émotions jusqu'à ce que leur partenaire soit parti, uniquement pour rester en bons termes avec lui.

Le machisme est un ingrédient clef de la « maturité » de celui qui souffre du SPP, et ce pour diverses raisons.

Il lui permet de combler le vide qui le sépare de son père. Suivant les traces de ce dernier, il pense que celui-ci va maintenant l'aimer. Il se considère comme un homme, un vrai, et croit que papa finira par être fier de lui.

Il explique sa colère et sa culpabilité envers sa mère et,

161

de ce fait, l'en débarrasse en rejetant les doléances de maman comme tendance, malheureuse certes, mais naturelle, propre aux femmes.

Le machisme répond à ses doutes irritants sur sa sexualité. Son incompétence sexuelle est en fait due à la fille, c'est *elle* qui a des problèmes, pas lui. Les femmes ne font donc que profiter de sa générosité et de sa gentillesse, conclut-il. Ce qui, en retour, accroît son insensibilité.

Le machisme scelle ses relations avec les autres hommes tout en définissant sa masculinité et lui offre l'occasion de trouver un emploi stable dans un « monde d'hommes » où ses problèmes avec les femmes sont partagés par son patron comme par ses collègues.

Enfin, et peut-être est-ce là son rôle le plus important, le machisme est le moyen dont il dispose pour se prétendre adulte. Il donne une consistance globale à sa vie de faux-semblants et de dénégations. Main dans la main, narcissisme et machisme lui offrent un comportement, utile à lui seul et profondément ancré dans l'illusion sur soi. Ses préjugés deviennent sagesse ; sa rigidité, compréhension et son insensibilité, mondanité.

Il est stupéfiant de voir comment un enfant sensible et doux peut se transformer en un tel monstre social. En fait, plus il aura été sensible enfant, plus l'homme se retrouvera englué dans le machisme. Ceci ne devrait pas vous étonner. Lorsqu'on a compris l'insécurité affective liée à la solitude et au conflit d'identité sexuelle, lorsqu'on voit comment le narcissisme permet au sujet d'excuser tous ses défauts, l'émergence du machisme en tant que dernier symptôme du SPP devient logique. Car il est bien le résultat logique, même s'il est irrationnel, d'un combat qui a duré presque toute une vie.

Afin de parfaire votre compréhension du machisme de celui qui souffre du SPP, ne perdez pas de vue que cette attitude sexiste n'est pas tant une attaque contre les femmes qu'un moyen de se défendre contre le rejet, autre mensonge à rajouter à une liste déjà longue, élaborée par le sujet afin de se sentir justifié de vivre comme il le fait. Ce qu'il vous faut espérer c'est que, dissimulé quelque part sous la dénégation et les projections, se trouve un être conscient de ce que même si son corps préside aujourd'hui à la table familiale, son esprit est encore en train de jouer dans le bac à sable.

APOGÉE :
VINGT ET UN A VINGT-DEUX ANS

Il faut du temps pour que le machisme soit intégré à la vie quotidienne de la victime, élément tout à fait positif car alors les êtres aimés disposent de plusieurs années pour l'identifier et l'affronter. Il n'apparaît pas comme ça, un jour, pour s'installer définitivement.

S'il est relativement difficile de désigner une tranche d'âge comme celle d'apogée de l'irresponsabilité, de la solitude, de l'angoisse, symptômes qui se chevauchent tous plus ou moins, on ne risque guère de se tromper en déclarant que le machisme apparaît généralement juste après vingt ans. Personnellement, diverses raisons me font opter pour vingt et un à vingt-deux ans.

Tout d'abord, dans notre société, vingt et un ans est l'âge officiel de l' « entrée en maturité ». A compter de ce jour, le jeune homme doit se comporter en adulte. S'il souffre du SPP, les aptitudes adultes lui font défaut et il lui faut trouver une méthode pour camoufler ses déficiences. Le machisme lui offre ce masque.

Deuxièmement, le sujet a déjà beaucoup souffert dans sa vie et aimerait se débarrasser de cette souffrance. Le machisme lui permet de l'expliquer et de s'en débarrasser en en rendant les autres responsables, plus particulièrement les femmes.

Enfin, la mise en place réussie, un ou deux ans plus tôt, d'un certain degré de narcissisme le pousse vers le machisme.

Ces deux symptômes ont tendance à très bien s'entendre. Lorsque le jeune homme a projeté son insécurité sur autrui, une dévotion déraisonnable à sa masculinité a de fortes chances d'apparaître.

CE N'EST PAS L'HOMME QUE J'AI ÉPOUSÉ

Geneviève ne pouvait s'empêcher de demander pardon, de s'accuser. Yeux baissés, tête inclinée, voix douce, elle m'annonça :

— Je ne devrais pas être ici. Je suis tellement furieuse contre moi de ne pas être capable d'affronter cela toute seule. Je ne devrais pas avoir à parler de tout cela à quelqu'un.

— Dites-moi plutôt ce qui ne va pas.

— C'est moi. (Elle regardait droit devant elle, les yeux dans le vide.) C'est tout simplement que je n'arrive pas à me faire à la vie de couple.

Je demeurai silencieux. Elle poursuivit :

— Je suis amère et déçue. Pardonnez-moi ce vocabulaire, mais je deviens garce.

— Comment cela ?

— J'ai l'impression d'être constamment en train de pleurer ou de me plaindre. J'accuse Marc — mon mari — de ne pas m'aimer, de travailler pour me fuir, de préférer ses amis à moi. N'est-ce pas terrible ?

— Pourquoi est-ce terrible ?

— Je détruis notre mariage. Nous ne sommes mariés que depuis dix mois et déjà je fiche en l'air tous mes rêves. Je ne veux pas être une divorcée.

— Qu'est-ce qui vous fait croire que vous prenez le chemin du divorce ? demandai-je doucement.

— Marc n'a plus envie d'être avec moi, et je ne peux pas dire que je lui en veuille. Il travaille dur et a besoin de temps pour se détendre. Mais je ne le vois presque jamais. Lorsque je lui dis comment je me sens, il dit que je suis tout simplement jalouse. Je lui demande de passer plus de temps avec moi et il me répond qu'il doit travailler pour économiser suffisamment d'argent pour avoir des enfants. Mais je n'ai pas envie d'enfant tout de suite. Je veux terminer mon dernier trimestre à l'université, trouver un meilleur emploi et m'adapter à la vie de couple avant. Marc dit que je serai plus heureuse lorsque j'aurai des enfants et que je resterai à la maison. Je lui dis que je ne veux pas être une femme au foyer, mais il répond qu'il n'est pas question que sa femme travaille avant que les enfants soient sortis de l'école primaire. Je lui dis que je n'ai pas envie de me retrouver coincée à la maison pendant les quinze prochaines années et il rétorque que je ne tiens pas ma promesse d'élever une famille.

— Il semble avoir planifié votre vie à votre place.

— Que voulez-vous dire ?

— Eh bien, il vous dit ce que vous allez faire, comment et pourquoi vous serez contente de le faire. Et il n'écoute pas ce que *vous* vous voulez.

— Il cherche seulement à m'aider.

De nouveau je restai silencieux.

— Marc dit que je n'y arriverai pas seule. Il dit que mon argent ne compte pas pour beaucoup. Et c'est vrai, je ne gagne pas autant que lui. Je pense que j'aimerais seulement qu'il me le dise plus gentiment. Je suis trop sensible.

— C'est vous qui le dites, ou lui ?

— Eh bien, Marc dit...

Je ne pus rester silencieux plus longtemps.

— Vous n'en avez pas assez de ces « Marc dit »...

— Hé là ! Marc est un type merveilleux. Et intelligent.

— D'accord, je vous crois. Mais cela ne signifie-t-il pas que tout ce qui ne va pas dans votre vie conjugale vous est imputable ? Marc c'est le bien et vous, vous êtes le mal, non ?

— Eh bien, on dirait bien que oui. Il a changé et moi je me plains tout le temps. Alors il s'éloigne, ce qui ne fait que me rendre plus malheureuse et, du coup, je me plains encore plus.

— Alors c'est *vous* qui avez provoqué ce changement ? Vous êtes en train de me dire que Marc ne réfléchit pas tout seul, qu'il est totalement dépendant de votre comportement et que vous devez le protéger comme s'il était votre fils et non votre mari.

— Vous êtes vraiment dur, non ?

— Peut-être, mais vous avez besoin d'entendre la vérité. N'est-il pas vrai que vous essayez de protéger Marc contre vous-même ?

— Je pense qu'on pourrait dire ça.

— Ce qui fait de lui un faible. Est-il si faible que cela ?

— Pas du tout. Lorsque je l'ai rencontré pour la première fois, il était insouciant et indépendant. Le travail ne l'inquiétait jamais ; nous nous amusions tout le temps. Mes parents pensaient même qu'il ne réussirait jamais parce qu'il était paresseux. Mais nous nous sommes payé du bon temps. Il était peut-être un peu immature, mais pas faible.

— Ou bien... (J'hésitai pour m'assurer qu'elle m'entendrait) vous n'avez jamais vu ses problèmes parce que vous étiez tout aussi immature que lui.

— Peut-être, admit-elle.

— Et maintenant, vous, vous grandissez, mais pas lui. Geneviève parut effrayée par ce que cela impliquait.

— Comprenez-moi bien. C'est un homme merveilleux. Il travaille dur et me donne tout ce que je veux.

— Tout ?

Elle tendit la main vers la boîte de mouchoirs en papier qui se trouvait à côté d'elle pour essuyer ses larmes.

— Enfin, pas vraiment. Mais il est si bon avec moi.

— Vraiment ?

Elle demeura silencieuse, et se mit à pleurer de plus belle.

— On dirait que vous avez peur de critiquer Marc. C'est un dieu, un être parfait ?

— Absolument pas. Parfois, c'est un emmerdeur parfait !

— Parlez-moi de ce côté de sa personnalité.

— Eh bien, il a changé. Il travaille comme un idiot quatre-vingts à quatre-vingt-dix heures par semaine — et il se plaint que les autres types ne travaillent pas suffisamment. Quand je pense qu'il a abandonné l'université parce qu'il ne voulait pas se lever pour les cours du matin !

« Il passe le plus clair de son temps libre à boire avec ses copains. Autrefois, il n'avait pas vraiment d'amis et aujourd'hui c'est comme s'il ne pouvait vivre sans eux. Il me disait toujours que j'étais son seul véritable ami. Et maintenant, quand il fait l'effort de m'emmener dîner quelque part, c'est toujours au même resto pourri avec les mêmes grandes gueules. Il rit et boit avec eux et m'ignore.

« Et il est cruel. Ce qu'il raconte sur les gens, c'est ignoble ! Il y a ces deux femmes plus âgées qui dans un certain sens dirigent l'entreprise de construction pour laquelle Marc travaille. Elles s'occupent des comptes, du secrétariat, trouvent les contrats... Et elles sont plutôt " installées " à leur façon, si vous voyez ce que je veux dire. Eh bien, l'autre soir Marc et ses copains étaient assis au bar et racontaient des choses horribles sur ces deux femmes et Marc cria : " Merde, y' a rien qui cloche avec ces vieilles garces qu'une bonne baise n'arrangerait ". J'étais outrée. Marc n'a jamais parlé comme ça avant.

Silence. Je lui laissais le temps de réaliser ce qu'elle venait de dire.

— Ouais, il a changé.

— Mais vous vous accusez.

— Ben, j'ai effectivement fait quelques bêtises. Comme me plaindre.

— D'accord. Vous avez commis certaines erreurs. Et alors, vous êtes un être humain. Il me semble plutôt que votre plus grande erreur c'est de prendre sur vous les problèmes de Marc.

167

— Pouvez-vous nous aider? supplia-t-elle. Je ne veux pas que mon mariage tombe à l'eau. Je l'aime. Je l'aime vraiment.

— Je peux vous aider, vous, mais je ne peux aider ni Marc ni votre mariage en l'absence de Marc.

— Pour lui, c'est une perte de temps de venir vous voir. Et d'argent.

— Et vous, qu'en pensez-vous?

— Cela vaut la peine si cela aide notre mariage.

— Viendra-t-il?

— Je crois. Si je le pousse suffisamment. Si je ne le lâche pas, il viendra.

— C'est comme ça que vous agissez pour qu'il fasse ce que vous lui demandez?

— Oui, mais ça ne marche pas toujours. Par exemple, ça faisait longtemps que je le suppliais de partir, seulement tous les deux, pour un long week-end, et on avait prévu de le faire le week-end dernier. Mais vous savez ce qu'il a fait? Il a invité deux de ses copains. Et il ne me l'a dit qu'à la dernière minute. J'ai passé mon temps à discuter avec les deux autres épouses, tandis que Marc et ses copains jouaient et buvaient. Je l'ai détesté. Et cela m'a fait peur. C'est pour ça que j'ai fini par me décider à vous appeler. Je ne veux pas détester mon mari.

— Pensez-vous qu'il viendra me voir?

— Oui, il viendra. Une fois au moins. Il vous dira sans doute qu'on n'aurait pas de problèmes si je m'abstenais simplement de me plaindre.

— Pouvez-vous vous empêcher de le faire?

— Peut-être. Mais je n'obtiendrais rien de ce que je veux.

— Est-ce que vous éprouvez réellement du plaisir à obtenir les choses de cette façon?

— Je ne serais pas là si c'était le cas.

Elle avait compris d'elle-même.

— Vous n'avez donc rien à perdre, si ce n'est des

perturbations inutiles. Si vous arrêtez de vous plaindre, Marc devra affronter ses propres problèmes.

— Alors, qu'est-ce que je fais ?

— Eh bien, cessez de jouer les mères, de vous accuser tout le temps de tous ses problèmes et arrêtez de réagir à son machisme.

— Son *quoi* ? (Geneviève était stupéfaite.) Je ne l'ai jamais considéré comme un macho.

— Peut-être ne s'est-il jamais montré sous ce jour jusqu'à maintenant, mais vous appelez ça comment, vous ? Tout y est : doubles règles de conduite, insensibilité et remarques sexistes cruelles. Il définit votre rôle, se force à devenir un drogué du boulot afin de démontrer sa supériorité puis vous confine à un rôle de femme au foyer tout en prêtant serment d'allégeance à ses copains de bar.

— Mon Dieu, ça a l'air terrible, la façon dont vous le dites.

— Je suis capable d'apprécier les côtés sympas de Marc, même si je ne le connais pas encore. Mais je n'aime pas son machisme et je suis agressif lorsque je m'y attaque. Si Marc veut bien m'accorder un petit moment, il prendra conscience de son machisme et y mettra fin avant qu'il ne devienne pire encore. Et vous pouvez être utile.

— Moi ?

— Oui. Ne soyez pas sa mère, ou une martyre ou une mauvaise petite fille accablée de culpabilité. Accrochez-vous à vos espoirs et vos rêves, et refusez de jouer son jeu machiste. Si vous aimez Marc, ne le quittez pas avant d'avoir fait tout ce que vous pouvez pour sauver votre couple.

Elle acquiesça de la tête.

— Mais, qu'est-ce qui se passera s'il ne revient pas vous voir ?

— Ouais, et alors ?

— Alors, je l'aimerai encore plus. Cela ne fait que quelques mois ; nous avons tout le temps de redevenir ce que nous étions.

— Je doute que vous soyez à nouveau ce que vous étiez. Votre seul espoir est de devenir ce que vous désirez être.

En sortant de mon bureau, Geneviève s'arrêta et dit :

— S'il vous plaît, ne lui faites pas de mal.

Souriant, je lui fis un clin d'œil et dit :

— Oui, maman.

Elle éclata de rire.

— Oh ça y est. Voilà que je recommence.

Je lui donnai une petite tape amicale sur l'épaule.

— Ne vous accusez pas, Geneviève. Accrochez-vous à l'amour et foncez. L'amour peut réduire en bouillie le machisme !

Chapitre 10

LA CRISE :
IMPUISSANCE SOCIALE

WENDY : « Qu'est-ce qui ne va pas, Peter ? »
PETER (effrayé) : « Il s'agit seulement de faire
    semblant, n'est-ce pas, d'être leur père ? »
WENDY (perdant espoir) : « Oh oui. »

A un moment, vers vingt, vingt-cinq ans, celui qui
souffre du SPP commence à prendre conscience d'un problème. Il tente de se convaincre qu'il ne s'agit que d'un
problème mineur, commun à tous. Mais, parce qu'il n'a pas
perdu tout contact avec la réalité, il sait que ce n'est pas le
cas, qu'il paye le prix de ses mensonges. Son désir de changer
se heurte à son mécanisme dénégateur surmené. Il entre
dans la période de crise du syndrome de Peter Pan.

C'est un obsédant sentiment d'irréalité qui pousse le
jeune homme vers une confrontation avec lui-même. Ces
forces naturelles que sont la chaleur, la logique et la décence
humaine se frayent un chemin dans son esprit conscient. Les
conflits exigent d'être résolus.

Il est contraint de voir la faiblesse inhérente à sa
paralysie affective. Parce qu'il a toujours remis les choses à
plus tard, il ne possède pratiquement aucune des qualités
nécessaires à sa survie. Il paye du prix de sa solitude sa quête

aveugle d'appartenance à un groupe. Sa croyance dans la pensée magique et son mépris de la loi et de l'ordre sont remis en question. Son ambivalence envers ses parents et son incapacité à aimer honnêtement une femme embrument son esprit. Tous ces éléments combinés le bloquent totalement. Vingt ans de « croissance » ont fait de lui un « impuissant social ».

Au cours de la crise, le sujet désire de l'aide. Mais ses illusions sur sa compétence et son manque de courage constituent des obstacles formidables. Laissez-moi vous entraîner dans la vie d'une victime du SPP qui trouva le courage de surmonter les obstacles et de dépasser son impuissance.

— Maman avait raison, depuis le début, mais j'étais trop stupide pour le comprendre. Et maintenant il est trop tard pour faire machine arrière et tout arranger. Vous pouvez être sûr qu'elle ne me permettra jamais de l'oublier.

Découragement. Regret. Culpabilité. A vingt-trois ans, Renaud était dans un sale état. A l'entendre on aurait dit qu'il était en colère contre sa mère, mais, sous le vernis, il était profondément dégoûté par lui-même. Il venait enfin de descendre de son grand cheval d'adolescent et de regarder la vie en face. Et il détestait ce qu'il voyait. C'était extraordinaire de voir comment un jeune homme aussi intelligent et bien fait de sa personne avait détruit chaque aspect significatif de sa vie.

En l'espace de quatre ans il avait fait trois universités et n'avait pas encore réussi à obtenir ce qui s'obtient en un an. Incapable d'équilibrer ses comptes, il n'avait aucune idée de ce qu'était un repas sain, ne pouvait garder un emploi plus d'une semaine ou deux, vivait dans une chambre minable avec cinq propres à rien et n'avait qu'une longueur d'avance sur une flopée de créanciers et un propriétaire furibond. Renaud avait rejoint une génération de jeunes gens que la vie ennuyait tant qu'ils ne trouvaient même plus amusant de fumer un joint. Il avait abandonné la drogue pour revenir à cette bonne vieille béquille, l'alcool. Pire encore, son art de remettre au lendemain s'appliquait à tout, sorte de fatalisme qui disait : « Et merde pour demain, je remets tout ça, point ! »

Un désespoir morne et gris ternissait l'éclat des lendemains de Renaud. Il s'était convaincu que chaque nouvelle journée ne lui apporterait que nouvel échec et nouvelles déceptions. Et de fait, il voyait cet « espoir du lendemain » comme rien de plus qu'une duperie cruelle, se moquant d'un hier fait d'échecs. Et à force de s'en persuader...

Ce qui me préoccupa tout d'abord, ce fut l'intensité de sa dépression et de sa colère. De toute évidence, il avait des raisons d'être déprimé et sa colère était très mal déguisée. Si ces deux puissantes émotions venaient à se brancher sur son énergie vitale, il ne faudrait pas longtemps pour que son désir de rester en vie se détériore. Vu son degré de désespoir, Renaud risquait fort de devenir suicidaire.

Et pourtant, au cours de nos premières rencontres, il m'apparut clairement qu'il n'y avait pas de risques qu'il se tuât. En l'espace de plusieurs semaines je découvris qu'il disposait d'un système de dénégation très efficace.

Je connaissais les réponses aux premières questions, mais il était important que Renaud s'entende y répondre.

— Pourquoi es-tu ici ?

Il m'envoya un sourire timide.

— Maman a dit qu'il fallait que je vienne.

Il s'entendit. Il allait continuer. Je le laissai faire.

Il devint de plus en plus nerveux.

— Elle a dit que si je ne venais pas vous voir, elle me couperait les vivres.

Il devenait plus rouge à chaque minute.

— Chantage.

J'étais sérieux.

— Vous avez parfaitement raison, c'est du chantage. Elle n'a aucun droit de me forcer la main comme ça. Elle me traite en gosse. « Fais ci, fais pas ça. Fais attention. Tu ferais bien de voir ce docteur. »

Sa voix se faisait douce pour se moquer de sa mère. Je l'affrontai immédiatement.

— Alors, pourquoi es-tu venu ? Cèdes-tu toujours au chantage ?

Sa colère jaillit de ses yeux.

— Qu'est-ce que vous croyez ?

Son silence ponctua cette affirmation de soi. Il se surprit à perdre son *self-control* et s'excusa bien vite de son accès d'humeur. Il me raconta ensuite le triste état de ses finances.

Renaud avait échoué dans une université et s'était lassé de l'atmosphère « infantile » du collège du coin. Lorsqu'il l'abandonna et se mit en quête d'un emploi, sa mère lui annonça qu'il ne pouvait pas vivre à la maison sans payer de loyer. Incapable de trouver un emploi satisfaisant, il s'inscrivit dans une autre université. Il n'avait pas envie d'y aller, mais au moins, comme ça, il n'aurait pas sa mère sur le dos.

Maman paya ses études et lui versa 1 500 francs par mois pour qu'il se loge et se nourrisse. Tout ce qu'il lui fallait faire en échange, c'était obtenir des notes qui lui permettraient de passer dans la classe supérieure. Au moment où nous nous rencontrâmes, il risquait d'échouer à tous ses examens. Lui et sa mère allaient donc encore s'engueuler.

J'essayai de paraître abattu en lui disant :

— Tu sembles avoir un sérieux problème avec ta mère.

— Que voulez-vous dire ?

Il me sembla sincèrement surpris.

Je lui rappelai sa première remarque, indiquant par là qu'il semblait accuser sa mère de ses problèmes. Puis je mis en parallèle cette attitude et sa dépendance envers l'argent de maman et opposait cela à son manque de volonté, ou de capacité, à se détacher d'elle. Je pensais qu'il ne saurait que répondre. Faux, une fois encore.

— J'ai bien peur que ce ne soit devenu une mauvaise habitude. En grandissant, je passais mon temps à accuser maman de tous mes problèmes. Elle était constamment après moi, elle n'arrêtait pas de me rappeler tout ce que je faisais de mal. Cela m'énervait. Il était plus facile de rendre ses critiques incessantes responsables de mes problèmes que de faire quoi que ce soit à leur sujet. Je suppose que j'en fais encore autant aujourd'hui.

C'était maintenant *moi* qui ne savais comment répondre.

— Si tu es capable de comprendre tout ça, pourquoi ne changes-tu pas ?

La réponse vint facilement et rapidement :

— Je ne sais pas.

Il me fallut une minute, mais je crus comprendre :

— Tu ne changes pas parce que tu ne t'en crois pas capable. Tu t'imagines que ça ne t'apportera rien d'être plus attentif.

— Je ne vous comprends pas. Pourquoi penserais-je une chose pareille ?

— Je ne sais pas. Essayons de savoir pourquoi.

J'expliquai à Renaud que je ne pensais pas qu'il souffrît de troubles mentaux. Son comportement donc, aussi complexe et mystérieux qu'il puisse être, était logique. Irrationnel peut-être, mais logique. Le seul problème était de découvrir cette logique.

Nous parlâmes de la façon dont sa vie se détériorait de façon régulière. Il m'expliqua avec force détails comment il faisait pour s'occuper aussi mal de son argent, comment il avait quitté des emplois après avoir eu des mots avec ses patrons, comment il s'était fait licencier pour s'être engueulé avec des collègues. Il ne comprenait pas cette rage qui l'habitait et son impulsivité le troublait. Plus il me faisait confiance, plus il se décrivait en termes d' « incapable », de « branleur » et d' « idiot ».

Il me devint plus facile de lui expliquer ce qui semblait lui arriver. Il était sous le coup d'une souffrance psychologique considérable et retrouvait ses vieilles méthodes de « survie ». Il était plus facile d'accuser sa mère, de la rendre responsable de ses problèmes à lui. Il voulait croire qu'en la blâmant, ses problèmes disparaîtraient, comme par magie, exactement comme lorsqu'il était adolescent.

Ce qui nous amena à une autre de ses bizarreries de caractère : il croyait à la pensée magique. Cela avait commencé très tôt dans sa vie, quand on l'avait laissé imposer sa pensée magique sur la réalité. « Si je pense qu'il en sera ainsi, il en sera ainsi. » Attitude frivole chez un enfant, mais désastreuse chez un adulte. Et c'est de ce comportement qu'il aurait dû se débarrasser en grandissant. Mais il ne l'avait pas fait.

Face à la menace sinistre de la dépression et de l'autodestruction, rien de bien étonnant à ce que Renaud retrouvât ses vieux mécanismes de défense. Exactement comme l'enfant de sept, huit ans qui, le premier jour de « grande école », se remet à sucer son pouce. Renaud suçait son pouce mental. Seulement, dans son cas, afin de trouver un répit aux contraintes de la vie, il s'apitoyait sur son sort parce que sa mère était à l'origine de ses problèmes. Lorsqu'il eut accepté cette réaction à l'angoisse, nous pûmes étudier plus à fond sa personnalité.

Il y avait un problème majeur que Renaud ne pouvait pas rejeter sur sa mère, qui le tourmentait en permanence, l'attristait et qui fut à l'origine de ses premiers cauchemars. Ce problème le jetait sans plus de cérémonie d'un état de rejet à un autre. Lorsque j'insistai sur sa façon d'utiliser sa mère comme bouc émissaire affectif, il m'expliqua qu'il avait des problèmes avec les femmes en général. Voici comment il me présenta la chose :

— Je désire vraiment vivre une relation durable avec une femme, mais, en amour comme dans les autres domaines, je suis un perdant. J'ai l'impression de gâcher toute relation agréable dès que je commence à me sentir bien. Chaque fois que je tombe amoureux, je me mets à chercher une autre fille et à arrêter une stratégie pour la conquérir. Sexuellement, si vous voyez ce que je veux dire. Inutile de vous dire qu'aucune fille normalement constituée ne supporte cela, surtout que je ne cache absolument pas mon jeu.

Quelle déclaration complexe ! Tout y était : ses espoirs, ses rêves, ses peurs, sa frustration sexuelle, son insécurité, sa méfiance et sa vision de lui-même. Avec un peu de l'expérience du détective psychologique, j'avais accès maintenant à un problème partagé, à divers degrés, par nombre des contemporains de Renaud. L'histoire dissimulée sous cette déclaration est la clef de la logique particulière de Renaud.

Au cours des quelques séances suivantes, il me parla de ses expériences sexuelles, des circonstances de son premier rendez-vous, de son premier baiser, de la première fille avec qui il était sorti de façon régulière et, quelque peu embarrassé, de son premier rapport sexuel. Chaque histoire donnait l'impression que Renaud jouait à chaque fois son va-tout. Il considérait chaque rencontre sexuelle réussie comme une victoire. Il y avait quelque chose à gagner à avoir des rapports sexuels avec une fille.

Renaud cherchait à posséder physiquement les filles et rejetait toute tentative de contact affectif. A trois occasions, il avait repoussé la fille lorsque celle-ci avait essayé de trop se rapprocher de lui. Il le disait lui-même, sa méthode était « évidente ». Elle était également extraordinairement pernicieuse. A mon avis Renaud procédait à « l'exécution affective » de toute femme qui osait l'aimer.

Je lui suggérai que son attitude envers les femmes était bizarre, qu'il semblait receler en lui une colère et un ressentiment considérables vis-à-vis du sexe opposé. Il m'apparut sincèrement troublé.

— Je ne suis pas conscient de détester les filles. Je veux les aimer. Je ne peux pas croire qu'il y ait en moi de tels sentiments. Mais il y a quelque chose, non ?

— Oh oui, et comment ! (Je poussai cette idée plus loin.) Et tu sais quoi, c'est de la vengeance. Chaque fois que je t'écoute, c'est ce que j'entends. Tu cherches à te venger des filles.

Il était réellement abasourdi.

— Quoi ? C'est idiot. Me venger ? Pourquoi chercherais-je à me venger des filles ?

— C'est pour ça que tu es ici. Pour savoir pourquoi. Alors fais-le pour Renaud, pas pour maman. Nous allons trouver pourquoi, tous les deux.

Pourquoi, en effet. Excellente question. Pourquoi Renaud se montrait-il aussi méchant avec les filles ? Pourquoi cette « exécution affective » ? Avait-il été trompé par une petite amie ? Pas à sa connaissance. Sa mère était-elle une rosse, une schizophrène sadique ? Pas du tout. Peut-être son père lui avait-il bourré le cerveau pour qu'il déteste les femmes ? Peut-être Renaud avait-il des tendances homosexuelles latentes ? Non. Non.

Pour cerner le problème, je demandai à Renaud de se concentrer sur une expérience sexuelle récente. Je voulais un compte rendu fidèle de tout ce qui s'était passé. Il me parla de rencontres physiques hautement symboliques, faites d'un enchevêtrement complexe de fantasmes infantiles, d'exploitation illicite et parfois illégale de quelques jeunes filles et d'un échantillon de pilules et d'alcools. Bref, le cœur du problème c'étaient le sexe et la drogue.

Renaud vivait dans une ville universitaire où 70 pour 100 des habitants dépendaient de l'université pour vivre. Un grand nombre de vieilles maisons avaient été transformées pour accueillir les étudiants et leurs propriétaires se gardaient bien de faire quoi que ce soit pour les entretenir. Renaud avait trouvé cinq étudiants vivant dans une vieille maison à moitié en ruine qui cherchaient un sixième colocataire. Il payait cinq cents francs par mois. Il s'était installé dans une petite chambre au premier étage qui avait autrefois été une spacieuse garde-robe.

Les surprises-parties étaient tout aussi nécessaires à la survie de Renaud que l'air et l'eau. Il s'attendait à ce qu'il y en ait toujours beaucoup et à trouver une bande d'étudiants « cool ». Il ne fut pas déçu.

Ses colocataires lui avaient préparé une petite fête de bienvenue. Rien d'extraordinaire, quelques caisses de bière, des amphétamines, du hasch, de la marijuana et quelques lignes précieuses de cocaïne. A neuf heures du soir, quinze à vingt jeunes gens indéfinissables tournaient en rond au rez-de-chaussée. Les vibrations de la stéréo faisaient trembler les murs. Les petits cris de plaisir annonçaient le début de « mondanités » dues à l'influence des drogues. Tout le monde parlait, chacun faisant profiter les autres de ses dernières expériences et des derniers potins de la fac. Comme d'habitude, personne n'écoutait.

C'est dans ce cadre tout à fait typique qu'entrèrent trois personnes dont l'air juvénile indiquait clairement qu'elles n'auraient pas dû être là et qui pourtant donnaient l'impression de connaître parfaitement la maison et ses occupants. C'étaient des élèves des classes inférieures qui vivaient dans le coin et cette maison était leur second foyer.

Les trois filles étaient les meilleures amies du monde. Elles avaient découvert la maison tout à fait par hasard. Se baladant, elles s'étaient mises à parler avec trois des garçons et, depuis, elles passaient leurs après-midi à boire de la bière et à mettre en pratique leur désir d'être considérées comme des dames évoluées. Les gars leur accordaient toute l'attention qu'elles souhaitaient, toute la bière qu'elles pouvaient boire et, de temps à autre, un « snif » ou deux de cocaïne. Le sexe constituait leur monnaie d'échange.

Renaud fut immédiatement présenté. Elles savaient exactement comment s'y prendre. Elles faisaient « oh » et « ah » en écoutant ses histoires et pouffaient à ses blagues. Renaud fut immédiatement accepté comme « ami spécial », étiquette extrêmement importante pour les filles, comme si elle leur permettait de justifier leurs actes.

Au bout d'une heure, Renaud se retrouvait au lit avec l'une d'elles. Elle s'en tint parfaitement au scénario. Ses louanges sur sa façon de faire l'amour étaient calquées sur celles d'une héroïne de roman de gare. Elle alluma même une cigarette après leur match amoureux — qui n'avait duré que quatre minutes. Elle pétillait d'éloges sur la virilité de Renaud, roucoulait, lui susurrait à l'oreille combien il était agréable de se sentir aussi proche de quelqu'un en aussi peu de temps.

Renaud était aux anges. Comblé, dans son moi comme dans son corps. Amant de première catégorie. Tandis qu'elle continuait de l'encenser, il sentait le flux et le reflux de la passion, oscillait entre la tranquillité d'esprit et l'excitation sexuelle. Il était content de lui. C'est surtout cela qui l'excitait.

Il ôta la cigarette des lèvres de la fille, murmura quelque chose du genre « je t'aime » et manifesta agressivement le renouveau de sa passion. Peu de temps après, allongé à côté de cette étrangère, il essayait de trouver quelque chose à dire. Il détestait ce moment après l'amour où on est censé parler.

Il rompit le silence en prononçant quelques mots d'éloge sur les attributs physiques de sa jeune amie. Elle réagit en lui passant la main sur le torse et en massant son moi à l'aide de caresses mensongères. La signification de « spécial » devint plus claire. Sa partenaire n'avait que seize ans, mais elle était une femme spéciale pour lui. Une femme possédant la capacité de faire qu'il se sente vivant. Dommage qu'il ait oublié son nom.

La fille repartit faire la fête malgré les protestations de Renaud. Il se consola à l'aide d'un joint qu'il fuma plus par habitude que parce qu'il en avait besoin. Il planait déjà aussi haut qu'il puisse aller. Il ne lui fallut que très peu de temps pour réaliser qu'il était content de son départ.

Quelques minutes plus tard, il fut interrompu dans son « voyage ». L'amie aux cheveux aile de corbeau de celle qui venait de le quitter s'arrêta quelques instants dans l'entrebâillement de la porte puis, sans dire un mot, révéla son corps de quinze ans parfaitement formé et se glissa dans le lit. Elle retira le joint de la bouche de Renaud, aspira profondément et laissa la fumée douce-amère filtrer entre ses lèvres sensuelles.

Quelques instants plus tard, Renaud et sa nouvelle amie étaient en train de faire l'amour. Quoique excité, Renaud commença à perdre son érection. Ce sentiment paradisiaque allait se retrouver détruit s'il lui fallait expliquer son impuissance. Comme il l'avait déjà fait, il feignit l'orgasme. Sa partenaire l'imita immédiatement. Tout cela faisait partie du jeu.

La fille roucoulait de plaisir. Renaud était offusqué par sa passivité mais se rappela : « Tu n'as jamais viré une fille de ton pieu. » Il n'aimait pas cette fille, mais il la régala de ses mensonges. Il était satisfait, il était d'accord pour être un « ami spécial »... Bien obligé, elle le lui avait demandé comme s'il était impensable qu'il répondît non.

Cette amie spéciale le laissa après avoir fini le joint. Renaud ne savait plus très bien que penser. Il ressentait des tiraillements troublants dans ses tripes. Avoir des rapports sexuels avec deux mineures inconnues lui semblait, quelque part, pas normal. Son impuissance également. Il chassa de son esprit ce problème en se rappelant qu'il vivait le rêve de tout jeune étalon. Il ne pouvait s'empêcher de se demander quand il mettrait la troisième jeune fille dans son lit.

Ce fut plusieurs jours plus tard que Renaud commit son « exécution affective » la plus pernicieuse. Il s'était arrangé pour que sa petite amie officielle vienne le voir dans sa nouvelle demeure, lui promettant un week-end inoubliable. De ce point de vue-là, il ne mentait pas.

Il était trois heures de l'après-midi. Sa petite amie devait arriver à quatre heures. A trois heures et quart, la troisième fille du trio entra bruyamment dans la maison et se servit une bière dans le frigo. Renaud était tout seul dans le salon en train d'écouter un nouveau disque.

La fille se laissa tomber sur le divan à côté de Renaud et lui expliqua qu'elle avait séché son dernier cours pour partir plus tôt en week-end. Elle ricana en pensant à ses deux amies qui devaient travailler plus longtemps et ne seraient pas là avant une heure.

Elle n'attendit pas les avances maladroites de Renaud et lui confia que ses deux amies lui avaient fait les éloges de sa chaleur et de sa gentillesse. Elle parlait de leurs rapports sexuels mais utilisait des mots qui suggéraient quelque chose de bien plus profond. Il était quatre heures moins le quart quand Renaud et sa dernière « amie spéciale » se glissèrent dans le lit.

La petite amie de Renaud arriva pile à quatre heures. L'un des colocataires arrivait exactement au même moment et lui ouvrit la porte sans qu'elle eût à sonner. La musique faisait un boucan du diable. Il lui dit que Renaud devait être en haut en train de s'habiller et qu'elle n'avait qu'à monter le surprendre. Ce qu'elle fit.

Renaud avait du mal à jouir. Pour s'appliquer, il s'était fermé à toute pensée extérieure à sa « réussite » imminente. Il sentit l'inexorable arriver au moment même où sa petite amie entrait dans sa chambre. L'espace d'un instant, il interpréta le cri de détresse de celle-ci pour le cri d'extase de son « amie spéciale ». « Elle est géniale, celle-là », pensa-t-il tout d'abord.

Avant qu'il ait eu le temps de se rendre compte de ce qui s'était passé, sa petite amie était déjà repartie. L'exclamation de surprise de l'adolescente, dans son lit, le stupéfia. Il ne lui fallut que quelques secondes pour comprendre ce qui venait de se produire. Il dévala les escaliers et vit sa petite amie démarrer sur les chapeaux de roues.

Renaud essaya maintes fois de l'appeler. Il voulait désespérément s'expliquer. Mais elle ne voulait pas lui parler. Au cours des semaines qui suivirent, l'incident allait l'obséder constamment. Chaque fois qu'il essayait d'avoir des rapports sexuels avec l'une des trois amies, des visions de son insensibilité et une culpabilité exacerbée entravaient ses élans. Il n'arrivait plus à avoir d'érection.

Le bruit circula rapidement entre les trois jeunes filles

que Renaud n'était plus un ami spécial. Chacune à son tour lui exprima sa déception et son ressentiment vis-à-vis de sa froideur. Elles l'accusèrent amèrement de s'être servi d'elles. Elles semblaient particulièrement blessées par ce qu'il avait fait à sa petite amie. Renaud fut rapidement rejeté par ses colocataires. Il leur fallait choisir entre lui et les trois filles. Renaud perdit. Dans un état de confusion et d'agitation extrême, Renaud déménagea.

En finissant son histoire, il était évident qu'il était encore sous le coup de ce qu'il avait vécu. Ses derniers exploits sexuels pouvaient sembler très amusants, ils avaient néanmoins causé chez lui un trouble incroyable. Il avait peut-être remporté quelques « victoires », il n'en avait pas moins perdu la partie. Et, surtout, il ne comprenait pas ce qui s'était passé.

Il avait perdu tout contact avec lui-même. Sa vie n'était qu'illusion. Même son apparence était mensongère. Son sourire fascinant cachait ses doutes sur lui-même. Ses yeux bleu fumée étaient embués par toutes les larmes de culpabilité non versées. Sa poignée de main ferme trahissait une gêne qui lui nouait les tripes. Jeune homme intelligent et vif qui aurait dû tenir le monde dans sa main, il agissait au contraire comme un vautour, tournoyant paresseusement au-dessus de ce monde, suppléant à l'insuffisance de sa vie en se nourrissant de jeunes filles encore plus immatures que lui. Rien d'étonnant à ce qu'il se sente aussi mal.

Il me fallait profiter de sa souffrance pour l'aider. Je commençai donc lentement à lui faire remarquer combien ses comportements étaient contradictoires : il parlait d'être « spécial » pour autrui et n'avait pas d'ami ; ses termes chaleureux dissimulaient une froide indifférence ; il manipulait les autres, prétendant ressentir des élans d'intimité. Il voulait aimer une femme, mais si l'une d'elles se rapprochait trop de lui, il la punissait sévèrement.

Pour permettre à Renaud d'entreprendre son voyage

vers une meilleure compréhension de soi, je revins au cœur du problème.

— Tu es en fait terriblement seul, non ?

Les larmes jaillirent. Il ne dit mot mais son visage exprima tout.

— On se sent comment ?

Il sembla s'étrangler.

— Horriblement mal.

— Tu n'arrives pas à oublier, n'est-ce pas ?

— Non.

— Bien. Est-ce que tu peux le supporter ? En tirer la leçon ?

Son front plissé m'indiqua qu'il était tout à fait sérieux.

— Je ne vois pas ce que vous voulez dire ?

Enseigner à quiconque à faire confiance à ses sentiments et à en tirer la leçon est une chose tellement simple qu'elle en devient pratiquement impossible. Renaud ne faisait pas exception à la règle.

— Tu as toujours fui ces sentiments de solitude, non ?

— Oui, je crois.

— Eh bien, cette fois, ne le fais pas. Ne lutte pas contre eux. Écoute-les. Laisse-toi aller. Ressens-les. Ce sont peut-être les seuls véritables sentiments que tu aies éprouvés depuis sacrément longtemps. Tu peux construire quelque chose de nouveau sur eux.

Il commençait à voir où je voulais en venir.

— Et ça me servira à quoi ?

Je l'aidai à se concentrer sur ses sentiments et à retrouver une emprise sur la réalité.

— Laisse-moi t'expliquer. Prenons ton sentiment de solitude et voyons où il nous mène. D'accord ?

Il n'était toujours pas très sûr de ce que nous faisions.

— O.K., si vous le dites. C'est vous le médecin. Je commence où ?

— Exactement là où tu es.

— Hein ?

— En ce moment, tu te sens seul, non ?

— Ouais.

— D'accord. Ressens-la bien, cette solitude. Tu es seul.
Je m'arrêtai quelques instants, laissant cette idée simple faire
son effet.

— Et maintenant, que se passe-t-il lorsque tu penses à
ta solitude ?

— Je veux cesser d'y penser, je veux rejeter ce sentiment.

— Tu as peur, non ? (Il acquiesça de la tête et je
continuai.) Maintenant, tu ressens deux émotions. Tu es seul
et tu as peur. Comment te sens-tu ?

— J'ai envie de me tirer. Et vite.

— Alors, quand tu te sens seul, tu prends peur et tu
veux fuir. Non ?

— Si vous le dites.

— Non ! Pas si je le dis ! (Ma réaction violente le prit au
dépourvu. Il se raidit et me regarda fixement.) C'est *toi* qui
viens d'exprimer *tes* sentiments. C'est *toi* qui les ressens, pas
moi.

— Bon, d'accord. Je me sens un peu paniqué. Comme
pris dans un incendie. Je veux fuir.

— Bien. Tu vois ce qui se passe ? Tu es parti d'un
véritable sentiment, la solitude. Puis tu as eu peur, ressenti
de la panique. Tu avances.

Renaud avait l'air perdu.

— Sûr que j'avance ! J'avance en tournant en rond !
Je tins bon.

— C'est le sentiment suivant : tourner en rond. Et
maintenant tu es perdu. Et cette confusion, quel effet te fait-
elle ?

— Réaction bizarre. (Il rougit et ricana.) Vous n'allez
pas croire ce que je viens de penser.

— Essaye.

— Je viens de repenser à ma première nuit, avec la
première fille.Vingt dieux, quel type !

Je levai les sourcils et souris comme pour lui montrer que moi aussi j'étais humain. Puis je me remis à l'ouvrage, seulement, cette fois, je l'obligeai à travailler davantage.

— Et maintenant, dis-moi ce qui se passe dans ta tête.

— Je suis passé de solitaire à excité. J' vous ai dit que c'était bizarre.

— En fait, tu es passé de la solitude à la peur, à la panique, à la confusion puis au souvenir d'un rapport sexuel *bien précis*. Cette expérience sexuelle, que signifiait-elle ? Qu'en as-tu tiré ?

Renaud perdit temporairement le fil.

— Hé, c'est vraiment bizarre. C'est dingue. Je ne devrais pas penser comme ça.

Il était important d'affronter cette irrationalité.

— Non. Toutes les expériences sont bonnes. Tout ce que tu as fait avec ta tête pendant que tu faisais l'amour avec cette première fille était bien.

— Quoi ? Toutes les expériences sont bonnes ? La solitude, c'est bon ? Arrêtez. Comment la solitude peut-elle être bonne ?

— Parce que tu en fais l'expérience et que *tu es bon.*

— Ça veut rien dire.

— Ça ne veut rien dire parce que tu crois que si tu as un mauvais sentiment, tu es mauvais. Et *ça,* ça ne veut rien dire.

Renaud me regarda. Je crus voir une faible lueur de compréhension. Il n'avait jamais imaginé que lui et ses sentiments pouvaient être considérés comme deux choses différentes. Je repassai à l'attaque.

— Il me semble que lorsque tu te sens perdu, tu te vois comme quelqu'un de mauvais. Tu te remémores un rapport sexuel et, d'une certaine façon, tu te sens mieux. Du moins quelques instants.

— Croyez-le ou non, mais je vous suis. Enfin, je me suis euh, je veux dire, ... je vous suis et vous me suivez. Oh là là ! Ça y est, maintenant je suis perdu pour de bon.

— Non, tu n'es pas perdu. Tu as parfaitement raison.

Tu as commencé par te sentir seul puis, après d'autres sentiments, tu finis sur une expérience sexuelle bien précise. C'est la transition qui te semble bizarre. Normal. Mais tiens-toi-z-y. Voyons où cela nous mène.

— O.K. Ça peut pas faire de mal.

— Revenons à ton souvenir de cette rencontre sexuelle avec la première fille. Qu'est-ce que cela t'a rapporté?

Renaud se mit à rire. Moi aussi, comprenant le double sens de la question.

— Je sais ce que cela t'a rapporté physiquement, je veux dire, qu'est-ce que cela t'a rapporté intellectuellement?

Renaud pensa quelques instants.

— Le premier mot qui me vient à l'esprit semble idiot. Mais il est là.

— Lequel?

— Victoire.

Je laissai le mot faire son travail.

— Victoire?

— Ouais. Victoire. J'ai gagné.

— On dirait que tu jouais à un jeu. Ou plutôt que tu livrais bataille. La fille cherchait à gagner quelque chose de toi ou du moins *tu pensais que c'est ce qu'elle faisait.* Mais tu l'as eue. Et qu'est-ce qu'elle t'a rapporté cette victoire?

— Je ne sais pas.

— Comment t'es-tu senti d'avoir gagné?

— Bien et mal. Une partie de moi se sentit vachement bien, l'autre très mal.

— Parle-moi de cette partie qui se sent mal.

— Je me suis servi de la môme. Je lui ai vraiment fait mal.

Il était temps de se resservir une part de réalité. Cela m'avait frappé dès qu'il m'avait raconté la soirée.

— Peut-être bien. Mais peut-être surestimes-tu tes pouvoirs et ta fierté.

— Que voulez-vous dire?

— Je sais que tu es extrêmement séduisant et que tu es

un amant fantastique. Mais, ta soi-disant amie spéciale ne faisait qu'imiter, à sa façon, la dame du « Bon Accueil ». Tu n'étais qu'un autre mec. Que crois-tu qu'elle ait fait avec le locataire qui a pris ta place ? Ou, en fait, ce qu'elle et ses copines font après avoir bu, fumé et sniffé ? Baiser, voilà ce qu'elles font ! C'est comme ça qu'elles payent. Tu n'es qu'un autre devoir. Désolé de ficher en l'air ton cinéma.

Renaud retomba immédiatement sur terre. Il était vexé. Je fus surpris de voir qu'il ne s'en était pas aperçu plus tôt. Il s'était vraiment cru « spécial » pour le trio. Sa fausse fierté avait pris le dessus, le rendant aveugle. Ce n'est jamais très beau ce qui apparaît aux yeux de celui dont on brise les miroirs du narcissisme.

Je lui laissai quelques minutes pour qu'il reprenne ses esprits puis renouvelai mes efforts.

— Alors, tu as l'impression de l'avoir conquise. Tu as gagné. Et ça, ça te soulage de ta solitude.

— Peut-être. Quelques minutes. Puis je me mets en colère. Contre moi, contre la situation. J'ai tout d'un coup horreur d'être là. Je me déteste et je ne sais pas pourquoi.

Il s'énervait à nouveau. Il était réellement en colère contre ce qu'il avait fait. Frustré. Il essayait à nouveau de s'enfuir.

— Attends. Ralentis. Tu n'es pas obligé de fuir la colère et la frustration. Tu as conquis la dame mais tu te sens dégueulasse, non ?

— Ouais.

— Alors, tu ne gagnes pas vraiment. Tu perds. Tu perds la partie. Tu *crois* gagner, mais tu perds en fait.

— Hein ?

— Réfléchis une minute. Tu fuis la solitude parce qu'elle te panique. Tu te jettes dans les bras de quelque gosse immature uniquement pour remporter une victoire. Mais elle ne fait pas le poids. Elle ne fait même pas partie du jeu. Elle n'est qu'un corps dont tu te sers pour te masturber. La bataille, c'est contre *toi* qu'elle se joue, Renaud. Tu es en colère et tu te sens dégueulasse parce que c'est contre toi que tu te bats. Tu ne *peux* pas gagner.

— Pourquoi est-ce que je fais ça ?

— Je n'en suis pas sûr. Mais tu te sers des filles pour tes propres besoins, pour lutter contre la solitude. Et je ne parle pas de sexe. Je ne voudrais pas t'offenser, mais tu n'es pas vraiment un don Juan.

Son faible sourire me dit qu'il comprenait.

— Tu te sers de ces filles émotionnellement. Et, avec ta mémoire, tu *continues* de t'en servir. Tu les séduis — ce qui n'est pas vraiment difficile — puis, pendant qu'elles roucoulent et vantent tes mérites, tu te gargarises avec ta supériorité. Tu as tellement besoin qu'elles te « reconnaissent » et qu'elles te respectent que même lorsque tout cela n'est que du chiqué, tu le gobes.

— C'est horrible.

— Ça y est, tu recommences. On arrive à un stade où je suis en mesure de t'aider à saisir la réalité et tu te flagelles. Si tu continues comme ça, tu ne tireras jamais la leçon de tes erreurs.

— Mais ce n'est pas bien.

— Eh bien, disons que c'est inefficace. Tu te remontes le moral en séduisant émotionnellement des filles. Tu devrais t'offrir des raisons d'être fier par toi-même et non essayer d'extirper aux femmes. Mais tu ne sais pas comment t'y prendre. Alors tu continues à te lancer dans des combats que tu ne peux gagner. Tu gardes même sans doute dans ta tête le compte de ces victoires / défaites.

— Pas dans ma tête.

C'était à mon tour de ne pas comprendre.

— Hein ?

— Pas dans ma tête. C'est écrit. Je fais une liste dans un calepin, avec le nom de chaque fille avec qui j'ai couché, où ça c'est passé et tout ce qui était inhabituel.

Je ne pus m'empêcher de dire :

— Je parie qu'après ce trio, l'encre fume encore.

Nos rires dégagèrent l'atmosphère et firent place nette pour les autres secrets de Renaud.

— Vous voyez, un de mes buts — bon Dieu que c'est bête! Je sais, je sais, ne sois pas aussi dur avec toi-même. Enfin, un de mes buts est de baiser suffisamment de filles pour que mon calepin comporte vingt-six noms, chacun des noms de ces filles commençant par une lettre différente de l'alphabet. Vous savez, Andrée, Barbara, Cendrine, Danièle, etc., jusqu'à Z. Je vous avais dit que c'était idiot.

— Ça n'a rien d'idiot quand tu y penses *dans* ta tête, hein?

— Non, pas vraiment. Ça m'excite.

— Mais quel effet ça te fait, en fin de compte, la froideur d'une liste de noms et ce jeu avec les lettres?

Renaud réfléchit un moment, puis ses yeux brillèrent tout d'un coup.

— Bon Dieu, ça me ramène à la solitude.

Je le regardai, l'air de dire « et tu te sens comment? ». Aucun de nous n'ouvrit la bouche pendant quelques instants. Renaud fit un usage tout à fait fructueux de ce silence.

— Maintenant, je ressens autre chose de bizarre. Mais d'agréable. Tranquille, comme si toutes les pièces du puzzle s'assemblaient. Mes actes ont tout d'un coup un sens.

— Explique-toi, s'il te plaît.

— Eh bien, je commence par me sentir seul la plupart du temps. J'ai vraiment peur et je file retrouver mon calepin. Puis, pour me sentir mieux, je cherche des filles à sauter afin d'ajouter des noms à ma liste. Je me sens bien quelque temps puis je me retrouve à la case départ, je me sens à nouveau seul. Et ça recommence.

— Et tu te...

Renaud m'interrompit de la main avec un petit sourire sympathique.

— Je sais — Et tu te sens comment? — Eh bien, je me sens triste, c'est ça, triste. Triste d'être obligé d'être comme ça.

— Tu es *obligé* d'être comme ça ?

— On dirait bien. Je ne peux pas aimer une femme. Pas vraiment. Alors, qu'est-ce que je suis supposé faire d'autre ?

Ce fut mon tour de l'arrêter de la main.

— Attends une minute. — Tu ne peux pas aimer une femme ? — Voilà une conclusion fausse. Un mensonge, même. Tu *pourrais* aimer une femme. Le problème, c'est que tu *ne veux pas laisser une femme t'aimer.* Tu te considères comme *impossible à aimer.* Et tu es passé maître dans l'art de garder les filles à distance. Tu es prisonnier d'une solitude que tu t'es créée toi-même. Et tu ne t'échapperas certainement pas de cette prison si tu continues à laisser les « oh » et les « ah » de gamines pseudo-évoluées te passer de la pommade dans le dos.

Renaud semblait apprécier grandement ma méthode dure. La vérité est un merveilleux outil thérapeutique. Il y eut un dernier silence avant la fin de cette séance particulièrement fructueuse.

Renaud annonça la scène suivante :

— Comment suis-je devenu ainsi ?

Comment, en effet ? Les semaines qui suivirent, nous explorâmes le pourquoi et le comment de ce qui perturbait Renaud. Nous abordâmes sa paresse, sa tendance à tout remettre au lendemain, sa piètre estime de soi et son manque de discipline personnelle. Nous fouillâmes de fond en comble ce sentiment (qu'il avait) d'être étranger à son père et le mélange de culpabilité et de colère qu'il éprouvait vis-à-vis de sa mère. Et son irresponsabilité ! S'il avait passé à résoudre son problème la moitié du temps qu'il avait consacré à les fuir, il se serait sorti de l'ornière en moins de temps qu'il ne faut pour le dire.

Renaud était en plein stade de crise du syndrome de Peter Pan, moment difficile mais aussi plein d'espoir. Difficile, parce que les miroirs de la perfection deviennent fragiles et que la grossièreté du machisme engendre souvent un rejet qui a vite fait de vous ramener à la réalité. D'espoir, parce qu'au cours de cette crise, le jeune homme a l'occasion de tout recommencer de zéro. Avec de l'aide, professionnelle ou amicale, la victime en pleine crise du SPP peut faire ces quelques premiers pas si importants qui l'éloignent du pays de Jamais Jamais.

Chapitre 11

APRÈS TRENTE ANS :
LE DÉCOURAGEMENT

PETER : « Mourir, ça, ça sera une sacrée aventure. »

Lorsque le sujet souffrant du SPP entame sa quatrième décennie, sa vie commence à se désintégrer. On lui a promis joie et excitation perpétuelles. Où sont-elles ? Il ne comprend pas. Après tout, n'a-t-il pas fait de son mieux pour suivre les traces de Peter Pan ? Il a évité toute responsabilité, s'est soumis à la pression du groupe, a balayé ses insécurités, rendu les autres responsables de ses déficiences sexuelles et réussi à ne pas agir en adulte. La dénégation devait être la clef de la jeunesse éternelle. Au lieu de cela, elle l'a mené au découragement. Abattu et démoralisé, la mort devient pour lui la seule promesse d'excitation qui lui reste.

A l'accablement qu'il éprouve, s'ajoute la confusion engendrée par son style de vie. Il s'est entouré de tout ce que la vie adulte comporte de pièges — épouse, enfants, voiture, maison, emploi stable, vacances et amis comme il faut — uniquement parce qu'il était supposé le faire et n'en tire aucun réconfort. Il a suivi à la lettre un scénario socialement adapté à seule fin de se faire approuver, mais ni son cœur ni son âme n'ont joué le jeu. Le fait que les autres tirent satisfaction de ces choses adultes le terrifie.

Ses illusions commencent à ne plus vraiment remplir leur fonction, mais il continue de s'en nourrir. Lorsqu'il voit les autres apprécier pleinement l'âge adulte, tout ce en quoi il croyait se trouve remis en question. Il se recroqueville à l'intérieur de lui-même, régresse et se lamente : « Est-ce là tout ce que je puis espérer ? A quand mon tour de m'amuser comme promis ? »

Il s'apitoie sur son sort, mais cela ne lui permet pas de réparer les fêlures de ses miroirs qui s'étendent encore lorsqu'un réalisme douloureux évince ses illusions. Il devait rester jeune à jamais et le voilà qui somnole sur le divan et se réveille tout courbatu. Les prairies de ses nuits devaient retentir de ses galipettes avec des compagnons de jeux éternels et le voilà qui livre une guerre solitaire aux mauvaises herbes sur sa pelouse. Il devait accéder au rôle de chef vénéré et intègre, et le voilà confronté à des obligations financières incessantes, à une femme qui tient tête à son machisme et à des enfants qui désirent appartenir à une famille qui n'existe pas. Dans de telles circonstances, la dépression est inévitable, l'accablement implacable.

Le sujet atteint du SPP rejette souvent son découragement comme élément normal du passage à l'âge mûr. Et, de fait, il peut l'être. *En partie.* Mais nombre de ses troubles émotionnels sont le fruit d'années de faux-fuyants et de dénégation. Il a tellement bien réussi à projeter une image de compétence, qu'il n'est même plus capable de prendre sa propre souffrance au sérieux.

Il doit lutter seul. Il aimerait chercher de l'aide, mais nombre de choses s'y opposent : sa peur du rejet et sa solitude l'empêchent de prendre quelque risque que ce soit ; son machisme le rend trop fier pour admettre ses défauts ; sa vieille habitude de gaieté feinte est dure à détruire ; son habileté à se cacher de lui-même fait que même ses amis les plus intimes ne peuvent soupçonner quoi que ce soit de grave — excepté sa femme ou sa compagne.

Celle qui partage sa vie sait que quelque chose ne va pas. Et ce pratiquement depuis le premier jour. Et elle sait que ce n'est pas simplement son problème à lui, que c'est un problème de relation, qui, donc, la concerne. Jusqu'où ? Peut-être ne le sait-elle pas, mais elle ne peut nier un certain découragement dans sa propre vie.

Le problème n'a sans doute jamais été abordé, de façon rationnelle du moins. En fait, les hostilités sont réduites au silence, réprimées ; les confrontations, transformées en procès stériles ; le partage et la confiance, érodés par le manque de communication. Ceux qui ne sont pas encore mariés, retardent cet événement ; ceux qui le sont s'en mordent parfois les doigts. Deux êtres qui s'adoraient pensent maintenant qu'ils ne s'estiment même pas.

Mais quelle façade ! « Rien ne cloche ici. Nous ne sommes que deux copains heureux glissant au fil de la vie. Bien sûr, nous avons des problèmes. Comme tout un chacun. Mais rien que nous ne puissions régler seuls. »

Au milieu de ce refoulement et de cette dénégation, il est une chose qui ne peut rester cachée, que certains considèrent comme le lien le plus solide de la chaîne unissant les êtres et d'autres simplement comme son expression la plus évidente, mais qui, quel que soit le point de vue adopté, est fondamentale à notre nature. Si nous tentons d'en réprimer les exigences, ou de refuser de la nourrir, elle se retournera contre nous. Ce lien inébranlable, c'est le sexe.

Les sujets atteints du SPP souffrent de problèmes sexuels. Problèmes qui se retrouvent dans les relations qu'ils nouent avec les femmes. Il est rare qu'ils parviennent à une relation sexuelle fructueuse avec leur épouse ou leur compagne. Sinon, c'est qu'ils ne sont que légèrement atteints.

Le plus souvent, une insatisfaction sexuelle sournoise est ressentie en secret par chaque partenaire mais jamais ouvertement partagée. Excuses embarrassées, accusations caustiques, mensonges jamais remis en question, tout cela murmuré dans une chambre obscure, voilà comment deux être affrontent le problème. Ils essayent de ne pas y penser, mais leur appétit sexuel exige satisfaction. La déception devient l'unique caractéristique d'une relation perturbée qu'on ne peut tout simplement faire taire.

Impossible d'envisager l'accablement qui s'installe et croît chez celui qui souffre du SPP sans s'atteler au problème des perturbations sexuelles. Les plaintes en ce domaine sont souvent les seules à briser le silence. Au moment où elle est avouée, la frustration sexuelle est généralement considérée comme *le* problème. En vérité, il ne s'agit que d'un symptôme et ce n'est que lorsque le couple acceptera de regarder au-delà de ce symptôme et de voir la cause réelle que la relation aura une chance de s'améliorer.

APPRENDRE A RESSENTIR

Quarante-deux ans, les cheveux prématurément gris, une voix qui claironnait sa confiance en lui, une vie réussie, une femme pleine d'entrain, deux enfants merveilleux et une superbe maison. Pour beaucoup, Patrick avait déniché la poule aux œufs d'or.

Peu après son quarantième anniversaire, sa poule avait commencé à pondre des œufs pourris. Sa femme remettait en question le rôle restrictif d'épouse et de mère qui lui était alloué, ses enfants étaient entrés, tels des ouragans, dans l'adolescence, son travail était devenu plus exigeant et moins gratifiant et son corps lui rappelait tranquillement que l'alcool avait pris le dessus. Pire encore, un accablement constant s'était insinué dans sa vie, rendant chaque jour un peu plus sombre que le précédent.

Il nia cependant toute détérioration jusqu'à ce que sa femme aborde la possibilité d'une séparation légale. Diane suivait depuis quelques mois une psychothérapie et répétait à Patrick de chercher de l'aide. Il était allé voir son médecin pour se faire examiner sous toutes les coutures et avait été presque déçu d'apprendre qu'il était en bonne santé. Il avait espéré que son problème ne fût pas émotionnel. Au plus profond de lui, il savait la vérité ; il ne se l'était simplement pas avouée.

Il vint me voir et m'avertit d'office :

— Fondamentalement, je ne vous aime pas, vous autres. Vous me semblez encore plus tordus que la plupart d'entre nous. Et vous ne dites jamais ce que vous pensez. Je n'ai nulle envie de m'asseoir ici, de vider mes tripes et de repartir en me demandant ce que vous pouvez bien penser d'une chose que j'ai dite.

Il ne s'était pas trompé d'adresse !

— Ma femme me dit que j'ai besoin d'une psychothérapie, annonça-t-il et il attendit.

— Est-ce le cas ?

— Je ne sais pas, c'est vous le médecin.

Il m'avait autorisé à me montrer sec et je ne pris donc pas de gants.

— Je n'en sais rien moi non plus, alors nous voilà tous les deux bien embêtés.

— Peut-être pourriez-vous me donner votre opinion sur une chose. Comment un homme doit-il s'y prendre lorsque sa femme se retourne contre lui et lui reprend tout ce qu'il a jamais désiré ?

— Ça ne ressemble pas à une question. On dirait que vous essayez de me dire quelque chose. Dites-le-moi, tout simplement.

— Tout ce que j'ai jamais désiré est en train de m'être volé. Et je n'y peux rien. Ma femme a besoin de se retrouver — dit-elle — mais pendant qu'elle cherche ce qu'elle a perdu, moi je perds ma famille.

Son découragement se dissimulait sous sa colère. Je procédai lentement.

— Comment cela,

— Diane décide de terminer ses études, alors je dois fouiller dans tous ses cours pour retrouver le programme télé. Puis elle veut prendre un boulot à mi-temps, alors je dois rentrer dans une maison mal rangée. Puis elle veut suivre des cours du soir, alors il faut que je me dépêche de rentrer pour remplacer quelque petite baby-sitter timbrée qui s'est affalée dans mon fauteuil, boit tout mon soda, bouffe mes cacahuètes et utilise mon téléphone tandis que mes enfants, qui n'ont sans doute même pas besoin d'être gardés, sont en train d'essayer de s'entre-tuer. Je travaille dur. Je gagne beaucoup d'argent, je suis très bien considéré dans le voisinage et je mérite tout cela. Et maintenant, comment me rembourse-t-on ? Ma femme voit un imbécile de psy, décide tout d'un coup qu'elle n'est pas satisfaite et se met à parler de carrière et de séparation. Et maintenant c'est à *moi* de chercher de l'aide. Quelle fumisterie !

Puisqu'il avait décrété ouverte la chasse aux psy, je décidai d'adopter un profil bas.

— On dirait que vous êtes bouleversé.

— Et comment ! Un homme trime pour donner ce qu'il y a de mieux à sa famille et qu'est-ce qu'il reçoit en échange ? Je vais vous le dire : on lui met tout sur le dos.

— Avez-vous parlé de tout cela avec votre femme ?

— Qu'est-ce que vous croyez ? (Il me regardait fixement comme si c'était moi qui avais détruit tous ses rêves.) Evidemment que oui. Mais chaque fois que j'essaye de parler, elle dit que *je* n'écoute pas ! Je lui dis que j'écouterais si elle avait quelque chose d'intéressant à dire, mais non, je n'entends toujours que les mêmes conneries. « Il faut que je me trouve, tu ne comprends pas. »

Sa voix de fausset crachait dérision et cynisme.

— Vous moquez-vous de votre femme devant elle ?

— Je ne me moque pas d'elle. J'essaye simplement de savoir pourquoi elle désire me voir souffrir. Après tout ce que j'ai fait pour elle, je ne mérite pas de voir mon monde s'écrouler, là, sous mes yeux. Bon Dieu, j'ai eu toutes les occasions possibles et imaginables de la tromper, mais je ne l'ai jamais fait. J'ai toujours été honnête et maintenant je vois ce que ça me rapporte.

Je demeurai silencieux, évitant intentionnellement le problème sexuel, sachant qu'il réapparaîtrait immanquablement.

Avec une suffisance pharisaïque, Patrick me défia pour que je l'entraîne dans une gymnastique intellectuelle.

— Alors, qu'en pensez-vous, docteur ?

— Ce que j'en pense, *moi ?* Eh bien, puisque vous me demandez d'être franc, voilà ce que j'en pense : vous devriez arrêter de vous apitoyer sur votre sort et me raconter ce qui vous fait souffrir car il est évident que vous souffrez le martyre.

Il se recula dans le fauteuil, respira profondément et desserra sa cravate.

— N'ayez pas peur de me dire ce que vous pensez, je suis capable de le supporter, plaisanta-t-il.

— Vous m'avez dit que vous vouliez que j'appelle les choses par leur nom. Y suis-je allé trop fort ?

Sa réponse me surprit.

— Non. J'espère simplement de toutes mes forces que vous n'allez pas me laisser passer la moindre connerie. Vous ne le savez peut-être pas, mais je suis capable de tromper n'importe qui. Je me roule moi-même : je me fais croire que je sais très bien ce qui se passe. Mais ce n'est pas vrai. Mon monde s'écroule et je ne sais absolument pas quoi faire. Bien sûr que j'ai besoin d'aide mais là d'où je viens, un homme n'admet pas ce genre de choses. Ça ne fait pas bien, si vous voyez ce que je veux dire.

— Vous avez peur, n'est-ce pas ?

— Et comment ! Vous n'auriez pas peur à ma place ?

— Oh si.

— J'ai quarante-deux ans, je suis sur le point de devenir directeur des ventes, j'ai une femme superbe que j'aime profondément, deux enfants qui sont, à mon avis, ce qu'on a inventé de mieux depuis le pain en tranches et ma vie se désintègre, là, sous mes yeux. Et je ne sais comment l'en empêcher ? Oh oui, j'ai peur. Je suis *paniqué,* même.

Patrick aborda plusieurs domaines importants de sa vie au cours d'une séance-marathon qui dura plus de trois heures. Il exprima son regret de n'avoir jamais été proche de son père. Il se haïssait de se sentir obligé de plaire aux autres et de ne pas avoir de vrais amis. Son égocentrisme le décevait ; il s'entendait dire « mon » ou « ma » bien trop souvent. Il ressentait une incroyable ambivalence face à la façon dont il se sentait encore attaché aux jupons de sa mère.

Lorsque nous abordâmes le problème sexuel, Patrick se révéla accablé de culpabilité et gêné. Il commença par parler de lui comme du plus grand amant de tous les temps. Mais, après un léger coup de coude, il abandonna son cinéma de macho et me confia qu'il avait le plus grand mal à accepter ouvertement et honnêtement sa sexualité. Il me fit part d'un récent événement qui, à son avis, prouvait qu'il était en train de « sortir du placard » et d'accepter la spontanéité de sa sexualité.

— Je suis rentré tôt un soir de la semaine dernière. Diane était en train de passer le chiffon sur les meubles et était tout ce qu'il y a de plus sexy dans son jean coupé. Je me suis approché d'elle par-derrière et je lui ai pris les seins. (Patrick ouvrit ses mains et plia ses doigts pour me montrer comment il avait entamé ses « avances ».) Je l'ai ensuite renversée sur la table de la salle à manger et j'ai commencé à défaire sa fermeture Éclair. Elle repoussait mes mains, disant qu'elle ne voulait pas faire ça ici. Les enfants étaient partis pour un bout de temps et je savais que nous avions le temps. J'ai continué de la déshabiller. Elle me disait d'arrêter, mais je savais que je l'obligerais à aimer cela.

Au fur et à mesure qu'il poursuivait son récit, sa fierté devenait aussi grande que sa vantardise. Nos émotions prenaient des directions opposées. Il s'excitait ; je devenais triste.

— Je l'ai coincée contre la table et je « la » lui ai enfoncée. Elle a fini par arrêter de se plaindre. (Il souriait timidement.) Ça n'a pas duré très longtemps. Je ne crois pas que ça ait duré plus de trente secondes. Mais c'était bon.

Je demeurai silencieux, repensant à ce qu'il venait de me raconter. De toute évidence, il ne se rendait absolument pas compte de la nature de ses actes. D'une voix aussi douce que possible, je lui assenai un grand coup de dure réalité.

— Vous avez violé votre femme, Patrick. Peut-être pas légalement, mais physiquement et émotionnellement, vous avez violé Diane.

Son visage devint livide, sa mâchoire retomba et ses yeux, terrifiés, se perdirent dans le vague. Il ne bougea pas. Je ne crois pas qu'il en aurait été capable. Puis de petites larmes embuèrent ses yeux et il murmura :

— Oh, mon Dieu !

Des milliers de projecteurs venaient de s'allumer dans sa tête. Tout d'un coup, des centaines de choses dont il ne s'était jamais rendu compte lui apparurent. Patrick était en état de choc. Toutes les quatre ou cinq secondes il murmurait : « Oh, mon Dieu ! » Toutes les quinze ou vingt secondes, il me regardait et à chaque fois ses yeux étaient encore plus pleins de larmes. Son incrédulité dura plus de cinq minutes, une vie en termes de psychothérapie.

Patrick s'étrangla sur les mots.

— Bien sûr. C'est exactement ce que j'ai fait. J'ai violé ma femme. La seule personne à qui je tienne réellement. Putain ! Je suis un drôle de mec ! hein ? Son autocritique regorgeait de culpabilité.

Silence.

Le choc de cette vision le fit tomber de haut.

— J'ai touché le fond. Tout ce que Diane m'a dit est vrai. J'ai été trop stupide pour le voir. Elle me dit que je ne sais pas vraiment l'aimer, que je ne la respecte pas. Elle dit que je ne sais pas exprimer mes sentiments, que je dois grandir. J'ai entendu tout ce qu'elle m'a dit, mais je n'ai rien écouté.

Il s'arrêta, l'esprit en feu.

Comment vais-je jamais pouvoir me remettre de tout cela ? Comment me faire pardonner ? Par où commencer ? Il cherchait désespérément un soulagement à sa culpabilité.

— Il y a plusieurs choses qu'il vous faut faire. D'abord, oubliez votre culpabilité. Elle ne sert à rien. Ensuite, concentrez-vous sur l'idée de grandir. La psychothérapie peut vous être d'un immense secours dans ce domaine. Enfin, rentrez chez vous, serrez votre femme dans vos bras, dites-lui que vous l'aimez et faites-lui savoir que les choses vont changer.

Patrick avait des doutes.

— Ne faudrait-il pas que nous parlions de ce que j'ai fait ?

— Pourquoi ? A quoi bon isoler un acte inconsidéré quand il vaudrait mieux l'oublier ? Si Diane ressemble un tant soit peu à la description que vous m'avez faite d'elle, elle n'a sûrement aucune envie de ressasser un tel événement. Elle peut désirer vous parler de ses besoins sexuels, mais j'espère qu'elle ne souhaite pas ruminer une erreur. De toute façon, si vous commencez à lui montrer votre amour au lieu de répéter que vous êtes un âne, elle sera plus que contente d'oublier le passé.

— Mais il faut que je lui dise que je regrette.

— D'accord. Dites-le-lui. Mais ne l'assaillez pas de pleurs, ne la suppliez pas d'avoir pitié.

— Et si elle ne me pardonne pas ?

— Alors, c'est *elle* qui a un problème.

Une semaine plus tard, je revis Patrick et Diane ensemble. Diane n'était pas quelqu'un d'impitoyable, mais elle avait effectivement un problème. Elle avait mis au point une stratégie pour se protéger de l'insensibilité de Patrick. Et il lui faudrait changer de technique pour que le « nouveau

Patrick » puisse faire son apparition dans leur vie conjugale.

Je le lui expliquai en ces termes :

— Vous n'avez pas pu riposter à Patrick physiquement, alors vous l'avez fait émotionnellement. Vous n'avez pas perdu contact avec vos sentiments ; Patrick, si. Ce qui vous rend plus forte que lui, du moins dans ce domaine. Il est donc compréhensible que vous cherchiez à rétablir l'équilibre en le frappant là où il est le plus faible. J'apprends que vous avez pris l'habitude de le déprécier pour son manque d'affectivité, de ridiculiser sa cécité émotionnelle, de vous moquer de ses tentatives de se montrer chaleureux. Et maintenant, avec l'arrivée de ce changement, vous avez peut-être tendance, inconsciemment, à utiliser cette tactique de combat lorsque les choses deviennent tendues. Mais cela ne doit pas vous inquiéter. Au fur et à mesure que l'un et l'autre vous grandirez, cela disparaîtra.

Diane était-elle aussi décidée à changer ?

— Et que dois-je faire lorsque cette « tactique » réapparaît ?

— Acceptez-la. Vous n'êtes pas forcée de l'apprécier, dites-vous simplement que c'est normal. Vous devez accepter le fait que tous deux avez pris de mauvaises habitudes. Mais, ensemble, vous pouvez changer votre vie conjugale.

Avec une tendresse émouvante, Patrick se pencha vers sa femme et lui dit :

— Je veux rendre notre vie commune bien plus agréable et je suis prêt à tout faire pour cela. (Il hésita puis continua et posa la question qu'il avait peur de poser :) Me désires-tu toujours ?

Diane sourit à travers ses larmes.

— Bien sûr.

Patrick se tourna vers moi, les yeux pleins de larmes lui aussi.

— Oh, mon Dieu, j'ai envie de la serrer dans mes bras.

Avec la franchise qu'il attendait maintenant de moi, je répondis :

— Ne me le dites pas, imbécile, *faites-le !*

Patrick sauta pratiquement sur Diane, comme si elle était sur le point de s'enfuir. Je leur demandai de m' « excuser » un instant. Lorsque je revins, ils étaient assis sur mon divan, main dans la main, comme des collégiens à leur premier rendez-vous.

Je leur donnai une dernière directive.

— Vous aurez des problèmes. Les mêmes vieux problèmes risquent de repointer leur sale nez au moment où vous vous y attendrez le moins. Mais vous pourrez y faire face sans mal. A cette fin, je vous conseille vivement un programme « physique ». Lorsque les choses vont mal, éloignez-vous l'un de l'autre aussi vite que possible. Mettez-vous chacun à un bout de la maison s'il le faut. Puis, au bout d'une demi-heure, cherchez-vous et, *sans parler*, touchez-vous et serrez-vous dans vos bras. *Ensuite*, vous pourrez parler de ce qui ne va pas.

Leurs sourires me montrèrent qu'ils allaient adopter cette idée. Patrick bouillonnait d'énergie ; il avait du mal à se retenir.

— Il y a tant à dire. Je ressens tellement de choses. J'ai peur de les perdre si je ne les exprime pas immédiatement.

J'essayai de le freiner.

— Je comprends votre peur. Mais vous ne les perdrez pas. Les sentiments restent, ils sont toujours là, vous ne le saviez tout simplement pas.

— Et s'ils me quittent et que je n'arrive pas à les retrouver ?

— Ne paniquez pas. Le programme « physique » les ramènera bien vite.

— Mais comment vais-je faire pour devenir bon à ce jeu ?

— Comme pour toute chose. En le pratiquant.

— Mais...

— Hé ! l'interrompis-je. J'ai une suggestion à vous faire. Pourquoi n'arrêteriez-vous pas de vous inquiéter des senti-

APRÈS TRENTE ANS : LE DÉCOURAGEMENT

ments pour l'instant ? Emmenez votre femme et continuez donc à vous entraîner à ce programme « physique ».

Patrick et Diane rayonnaient de joie en sortant, main dans la main, de mon bureau.

Troisième partie

TRAVAILLER
AU CHANGEMENT

Les quatre chapitres suivants contiennent des recommandations bien précises. Que penser, faire et dire lorsqu'on tente d'aider une victime du SPP.

Les parents apprendront comment éviter à leurs enfants de tomber dans le piège du SPP ou comment les aider à retrouver croissance et développement normaux si leur comportement reflète une influence excessive de la poussière magique.

Le chapitre 13 met au défi les lectrices d'affronter leur propre faiblesse et leur explique comment le fait de procéder à des changements dans leur vie quotidienne peut avoir un effet positif sur celui qu'elles aiment. Ces femmes devraient également lire attentivement la première partie du chapitre 12, même si elles ne sont pas mères. Si vous aimez un homme qui souffre du SPP, vous savez combien, par certains côtés, votre relation ressemble à celle d'une mère et de son fils. Vous pouvez y remédier en rétablissant une communication adulte.

Amis et parents découvriront, en s'occupant de la victime du SPP, que leurs premières impressions étaient sans doute les bonnes. Au lieu de les refuser, ils devraient plutôt s'y fier.

Ceux qui souffrent du SPP trouveront une inspiration dans l'histoire de Paul (chapitre 15). En fait, tous les lecteurs apprendront qu'aussi sinistre que l'issue puisse sembler, il n'est jamais trop tard pour travailler au changement.

Chapitre 12

POUR LES PARENTS

> Le chagrin a enseigné à M. Darling qu'il est le genre d'homme qui, lorsqu'il fait quelque chose d'un air contrit, doit le faire de façon excessive ; sinon il abandonne bien vite.
>
> Mme Darling ne sort pas souvent, préférant, lorsque les enfants sont au lit, s'asseoir à côté d'eux et ranger leurs idées comme s'il s'agissait de tiroirs.

M. et Mme Darling étaient de ces parents qui contribuent au développement du syndrome de Peter Pan. Barrie décrit M. Darling comme un être superficiel et narcissique dont l'apitoiement sur son sort et les sarcasmes ne sont que faiblement déguisés en gaieté. De façon tout à fait complémentaire, Mme Darling apparaît comme surprotectrice vis-à-vis de ses enfants et condescendante vis-à-vis de son mari. Combien de fois la voyons-nous souffrir le martyre, silencieusement, devant les farces puériles de son mari et trouver sa raison d'être en protégeant de façon obsessionnelle l'esprit fragile de ses enfants de ce qu'elle interprète comme un monde froid et cruel.

La tension qui règne chez eux est palpable. Au début de la pièce, M. Darling a du mal à nouer sa cravate. Il se plaint amèrement de l'injustice qu'il y a à se voir tourmenter par un accessoire d'habillement récalcitrant. Sa femme réagit par une désapprobation rigide et prétentieuse. M. Darling démontre les excès de son narcissisme :

> Je te préviens, Mary, que sans cette cravate autour du cou, nous ne sortons pas dîner ce soir et que si je ne vais pas à ce dîner, je ne retourne plus jamais au bureau, et que si je ne retourne plus jamais au bureau, toi et moi allons mourir de faim et nos enfants vont se retrouver à la rue.

Mme Darling cède à son accès d'humeur et lui noue sa cravate. Les enfants regardent tout cela, horrifiés, pensant que si leur mère ne réussit pas à le faire, ils vont se retrouver sans toit et devront mourir de faim.

Mesquinerie et rudesse sont caractéristiques du père de la victime du SPP ; l'attitude protectrice, de la mère. Bien qu'exagérées dans cet exemple, les deux réactions associées engendrent une atmosphère familiale au sein de laquelle les enfants doivent affronter une angoisse permanente. Comme vous l'avez appris dans la première partie de ce livre, cette angoisse nuit surtout aux garçons.

Si votre enfant vous semble victime du SPP, il vous faut prendre deux décisions :

Tout d'abord, opter pour l'action préventive ou pour l'action curative. A mon avis, si votre enfant a moins de seize ans, vous feriez sans doute mieux de choisir la première méthode. S'il a plus de seize ans et que vous avez des preuves de son incapacité à changer de rôle, de son narcissisme ou de son machisme, concentrez alors vos efforts sur la seconde.

Le second choix est beaucoup plus difficile. Pour y parvenir, apprenez ceci : vous ne pourrez aider votre enfant que si vous-même êtes prêt(e) à changer, du moins en partie, et à affronter toute discorde conjugale. S'il a vécu chez vous ou s'il a eu une relation significative avec vous, alors vous avez contribué à son problème. Vous avez commis certaines erreurs. Je vous aiderai à les repérer, mais ce sera à vous à les corriger. Si vous ne souhaitez pas prendre cette seconde décision, inutile de prendre la première.

Si vous êtes décidé(e) à aider votre enfant, servez-vous du dialogue de Barrie pour vous initier à l'introspection.

Pères, examinez votre vie émotionnelle. Avez-vous tendance à vous apitoyer sur votre sort ? Avez-vous peur de vos sentiments ? Savez-vous même ce que vous ressentez ? Prétendez-vous être sensibles aux choses que vous ne ressentez pas réellement tout en vous cachant d'autres sentiments ? En fait, ressentez-vous clairement vos émotions ou bien ne savez-vous pas très bien ce que vous ressentez ? Camouflez-vous votre déception face à votre vie conjugale en envoyant à votre fils des messages camouflés sur les faiblesses de votre femme (cf. chapitre 4) ?

Mères, évaluez votre attitude surprotectrice et condescendante. Tolérez-vous le machisme de votre mari parce que vous avez peur de vous retrouver seule ? Éprouvez-vous de la pitié pour lui ? Évitez-vous de lui faire remarquer son infantilisme ? Votre manque de courage vous oblige-t-il à renoncer à une discipline responsable et ferme ? Dissimulez-vous vos déceptions conjugales en disant à votre fils de ne pas ressembler à son père ?

Il est aussi difficile de poser ces questions que d'y répondre. Si vous avez le courage de faire face à vos limitations, vous êtes à mi-chemin du changement positif. Il vous faut poursuivre jusqu'au bout cette introspection en faisant une chose que vous avez sans doute cessé de faire depuis quelques années. Quel que soit l'âge de votre fils, mettez-vous à parler et *à écouter* votre conjoint. Il est absolument nécessaire que vous communiquiez avec lui. Il peut vous falloir plusieurs mois pour y parvenir, mais il y a un problème que vous pourrez résoudre dès que vous reposerez ce livre.

CESSEZ LES MESSAGES CAMOUFLÉS

Vous pouvez agir immédiatement pour enrayer le développement ou la progression du SPP. *Cessez tout message camouflé.* Sans entrer dans les détails inutiles, dites à vos enfants que vous avez eu tort de rejeter sur eux vos frustrations, qu'ils ne sont pour rien dans votre désaccord avec votre conjoint. Puis instaurez des procédures disciplinaires pour répondre à leur mauvais comportement et tenez-les pour responsables de leurs actes.

Il peut sembler quelque peu simpliste de dire que vous pouvez mettre fin immédiatement à tous les messages camouflés. Mais vous le pouvez. Si vous désirez réellement libérer vos enfants d'une angoisse inutile, vous resterez à l'affût de ces messages qui se glissent dans votre discours. Dès que vous les aurez entendus, vous vous arrêterez, même si cela signifie vous interrompre en plein milieu d'une phrase. Si vous vous surprenez à envoyer un tel message, avouez dès que possible votre erreur, excusez-vous-en et servez-vous-en pour démontrer *votre* problème. Si vous êtes audacieux, demandez à vos enfants de vous aider à identifier ces messages. Vous pouvez être sûr qu'ils les entendront.

Ôtez le poids du blâme des épaules de vos enfants en leur expliquant comment vous rejetez votre frustration sur eux. Dites-leur que vous allez utiliser des mesures disciplinaires rationnelles pour les tenir responsables de leur comportement plutôt que de vous en prendre à eux. Vous pouvez ignorer leurs récriminations en vous concentrant sur leur comportement, approche qui élimine toute action préjudiciable de votre part.

Si votre conjoint se joint à vous dans ce processus curatif, vous parviendrez à éliminer pratiquement toute tension de votre foyer en relativement peu de temps. Sinon, vous devrez agir seule. Si, par exemple, votre mari refuse d'admettre qu'il a sa part de responsabilité dans l'utilisation de messages camouflés, il vous faudra l'avertir que vous allez être obligée de parler de lui derrière son dos, situation tout à fait indésirable mais nécessaire pour libérer les enfants de toute culpabilité. Si vous avez le courage de vous attaquer seule à ce problème, vous finirez peut-être par convaincre votre mari d'en faire autant. N'employez cette stratégie déplaisante *qu'après* avoir fait tout ce qui est raisonnablement possible pour améliorer votre communication avec votre époux.

COMMUNICATION

Une fois enrayée la propagation des messages camouflés, votre époux et vous-même devez éliminer ce qui les a causés. Pour ce faire, rétablissez une communication efficace. Si vous avez le courage d'affronter les côtés négatifs de votre relation, vous serez à même de modifier radicalement l'atmosphère de votre foyer. Plus vite vous surmonterez les obstacles à la communication, plus vite vous réduirez la frustration refoulée et bannirez l'angoisse qui propulse les jeunes gens vers le syndrome de Peter Pan.

Votre premier obstacle sera votre effort de justification pour éviter la vérité. J'ai identifié deux points de vue aussi inexacts l'un que l'autre. Le premier est celui du père, le second, celui de la mère. Le synopsis exposé ci-dessous vous remettra en mémoire les messages camouflés détaillés vus au chapitre 4 et vous comprendrez comment ces points de vue sont générateurs de ce genre de messages. Je vous apporte également ma réponse type à chacun de ces points de vue. Si vous acceptez mon raisonnement, il vous aidera à affronter la vérité.

Tout d'abord, regardons de plus près le père de celui qui souffre du SPP et cherchons à comprendre son raisonnement. Nous verrons ensuite comment la mère vient compléter l'œuvre de son mari.

Messages camouflés père/fils :

« Arrange-toi pour que ta mère ne sois pas sur mon dos. »

« Ne fais pas de peine à ta mère. »

« Ta mère ne comprend pas les hommes. »

« Vas-y mollo, tu sais comment sont les femmes. »

Justification de papa :

« Ma femme est faible et c'est à moi de la protéger. Ses émotions à fleur de peau ne lui causent que des ennuis, surtout avec les enfants et principalement avec mon fils. Je déteste les moments où elle ne va pas bien car alors elle s'en prend à moi. Femme, elle ne comprend pas que les garçons seront toujours des garçons. Si j'arrive à faire que mon fils la comprenne, tous les deux on s'évitera alors peut-être pas mal de souffrances. De toute façon, il faudra bien qu'un jour ou l'autre il apprenne la vérité sur les femmes. »

Autre point de vue :

Si vous protégez votre femme quand elle n'en a pas besoin, vous l'encouragez à devenir trop dépendante et c'est *cela* qui vous fera souffrir. Ce n'est sûrement pas une faible d'esprit et je suis persuadé que vous pourriez me donner nombre d'exemples de sa force. Si vous évitez de l'affronter, vous la traitez en enfant et, à son tour, elle se révoltera.

Les garçons seront peut-être toujours des garçons, mais cela excuse-t-il leur comportement rebelle et élimine-t-il votre responsabilité ? Si vous continuez à voir les choses ainsi, vous repasserez vos faiblesses à votre fils et il y a de fortes chances pour qu'il se retrouve avec les mêmes problèmes et les mêmes idées fausses face à *sa* femme.

Messages camouflés mère/fils :

« N'embête pas ton père. »
« Tu agis comme ton père. »
« Ton père ne comprend rien aux sentiments. »
« C'est vraiment dommage que le travail de ton père soit plus important que sa famille. »

Justification de maman :

« Mon mari agit parfois comme un enfant. Il veut imposer ses désirs et boude lorsqu'il n'y parvient pas. Il me traite souvent comme quantité négligeable, préfère travailler et s'amuser avec ses copains que d'être avec moi. Lorsque mon fils se montre insensible, il ne fait qu'imiter son père. Si je ne réussis pas à changer cela, je plains la pauvre femme qui se retrouvera coincée comme moi. »

Autre point de vue :

Avez-vous jamais imaginé que si votre mari vous traite comme quantité négligeable c'est parce que vous le tolérez ? Avez-vous réellement le courage de vos opinions ? Si oui, alors vous ne devez pas accepter ses préjugés. En acceptant la façon dont vous traite votre mari, vous aussi montrez à votre fils que les femmes sont inférieures. Il est tout à fait possible qu'au lieu de changer votre fils, c'est vous que vous devriez changer.

Ces préjugés séparent les parents et mettent les enfants dans le bain, les poussant à lire dans les esprits et à chercher à deviner les motivations, activités intellectuelles qui assurent le désastre d'une vie conjugale. Si votre époux et vous-même avez le courage de chercher à vous connaître mieux vous-mêmes, si vous admettez le point de vue des autres alors vous êtes mûr pour un face à face. Dégager l'atmosphère vous semblera quelque peu terrifiant, mais l'air frais qui envahira votre relation enrayera la croissance du SPP et renouvellera votre vie conjugale.

Si vous affrontez les récriminations inavouées et les plans cachés, vous risquez fort de vous disputer. Vous rejetterez vos frustrations sur l'autre, créant des tensions passagères qui risquent de vous sembler insurmontables. Pour rendre productifs ces heurts, il vous faut un guide qui réduira vos chances d'envenimer une situation déjà bien difficile. Je vous suggère un livre écrit par un médecin qui a enseigné à des milliers de couples l'art et la science du « combat loyal ».

Comme tous ces guides, *The intimate ennemy (L'ennemi intime)* peut être mal utilisé. Si vous luttez contre votre partenaire sans désirer profondément renouveler votre vie conjugale, cela ne marchera pas. Toutefois, si vous œuvrez pour un changement positif, ce livre constituera pour vous une vraie mine d'or. Les auteurs sensibilisent le lecteur aux effets de la discorde conjugale sur les enfants : « Les enfants deviennent des cibles favorites lorsque les êtres déplacent leurs propres combats sur d'autres. La plupart des conflits entre parents à propos des enfants, par exemple, ne concernent pas du tout ces derniers. Le désaccord est entre les parents, l'enfant n'est que le champ de bataille. »

Si vous décidez d'utiliser ce livre pour vous aider à combattre loyalement, voici quelques idées directrices que j'ai glanées dans l'ouvrage du Dr Bach :

— Vous devez définir vos problèmes ou vos griefs en termes de croyances et de sentiments personnels. Faites connaître votre position aussi clairement que possible.

— Un « combat loyal » est en fait une discussion sérieuse menée de façon adulte.

— N'ayez pas peur d'apprendre à exprimer dégoût et haine. Il est facile de s'aimer ; c'est apprendre à se battre qui est difficile.

— Le compromis est un sous-produit essentiel du combat loyal.

— « Frapper sous la ceinture » a des effets désastreux. Si vous ramenez sur le tapis des événements passés dans le seul but de faire du mal à votre conjoint, vous frappez sous la ceinture.

— Faites bien attention lorsque vous introduisez des récriminations d'ordre sexuel dans un combat. Elles sont généralement introduites de façon « déloyale ».

— Écouter est un facteur décisif du combat loyal. « Qu'essayes-tu de me dire ? » « Que veux-tu dire par là » et « Laisse-moi te dire ce que j'ai compris de ce que tu as dit », sont trois techniques de feed-back qui vous aideront à écouter.

— Si vos combats ne mènent à rien ou si vous continuez d'être frappé ou de frapper sous la ceinture, vous devriez demander à un conseiller conjugal d'arbitrer vos combats.

Pour conseiller maris et femmes j'ai conçu plusieurs autres lignes directrices qui peuvent s'ajouter à celles suggérées par le Dr Bach.

— N'insistez pas pour tenter de résoudre des problèmes impliquant des sentiments. Certaines émotions ne conduisent pas elles-mêmes au changement. Il faut seulement comprendre et accepter.

— Faites bien attention à la phrase « il me semble que... », véritable écran de fumée qui dissimule au lieu de révéler une émotion. Il ne vous « semble pas que ». Vous vous sentez triste, déçu, content... Lorsque votre partenaire aborde son sentiment par « il me semble que... », c'est généralement pour énoncer *autre chose* qu'un sentiment. Ne vous laissez pas leurrer. Ripostez : « Dis-moi ce que tu ressens, pas ce que tu penses. »

— Il est crucial d'écouter votre partenaire. Mais également de vous écouter vous-même. Un des moyens de vérifier ce que vous dites est de demander à votre interlocuteur : « Qu'as-tu compris ? » Vous pouvez aussi vous entraîner à vous écouter vous-même avec un(e) ami(e).

— Si votre gorge se noue lorsque vous essayez d'affronter votre partenaire, couchez tout sur papier, cela vous aidera à énoncer clairement, sans équivoque possible, votre position.

— Évitez de chercher à lire dans l'esprit de votre partenaire et à comprendre ses motivations. Tenez-vous-en à « je » et « moi » plutôt qu'à « tu ». Ne lui dites pas ce qu'il ou elle pense ou ressent, c'est à lui ou à elle de le faire.

— Voici quelques mots d'introduction qui devraient vous mettre sur le bon chemin :

Lorsque vous abordez un problème : « Je voudrais te parler de... » « Lorsque tu agis ainsi, je me sens... » « Ce que je te demande, c'est... » Pour répondre à ce genre de questions : « Lorsque tu dis cela, je me sens... » « Mes intentions sont... » « Je veux bien (ou ne veux pas) satisfaire à ta demande. »

— N'exigez pas un affrontement général trop rapidement. Laissez vos pensées et vos sentiments s'exprimer de façon vivante et spontanée quand vous désirez qu'ils le fassent et non quand vous pensez qu'ils « devraient », « feraient mieux » ou « doivent » le faire.

J'ai appris autre chose sur les parents des victimes du SPP qui, bien que relativement désagréable, n'en est pas moins vrai : il y a de fortes chances pour que toute confrontation concernant la discorde familiale doive être provoquée par la femme.

Les femmes sont en général plus à l'écoute de leurs émotions (ce qui ne signifie nullement qu'elles les contrôlent mieux). En tant que femme, vous avez sans doute été encouragée à apprendre à connaître votre vie émotionnelle et à partager activement vos sentiments. Peut-être même êtes-vous allée trop loin et pensez-vous avec votre cœur. En tant qu'homme, vous avez sans doute appris à refouler vos émotions au point que les sentiments se trouvent immédiatement convertis en pensées. Vous ressentez avec votre cerveau.

Ce déséquilibre pensée/sentiment n'apparaît jamais

aussi clairement que lorsque les parents sont confrontés au SPP. Papa estime que le problème ne peut être résolu qu'à l'aide d'une logique froide et efficace. Maman, submergée par la souffrance affective, est tellement tourmentée que toute stratégie se perd dans le sentimentalisme. Maman accuse papa de ne pas avoir de cœur ; papa accuse maman d'être hystérique. Tous deux sont impuissants à résoudre le problème.

Malheureusement, ce n'est que lorsque les êtres sont en train de souffrir considérablement qu'ils se risquent à modifier le *statu quo.* Ils savent, de façon innée, que les choses vont empirer avant de s'améliorer. La femme étant plus apte à ressentir la souffrance engendrée par le trouble au sein de la famille, c'est vraisemblablement elle qui commencera à secouer la baraque.

Cela amène souvent les femmes à se plaindre de la « froideur » et de l' « insensibilité » de leur mari. Non seulement l'accumulation de ressentiments les fait souffrir, mais elles se mettent en colère parce qu'elles ont l'impression que celui qui soi-disant les aime leur a menti. Si vous vous sentez flouée par le manque d'attention de votre mari, prenez ceci en considération : il existe nombre d'hommes qui tiennent passionnément à leur femme et à leurs enfants mais qui ont perdu tout contact avec leurs émotions. Aussi bizarre que cela puisse paraître, ces hommes *ne savent réellement pas ce qu'ils ressentent.*

Bien des pères de victimes du SPP souffrent de la même impuissance émotionnelle que leur fils. Ces hommes tournent autour de la légion de Peter depuis des années. Ils ne la rejoignent pas parce qu'ils sont capables de travailler. S'il peut les transformer en « drogués du boulot », leur emploi leur donne néanmoins une raison d'être sincèrement fiers de quelque chose. Malheureusement, c'est souvent la seule chose dont ils tirent fierté.

Si cet homme est le père de vos enfants, il vous faudra en apprendre davantage sur ce que vous pouvez faire pour mettre fin à la détérioration de votre relation. Ce chapitre étant consacré aux problèmes parentaux, je vous suggère d'étudier attentivement le chapitre suivant où je me penche plus particulièrement sur les conseils aux épouses et compagnes de victimes du SPP. Et ce, pour la bonne et simple raison que si vous êtes à la fois épouse et mère, vous risquez fort, du moins dans le domaine émotionnel, de vous retrouver face à deux victimes du syndrome de Peter Pan.

AIDER LA VICTIME DU SPP

Lorsque vous aurez affronté le problème de la communication au sein de votre couple, concentrez-vous sur les enfants. Si ce livre a pour but d'aider les victimes du SPP, bon nombre des recommandations qui suivent s'appliquent également à tous les jeunes. Et maintenant, sans perdre cela de vue, regardez bien votre fils aîné ou tout fils manifestant les comportements décrits du chapitre 3 au chapitre 8. S'il a moins de seize ans, concentrez-vous sur la prévention ; sinon, optez pour l'action thérapeutique.

Pourquoi seize ans ? La victime du SPP, en atteignant son seizième anniversaire, a déjà fait l'expérience de l'irresponsabilité dans bien des domaines et de plusieurs années d'angoisse envahissante. Il a trouvé un certain répit dans l'appartenance à un groupe qui a sans doute plus d'influence sur lui que vous n'en avez. La rigidité associée à un conflit permanent à l'égard de son rôle sexuel l'isole totalement de l'influence parentale. Même si vous changez du tout au tout votre relation et éliminez la tension de votre foyer, il peut être trop tard. Il est possible qu'il ait appris à vous ignorer.

Toutefois, si cet enfant de seize ans est quelque peu en retard dans sa croissance ou s'il n'est pas encore sujet à tous les symptômes (par exemple s'il réussit à garder son emploi), vous avez peut-être encore le temps d'empêcher l'apparition du narcissisme et du machisme. Et vous ne le saurez que lorsque vous essayerez. Ainsi, si la victime du SPP approche de seize ans, elle est sur le point de se faire prendre au piège de la légion des enfants perdus. Essayez donc les deux méthodes, préventive et thérapeutique. Il vous faudra expérimenter tous mes conseils afin de trouver la combinaison la plus efficace pour votre fils.

PRINCIPES DE BASE

Quel que soit l'âge ou le sexe de vos enfants, il vous faudra vous familiariser avec mes principes d'éducation parentale. Ces dix lignes directrices offrent aux parents les bases nécessaires pour prévenir un trouble ou remédier à un problème, assurément fermeté et respect pour l'autorité parentale œuvrent à contrebalancer l'irresponsabilité et à promouvoir la sécurité au sein du foyer. Vous verrez également qu'elles apportent un moyen terme plein de bon sens qui peut stimuler l'accord entre parents qui s'opposent sur la façon d'élever les enfants.

J'introduirai chaque principe puis vous donnerai un exemple de la façon dont il peut être utilisé pour enrayer le développement du SPP.

1. La communication peut prévenir les problèmes mais seule l'action les résout.

Au cours de ces vingt ou trente dernières années, les spécialistes de l'éducation des enfants ont entraîné les parents à croire, à tort, que parler est la meilleure stratégie à adopter pour affronter une difficulté. Ce n'est pas vrai. L'échange d'idées et de sentiments, l'explication du pourquoi et du comment d'un acte peuvent aider l'enfant à tirer leçon d'une erreur, mais ce, uniquement *après* que le trouble émotionnel engendré par la situation s'est dissipé. Les tentatives de communication rationnelle au milieu d'une crise ont tendance à envenimer les choses. Lorsque les parents sont confrontés à un problème, la parole ne suffit pas. L'action apaisera le tumulte, enseignera une leçon utile et préparera le chemin à une communication efficace.

Chaque fois que je repense à ce principe, j'imagine une jeune mère dans un magasin d'alimentation avec un enfant de quatre ans qui hurle parce que maman vient de dire qu'il ne pouvait pas avoir de chocolat.

L'enfant est debout au milieu de l'allée, la lèvre inférieure tremblante et le visage couvert de larmes. Maman se penche vers lui et tente de le raisonner, lui explique les méfaits du sucre ou lui dit que les autres enfants vont le trouver bizarre (utilisation très dangereuse de la pression des pairs). Au lieu de l'écouter, l'enfant hurle de plus belle. Il n'est pas possible de communiquer avec un enfant perturbé. La meilleure chose à faire pour sa mère est de passer à l'action.

Nombre de mères donnent la fessée dans ce cas. Je ne suis pas vraiment partisan de cette initiative. Je pense plutôt que maman devrait enlever son auditoire à l'enfant en passant dans une autre allée. Quoi qu'elle fasse, maman devrait suspendre toute communication avec l'enfant jusqu'à ce qu'il soit suffisamment calme pour l'écouter.

2. Bien des règles sont négociables ; certaines ne le sont pas.

Tout foyer devrait appliquer des règles correspondant à des principes moraux raisonnables et rationnels. J'encourage les parents à classer les règles en négociables et non négociables. Ces dernières étant absolues et inflexibles. Par exemple, les enfants devront respecter la loi, faire preuve de respect et savoir qu'il n'est pas bien de mentir et de tricher. Il n'est jamais possible de faire exception à une règle non négociable. La violation de celle-ci entraîne une sanction.

Les règles négociables peuvent être discutées, modifiées et les exceptions sont possibles. Le couvre-feu dépend souvent de l'activité : l'heure de se mettre au lit peut être souple si l'enfant montre qu'il est capable de se prendre en charge ; des privilèges additionnels peuvent être accordés si l'enfant réussit mieux à l'école. Les parents gardent un droit de veto sur toutes les règles mais sont encouragés à négocier pour laisser à l'enfant autant de lest qu'il est capable d'assumer.

L'un des traits de caractère qui enrayent le développement du SPP est la *soumission positive.* Nous devons tous apprendre à nous soumettre à certaines réalités de la vie de façon positive, c'est-à-dire, à accepter les limites mais à œuvrer pour en voir le côté positif. La distinction entre règles négociables et non négociables aide l'enfant à apprendre la soumission positive.

Si votre fils apprend à se soumettre à la nature absolue de certaines règles et s'il en est récompensé par une liberté accrue lorsqu'il cherche à négocier de façon positive, il sera prêt à faire face à des sujets scolaires ennuyeux, à des employeurs injustes et à toute pensée magique qui risque de se glisser dans sa vie d'adolescent. Supporter la frustration et contrôler les impulsions, cela fait partie d'une réalité à affronter grâce à la distinction entre règles négociables et règles non négociables.

3. Si les enfants se prennent en charge (couvre-feu, manières, notes scolaires, tâches et argent), les parents devraient ne pas se mêler de leurs « affaires ».

Ce principe est accessoire au second principe. Il dit, en substance, que si votre enfant fait preuve d'un comportement responsable dans des moments décisifs de la vie (et mon expérience me souffle que ceux cités plus haut sont les plus importants) vous devriez faire des exceptions et lui accorder une liberté accrue.

Ce principe vous permet de confronter un enfant irresponsable à son comportement en lui rappelant que si vous intervenez dans sa vie c'est parce qu'il ne s'est pas montré capable de se prendre en charge tout seul. De même, il vous permet également de lui dire que s'il s'améliore, vous ne serez que trop content(e) de ne pas vous mêler de ses affaires.

Cette approche atténue le conflit, les disputes et l'hostilité qui surgissent souvent lorsqu'un parent tente de discipliner un enfant plus âgé. L'expérience m'a enseigné que ce principe a plus d'impact sur l'irresponsabilité que toute autre stratégie.

4. *Une bonne punition ne dure pas et n'est pas répétée trop souvent. C'est là la récompense de la punition.*

Si vous ajoutez punition sur punition, si vous punissez trop longtemps, vous courrez le risque de vous punir plus que l'enfant et d'amoindrir l'efficacité de toute réprimande. Vous encouragerez également la rébellion et le désir de vengeance.

Voici un bon exemple de la façon dont ce principe peut être mis à exécution : votre fils rentre tard et ment lorsque vous lui demandez où il était. Plutôt que de l'interdire de sortie pendant deux semaines, imposez une pénitence à la fois plus intense et plus brève. Dès que cela vous arrange le mieux, surveillez-le tandis qu'il accomplit une heure de travail domestique (faire briller les casseroles, par exemple). De surcroît, privez-le de téléphone, de musique ou de télévision ce soir-là, envoyez-le au lit une heure plus tôt. La punition pour violation du couvre-feu et perte de sa réputation (mensonge) ne dure pas plus d'un jour ou deux. L'enfant peut alors attaquer une nouvelle journée, dispos et libéré.

Si ce genre de punition doit être répétée souvent, c'est qu'elle ne fonctionne pas. D'autres émotions sont sans doute à l'œuvre (l'angoisse, par exemple) et vous devriez sonder l'environnement familial pour remédier aux causes de son comportement rebelle.

5. Les récriminations des enfants sont généralement justifiées (« Tu es injuste. Tous les autres ont le droit de le faire. ») Vous pouvez vous adapter, non capituler.

Lorsqu'il vous faut prendre une position impopulaire sur un problème, ne vous attendez pas à ce qu'un enfant intelligent et qui se cherche se soumette sans se plaindre un tant soit peu. Injustice, conformisme et incompréhension ne sont que certains des sujets qui se prêtent aux protestations verbales. Lorsque vous l'entendrez se plaindre, n'oubliez pas qu'il y a sans doute un petit noyau de vérité dans ses allégations. Restez calme et essayez de vous servir de cette récrimination pour engager un échange d'idées positif.

Ce principe est particulièrement utile lorsque vous devez affronter un jeune adolescent. « Tu n'es pas juste », par exemple, est une récrimination que vous pouvez être sûr(e) d'entendre après avoir pris une décision impopulaire. Au lieu de le gronder pour avoir « répondu », écoutez ce qu'il a à dire et acceptez la parcelle de vérité contenue dans son discours. *De son point de vue, vous êtes sans doute injuste.* Vous pouvez désamorcer une situation potentiellement désagréable en admettant qu'il a raison. Puis, s'il vous écoute, lui expliquer pourquoi un parent responsable se doit de prendre des décisions pour le bien-être futur de son enfant ; parce qu'il ne comprendra pas tout à fait, il est probable qu'il ressentira une certaine injustice et vous devez le comprendre. Toutefois, cela ne doit *nullement* modifier votre décision.

6. C'est grâce à des limitations raisonnables et à une discipline rationnelle que l'enfant acquiert confiance en soi et amour-propre.

Tentant de donner à leurs enfants une image positive d'eux-mêmes, nombre de parents pensent devoir être leur

225

meilleur ami, ne pas imposer de limites et s'assurer qu'ils sont toujours heureux. Ces buts sont totalement irréalistes.

L'enfant a besoin d'un parent ; ses amis, il les trouvera ailleurs. Les limitations imposées lui enseignent le contrôle dont il a besoin pour se développer seul et, par là, acquérir une fierté authentique. Enfin, l'échec fait partie de la vie, comme la tristesse. Nos enfants ont besoin d'apprendre à échouer et se sentir triste sans s'apitoyer sur leur sort ni déprimer.

S'il existe une clef pour prévenir le SPP, c'est à travers ce principe qu'elle s'exprime. Enseignez à votre tout-petit que vous vous montrerez amical tant qu'il n'enfreindra pas les lois que vous avez établies. L'enfant d'âge scolaire peut apprendre à surmonter ses frustrations en terminant ses devoirs avant d'aller s'amuser. Et, d'un bout à l'autre de sa vie, il est possible d'aider l'enfant à supporter l'échec et surmonter la tristesse en lui accordant chaleur et compassion, mais sans manifester de pitié ni accorder des récompenses particulières qui disent : « Mon pauvre petit, j'ai tant de peine pour toi. »

7. Les parents réduisent l'influence des pairs en décidant de façon réfléchie et consciente, et non par conformisme.

Si vous avez encore en tête le message principal du chapitre 5, vous vous rendrez compte qu'il est absolument essentiel de réduire la pression des pairs pour prévenir le SPP. Il n'est jamais trop tôt pour agir en connaissance de cause. Malheureusement, il est souvent trop tard. Une fois que votre adolescent s'est laissé entraîner par le groupe plutôt que d'écouter la prudence parentale, votre capacité à lui inculquer un sentiment d'individualité se trouve gravement limitée.

Réduire la pression des pairs sur la vie de votre enfant, c'est la contrôler en vous-même. Faites-vous référence à d'autres enfants lorsque vous tentez d'influencer le comportement du vôtre ? Critiquez-vous, devant les enfants, votre conjoint lorsque celui-ci (ou celle-ci) fait preuve de non-conformisme ? Prenez-vous vos décisions par rapport aux influences extérieures (votre journal, ce que vous voyez à la télévision...) plutôt que par rapport à ce qui *vous* semble bien ou mal ? Cette pression de vos pairs vous empêche-t-elle d'imposer vos décisions à vos enfants en public ?

Ces questions devraient vous ouvrir à l'introspection. Si, pour prendre vos décisions, vous vous fondez sur le conformisme plutôt que sur votre conscience, alors vous enseignez à vos enfants à faire de même. La prochaine fois que vous entendez « Mais, maman (papa), *tout le monde* le fait », agissez en connaissance de cause et répondez : « Tu as peut-être raison, mais ce n'est pas une raison pour que *tu* le fasses. »

8. Les enfants sont forts et créatifs. Les parents peuvent prendre grand plaisir à les voir se débrouiller dans la vie.

Les enfants sont bien plus résistants qu'on ne le croit. La génération actuelle est mieux nourrie, tant du point de vue physique que du point de vue intellectuel, que jadis. Ils sont plus intelligents et créatifs. Par conséquent, ils testeront régulièrement les lois édictées afin de trouver une morale solide qui puisse les guider au cours d'une vie difficile et souvent dangereuse.

Les parents peuvent se réjouir des manipulations infantiles. Celles-ci indiquent que votre enfant est en bonne santé et cherche de façon tout à fait naturelle les limites de son propre pouvoir. Ce principe a également pour but de vous rappeler qu'il faut que vous vous en teniez à vos lignes de conduites morales et prouver que vous n'avez qu'une parole.

Quel que soit l'âge de vos enfants, faites-leur savoir que vous croyez en leur force et qu'*eux-mêmes doivent y croire.* Lorsque vous découvrez que l'un d'eux vous a « roulé », ne hurlez pas, ne le condamnez pas immédiatement. Laissez votre cœur s'emplir de chaleur et de compréhension. Il ne fait que chercher quelqu'un qui puisse lui apprendre la maîtrise de soi. Ce quelqu'un, ce peut être vous.

9. Les familles qui travaillent et jouent ensemble restent unies.

La tension existe dans toute famille où fleurit le SPP, enracinée dans la discorde conjugale, se ramifiant dans des explosions quotidiennes et le négativisme. Si elle est présente chez vous, alors vous savez que votre famille ne se réunira pas sans que l'un de ses membres se mette à chercher querelle à l'autre et que tout le monde s'énerve.

Afin d'annuler ce comportement négatif, la famille devrait s'adonner à une activité qui plaise à tous. Cinéma, dîners à l'extérieur, sorties, événement sportif peuvent être un stimulant à une expérience familiale positive.

Même si votre partenaire ne se joint pas à vous pour vous aider, l'espoir de changement existe. Commencez par organiser un repas familial le dimanche et *ne tolérez* aucun manquement. Si l'un des enfants ne veut pas se tenir correctement, demandez-lui de quitter la table et assurez-vous qu'il ne puisse sortir de la journée. Cela ne se fera pas forcément en une seule fois, mais vous pouvez entraîner votre famille à discuter de façon agréable pendant trente à quarante minutes. Au cours de ce processus de « marche arrière », vous ne réussirez peut-être pas à tous les coups (surtout si vous devez agir seul(e)) mais que cela ne vous empêche pas de contrôler tout négativisme de sorte qu'une situation déjà déplaisante n'empire pas.

10. Pratiquez, ne prêchez pas ; vos actes, et non vos paroles, enseigneront.

Nombre de parents substituent les paroles aux actes, croyant pouvoir ainsi convaincre leurs enfants d'obéir. Ce sont ces mêmes parents qui manquent d'autodiscipline dans leur propre vie. Si la plupart ne correspondent pas au profil de la victime du SPP, eux non plus n'ont pas grandi.

Beaucoup de ces parents ont été élevés au sein de familles pauvres en discipline. Leurs enfants sont la seconde génération de la permissivité et ne sont donc pas près d'imposer des contraintes à leurs pulsions ; malheureusement, leurs parents ne savent pas davantage comment s'y prendre. Et ce sont eux qui donnent le ton en parlant d'une façon et en agissant d'une autre. Leurs enfants, le plus souvent, suivent l'exemple. Résultat, l'aveugle conduit les aveugles.

Si vous avez le courage d'admettre que vous ne connaissez pas les rudiments de l'autodiscipline, vous avez du temps à rattraper. Au lieu d'accuser vos propres parents de leur échec, occupez-vous de grandir. Cela ne doit pas vous prendre très longtemps. En vous y mettant sérieusement, vous devriez être capable de compenser plusieurs années de maturité bloquée en quelques mois. Si vous ne savez pas très bien comment vous y prendre, permettez-moi une suggestion toute simple : les mêmes principes élémentaires dont vous vous servez pour élever vos enfants peuvent être utilisés pour vous élever vous-même.

MOINS DE SEIZE ANS

Vous avez vu comment six symptômes chronologiques — irresponsabilité, angoisse, solitude, conflit d'identité sexuelle, narcissisme et machisme — ont engendré le développement progressif de sept traits psychologiques observables. J'ai accompagné mes stratégies préventives spécifiques de recommandations thérapeutiques. Cette partie traitant de la victime plus jeune, mes conseils ont pour objectif principal de contrecarrer l'influence des quatre premiers symptômes énoncés plus haut.

Sauf dans certains cas, bien précisés, chacune de mes recommandations doit être utilisée par les deux parents. Certaines exigent de maman et de papa une approche différente du problème.

IMPUISSANCE ÉMOTIONNELLE

Cessez immédiatement tout message camouflé. Expliquez à l'enfant que les messages « d'avant » étaient faux et qu'il ne doit pas s'inquiéter de protéger maman ou papa.

Éliminez toute attitude négative au cours des réunions familiales, même si cela veut dire cesser toute activité familiale.

Ne vous inquiétez pas si votre fils exprime un certain dégoût face à une décision parentale impopulaire. Tant qu'il fait preuve d'un certain contrôle de soi, ignorez ses accès d'humeur.

Papa : Ne rejetez pas les sentiments de votre fils à l'aide de banalités. Encouragez-le à exprimer honnêtement et ouvertement ses émotions. Travaillez avec lui en exprimant vos propres sentiments de façon adulte. Montrez-lui qu'il est tout à fait normal de faire l'expérience de tout un éventail d'émotions.

Maman : N'ayez pas pitié de votre fils. De même, ne lui laissez pas croire qu'il peut échanger ses sentiments contre des faveurs.

L'ART DE REMETTRE AU LENDEMAIN

Assignez des tâches à l'enfant et appliquez les règles à l'aide d'une discipline qui tient l'enfant pour responsable du travail.

Ne vous permettez pas de second avertissement. Une fois

l'ordre donné, s'il n'est pas respecté passez immédiatement au « sinon ».

N'essayez pas d'obliger un enfant plus âgé à étudier. Assignez-lui un moment pour étudier et rendez-le responsable de ses notes de façon régulière.

Limitez les moments où vous libérez l'enfant de sa responsabilité en faisant quelque chose pour lui sous prétexte que cela vous ennuie trop de vous assurer qu'*il* le fait. Ne le laissez pas s'en tirer trop facilement.

Réduisez son argent de poche au strict minimum dès qu'il approche de l'adolescence. Enseignez-lui la responsabilité en l'aidant à remplacer cet argent par celui qu'il peut obtenir en travaillant, à l'extérieur comme chez vous.

Le comportement « dilettante » peut être contré : lorsque l'enfant a décidé de faire une chose (leçons de musique, sport...) ne lui permettez pas d'abandonner tant qu'il n'a pas entamé avec succès un projet complémentaire ; s'il abandonne néanmoins, il doit avoir sa liberté et ses privilèges restreints jusqu'à ce qu'il ait satisfait à cette demande.

Papa : Enseignez à votre fils comment se fixer des buts, faire des projets et en estimer le résultat. Enseignez-lui votre méthode pour résoudre les problèmes. Cela lui donnera une leçon profitable et réduira le risque de vous voir tous deux devenir des étrangers l'un pour l'autre.

Maman : Coupez court à toute utilisation non intentionnelle de la culpabilisation. « Tu aimes me voir souffrir », « Tu n'aimes pas m'aider » et « Si tu savais combien tu me fais de peine » sont des commentaires qui engendrent culpabilité, désespoir et comportement je-m'en-foutiste.

SENSIBILITÉ A L'INFLUENCE DES PAIRS

Ne méprisez pas ses amis et ne les comparez pas aux « bons » enfants.

S'il se choisit de « mauvais » compagnons, essayez de

comprendre pourquoi. Il doit y avoir une raison. Si vous parvenez à la découvrir, peut-être pourrez-vous l'aider à surmonter toute faiblesse qu'a pu engendrer son choix.

Fiez-vous à votre conscience lorsque vous expliquez pourquoi vous prenez telle ou telle décision. Prenez garde de ne pas laisser la pression de vos propres pairs vous influencer (*cf.* principe de base n° 7).

Appliquez cette règle, quant à l'individualité : tout enfant entreprendra une activité extra-scolaire qui mette l'accent sur l'accomplissement personnel (tennis, course, gymnastique, danse, théâtre...). Laissez l'enfant choisir cette activité.

Contrôlez les querelles entre frères et sœurs en fonction de la même règle : si tu n'es pas gentil avec tes frères et sœurs, tu auras du mal à l'être avec tes copains. Je vous conseille de le priver de « sorties » et de téléphone tant qu'il n'aura rien fait pour compenser sa méchanceté.

Partagez avec vos enfants vos opinions sur les problèmes sociaux et politiques, et écoutez les leurs sur ceux qui les intéressent.

Atténuez l'importance accordée à la consommation d'alcool. Mettez en valeur les aspects sociaux de l'amitié. Vos enfants ont besoin de percevoir clairement la distinction qui doit être faite entre « boire » et « se montrer sociable ». Le moins que vous puissiez faire est de parler quelques instants avec vos invités avant de leur demander ce qu'ils désirent boire.

TABOUS SEXUELS

Assurez-vous que votre enfant dispose d'une information sexuelle exacte. Discutez avec lui mais utilisez également des livres écrits pour la jeunesse.

Faites comprendre à votre fils qu'il est plus important (et difficile) de parler au sexe opposé que de le toucher.

Tenez-vous au courant de ce qu'il apprend dans ses cours d'éducation sexuelle — quand ils existent. Si vous surveillez de manière générale ses devoirs, vous aurez l'occasion de lui poser des questions et de voir quelles sont les informations dont il dispose.

Interdisez tout rendez-vous galant non « chaperonné » avant quatorze-quinze ans.

Surveillez de près les films et les programmes télévisés qu'il regarde. Si ceux-ci présentent comme normaux des comportements irréalistes, attaquez. Nombre de spectacles enseignent au jeune homme qu'une poitrine imposante est nécessaire à une heureuse relation !

Papa : N'essayez pas de revivre votre jeunesse en jouant au voyeur lorsque vous posez des questions à votre fils sur ses petites amies. Qu'il vous voie plutôt embrasser et serrer dans vos bras votre femme, lui donner la main lorsque vous sortez tous ensemble.

PENSÉE MAGIQUE

Enseignez à vos enfants la différence entre explications et excuses. Les enfants expliquent les circonstances ; les parents excusent un comportement. Dès que les enfants concoctent une explication et pensent immédiatement détenir une excuse, ils se mettent à croire en la pensée magique.

Aidez-les à apprendre à vivre avec l'échec. Lorsqu'ils sont déçus, accordez-leur votre patience, non votre pitié et ne les dispensez pas des règles de conduite morales. Rappelez-vous ceci : « Souffrez mais respectez les règles. »

Lorsque vous exercez votre autorité, ne parlez pas trop. Si vous prêchez, grondez ou discutaillez, vous enseignez à vos enfants qu'ils peuvent faire disparaître les règles, comme par enchantement en manipulant les mots.

Attention à toute doléance commençant par « s'il n'y avait pas eu... » Ce n'est qu'une incantation magique qui permet généralement d'accuser quelqu'un d'autre. Le mieux que vous puissiez faire est d'aider l'enfant à comprendre le problème et voir ce que *lui-même* peut faire pour surmonter l'adversité.

PROBLÈMES AVEC LE PÈRE

Papa : Tenez-vous au courant des règles en vigueur chez vous et utilisez votre autorité chaque fois que cela se révèle nécessaire. N'essayez pas de gagner un concours de popularité en étant toujours considéré comme le « bon type ».

Faites des choses qui vous plaisent à vous et à votre fils. Nul besoin de dépenser beaucoup d'argent pour être proche l'un de l'autre. Rien de mieux que d'être heureux d'être ensemble.

Partagez les moments embarrassants de votre passé avec votre fils. Qu'il voie le côté humain de son père.

Épargnez-lui toute remarque machiste.

Maman : Ne dites jamais : « Attends un peu que ton père soit là ! »

Ne vous contentez pas de cesser d'envoyer tout message camouflé ; ne partagez pas avec votre fils les problèmes qui existent entre vous et votre mari.

PROBLÈMES AVEC LA MÈRE

Maman : Préservez votre fils de tout discours stéréotypé sur le rôle de la femme au foyer. Apprenez-lui à faire la cuisine, la lessive et à coudre ; cela lui sera utile pour survivre.

Gardez-vous une vie à vous, loin des enfants. Sinon, vous tomberez vite dans le martyre et la surprotection.

Veillez particulièrement à établir et faire appliquer des règles « antibêtises ».

Épargnez-lui tout comportement de « femme soumise » car ce rôle n'est que le complément de celui du macho. « C'est ton père qui décide ici » et « les hommes ne devraient pas aider aux travaux ménagers » en sont deux exemples.

Papa : Ne vous contentez pas de cesser d'envoyer des messages camouflés ; ne partagez pas avec votre fils les problèmes que vous avez avec votre femme.

Aidez-le à découvrir ses sentiments et ses attitudes chaque fois qu'il cherche à prendre ses distances vis-à-vis de sa mère.

Que votre fils voie votre virilité ; mais n'ayez pas peur de faire appel à votre épouse quand vous avez besoin de soutien, de compréhension ou de tout autre aide.

Si vous ne pouvez vous empêcher de courir après d'autres femmes, protégez votre fils de votre infidélité (même s'il perçoit que quelque chose ne va pas).

Maman : Ne révélez rien à vos enfants de votre vie sexuelle.

Ne vous habillez pas de façon extravagante.

POUR LES MÈRES QUI LUTTENT SEULES

Mon expérience me prouve que la mère est la première à voir que son fils a des problèmes. Toutefois, parce que son mari ignore généralement ses soucis et n'a pas de relation intime avec son fils, il rejette souvent le diagnostic ce dont elle lui fait part comme exagéré. Si maman ne parvient pas à convaincre papa de la nécessité de procéder à certains changements, elle doit lutter seule.

Si vous n'avez pas réussi à faire que votre mari se sente concerné par les problèmes familiaux, n'abandonnez pas. S'il y a certaines choses que vous ne pouvez effectivement faire seule, il en existe d'autres à votre portęe qui entraveront le développement du SPP. Les conseils qui suivent s'adressent aux mamans qui luttent seules, soit parce qu'elles sont divorcées, veuves ou parce que, ayant toujours vécu en célibataires, leur enfant n'a jamais connu d'image du père.

Trouvez des gens pour vous aider. Des amis, des voisins aussi. N'ayez pas honte de partager vos inquiétudes, vous n'êtes pas seule dans votre cas.

Retrouvez les principes de base.

Relisez mes dix principes très attentivement. Discutez avec vos amis des moyens de les appliquer. Regardez plus particulièrement les principes qui vous conseillent d'établir et de faire respecter des règles sans discutailler ou prêcher. Si votre mari refuse de coopérer avec vous, du moins restera-t-il à l'écart.

Faites-vous plaisir.

Rien de tel pour faire disparaître le martyre que de se faire plaisir. Si vous vivez avec un homme qui agit comme un étranger, il vous faut une activité extérieure pour affronter votre solitude. Si vous ne savez par où commencer, vérifiez tout simplement les activités offertes par votre mairie, par les associations proches de chez vous... Nombre de mères luttant seules ont trouvé un soulagement dans des cours de gymnastique, de tennis, de danse... ou tout simplement en reprenant leurs études.

Cherchez l'aide d'un spécialiste.

Il n'est pas nécessaire d'être mal adaptée ou folle pour rendre visite à un conseiller. Inutile non plus d'être riche. Où que vous viviez il se trouve sûrement un conseiller professionnel qui vous écoutera et vous offrira une aide objective. Cela ne vous fera de toute façon aucun mal d'essayer d'en rencontrer un, une fois ou deux au moins. Et peut-être parviendrez-vous même à entraîner votre mari avec vous.

PLUS DE SEIZE ANS

En atteignant le milieu de l'adolescence, le sujet souffrant du SPP se met à mépriser l'autorité parentale. Par conséquent, les stratégies préventives se révéleront vraisemblablement vaines. Le garçon s'attend à ce que vous lui donniez ce qu'il désire, puis à ce que vous vous ôtiez de son chemin. Mon conseil est quelque peu brutal, je vous l'accorde, mais n'oubliez pas ce que je dis aux parents affrontant ce « dernier » effort : « Ne faites plus rien ! »

Admettez vos erreurs.

Ne vous attendez à aucun « accusé de réception » ni à la moindre appréciation, mais excusez-vous néanmoins. Le mieux est peut-être de le dire ainsi : « Nous avons commis une erreur en te donnant trop d'argent et en ne t'accordant pas assez de temps. Nous t'avons laissé nous piétiner sans prendre la moindre mesure sévère. Pour cela, et pour d'autres choses, nous te demandons de nous excuser. »

Vos erreurs avouées, dites-lui que vous l'aimez et que vous allez essayer de l'aider par tous les moyens. Mais rappelez-lui que ses problèmes sont les *siens* et que vous n'allez pas en prendre la responsabilité. Servez-vous de ces commentaires pour présenter les décisions que vous êtes prêt(e/s) à prendre pour l'aider à se protéger lui-même des pièges que sa vie actuelle lui tend.

Cherchez l'aide d'un professionnel.

La victime plus âgée du SPP a besoin de conseils. Toutefois, elle y résistera violemment et il y a de fortes chances pour qu'ils demeurent vains (*cf.* chapitre 2). Afin de tout faire pour obtenir un résultat positif, voici quelques suggestions :

Adressez-vous au conseiller d'orientation ou à l'assistante sociale ou au psychologue de son lycée.

Préférez un conseiller à une conseillère car l'enfant a besoin et de se sentir proche d'une image de père et parce qu'il souffre d'ambivalence vis-à-vis des femmes.

Selon la méthode de travail du psychologue, essayez de voir celui-ci avant qu'il rencontre votre fils (même si vous devez y aller seule).

Avec l'aide du spécialiste, expliquez à votre fils qu'il parle à ce psychologue d'un problème *familial*; vous êtes tous embarqués dans la même galère.

Soyez prête à bousculer quelque peu votre fils pour qu'il aille effectivement voir ce conseiller. Les clients non motivés ne se prêtent pas à des diagnostics merveilleux, mais au moins le conseiller aura-t-il une chance d'aider. (Pour ce qui est de bousculer votre fils, lisez plus loin.)

Éducation/Travail.

Je pense sincèrement que la meilleure thérapie consiste en un mélange d'éducation et de travail. Si votre enfant en est à un stade avancé du SPP, son passé scolaire et professionnel ne doit pas être brillant. Il ne tire fierté que de très peu de chose, si ce n'est de rien. Faites de votre mieux pour arrêter cette chute libre en réfléchissant aux conseils suivants :

Exigez de votre enfant qu'il suive un programme complet et non un mi-temps travail/études. S'il est étudiant à part entière, il doit gagner son argent de poche en travaillant à mi-temps. S'il ne suit pas de cours, il doit payer pour vivre chez vous (à mon avis un minimum de trois cents ou quatre cents francs).

Ne lui avancez de l'argent que s'il vous a montré *clairement* qu'il rembourse ses dettes à temps.

S'il cherche sincèrement du travail mais n'en trouve pas, vous pouvez vous mettre d'accord pour lui payer une somme fixée à l'avance entre vous pour le travail qu'il peut effectuer à la maison. Laver et faire briller la voiture peut valoir cinquante à cent francs.

Éliminez tout argent de poche gratuit sur quatre semaines, un quart de moins chaque semaine. Ne discutez pas argent avec lui ça ne ferait que mettre le feu aux poudres sans rien résoudre.

S'il a des problèmes scolaires ou disciplinaires, n'intervenez pas, laissez-le supporter le plus possible le poids de ses responsabilités. A ce stade du trouble, des notes moyennes devraient vous satisfaire. Il sera toujours temps de relever la barre plus tard.

PROBLÈMES A LA MAISON

Ne le réveillez pas le matin, même si cela signifie qu'il risque de perdre son emploi.

Exigez de lui une ou deux tâches ménagères en plus du maintien d'un semblant d'ordre dans sa chambre.

Établissez une heure de couvre-feu (même s'il a vingt et un ans et vous paye un loyer). Vous pouvez vous montrer extrêmement souple sur ce couvre-feu s'il réussit bien dans son tandem travail / études.

Vous ne devez absolument pas accepter l'utilisation de drogues. N'en discutez pas au-delà d'un : « Je sais que tu sors et veux boire et fumer de l'herbe ou autre. Toutefois, si j'en vois la moindre preuve, je serais obligée de prendre des mesures contre toi. Le simple fait d'être plus âgé n'implique pas que je cesse d'être ton parent lorsque tu décides d'agir de façon irresponsable. »

Exigez de lui respect et considération envers les autres. S'il refuse de baisser le son de sa stéréo après que vous le lui avez demandé et hurle : « C'est *ma* stéréo ! » débranchez-la. Si vous avez peur qu'il vous attaque physiquement, disjonctez ou ôtez les plombs de sa chambre.

Ne lui laissez pas l'utilisation incontrôlée de la voiture. Tant qu'il vit chez vous, vous devez lui démontrer que vous avez un droit de regard sur ses activités, même s'il contribue aux frais d'entretien.

CHANGE D'ATTITUDE
OU FAIS TES VALISES

Je suis vraiment désolé de devoir vous annoncer que la plupart des conseils cités plus haut risquent fort de ne pas avoir d'effet, surtout si votre fils a dix-huit ans ou plus. Il vous faudra donc appliquer un programme du style « change d'attitude ou déménage » qui concrétise en actes votre décision de ne pas simplement rester les bras croisés et de le laisser se détruire pendant qu'il vit sous votre toit. C'est ici qu'il va falloir le « bousculer ».

Allez-y progressivement. N'oubliez pas, vous avez contribué à son trouble et devez lui laisser le temps de se reprendre en main. Il est très commode de rejeter le blâme sur l'enfant, à l'aide d'une seule déclaration percutante. Commode, mais sans effet.

Gardez un œil sur son comportement. Si vous vous inquiétez trop de ses motivations et de ses sentiments, vous ne pourrez agir. Même si vous savez qu'il se sent mal et que ses motivations sont troubles, cela ne doit pas l'empêcher de se ressaisir.

Consultez un conseiller juridique pour connaître exactement vos droits et les responsabilités qui incombent à votre fils.

Si votre fils défie de façon régulière et répétée vos lignes de conduite concernant le travail, les études, le couvre-feu, les tâches, l'argent et la voiture, vous serez obligé(e) de prendre des mesures plus sévères.

Utilisez la « résistance passive ». Ne lui faites pas à manger et ne faites pas sa lessive. Refusez de prendre les messages téléphoniques ou de lui donner le moindre argent sous quelque circonstance que ce soit. Dites-lui : « Je ne ferai rien pour toi tant que tu ne te seras pas ressaisi. »

Si cela ne suffit pas, transformez sa chambre en rangement, garde-robe ou salle de couture. Qu'il dorme au grenier ou au sous-sol.

Si cela ne le fait pas réfléchir, interdisez-lui l'entrée de la maison. S'il rentre par effraction, arrêtez-le.

A ce stade, vous êtes au point de non-retour. Ça marche ou ça casse. Vous devez être prêt à aller jusqu'au bout pour affirmer que vous n'en supporterez pas davantage.

Vous pouvez choisir, si votre conseiller est prêt à vous soutenir, de céder sur certains points si, *et seulement si,* votre fils continue d'aller le voir sérieusement.

Demandez à vos amis de vous aider. Il est bon de ne pas se sentir seul(e) face à ces problèmes. Les diverses associations s'occupant des familles sont également là pour ça.

Pour beaucoup d'entre vous, mes recommandations ressemblent à une incitation à une « bataille de rue ». Et c'est un fait que la plupart de ces scènes sont de ce type. Mais, si votre fils, que vous aimez profondément, était allongé dans le caniveau entouré de vermine et mourant, ne plongeriez-vous pas dans ce caniveau et ne feriez-vous pas tout ce qui est en votre pouvoir pour le sauver ? Vous le feriez. L'amour le veut.

LE SOUTIEN DE L'ENVIRONNEMENT

La victime du SPP n'épouse pas le comportement de pirate simplement parce que ses parents ont commis quelques erreurs. D'autres personnes importantes, dans son environnement, contribuent à son mal. Tantes, oncles, cousins, grands-parents, enseignants, employeurs et voisins bien intentionnés constituent un système d'affiliés qui ont tous immanquablement fait eux aussi des erreurs en lui accordant leur pitié, des faveurs spéciales et toute une série de secondes chances qui n'ont fait que lui apprendre à devenir un manipulateur encore plus efficace. Les êtres qui forment l'environnement de la victime doivent également l'aider à se reprendre en main.

Ils peuvent avoir une influence positive en vous soutenant dans votre action. Toutefois, cette chaîne d'individus n'est pas plus forte que son maillon le plus faible. Son cousin ne doit pas l'emmener boire un coup. Ses grands-parents, lui glisser quelque argent non mérité. Sa tante, avoir pitié de lui lorsqu'il va la voir. Son employeur doit le licencier s'il le mérite. Son conseiller doit s'opposer à lui si son comportement autodestructeur l'exige. Votre ami ou votre voisin ne doit pas le loger sans votre approbation. Un seul de ces actes compromettra le programme d'aide.

En tant que parent, votre plus grande tâche est de mettre en application ces recommandations. Toutefois, vous devez également prendre contact avec tous ceux qui constituent l'environnement du jeune homme et leur expliquer comment ils peuvent vous aider. Demandez-leur de ne pas saper votre effort. Assurez-les que ce que vous faites doit *absolument* être fait. Encouragez-les à vous apporter leur soutien ; il faut qu'ils sachent combien tout cela est important.

Lorsque vous aurez acquis l'aide de ces personnes, vous aurez fait tout ce qui est en votre pouvoir. Il vous reste à espérer que le jeune homme tirera profit de cette « manière forte ». Comme je vous l'ai déjà fait remarquer, le meilleur et sans doute le seul remède aux effets de la pensée magique est la *réalité*.

Si vous pensez que votre fils est en train de devenir victime du SPP, je vous conjure — pour votre bien-être autant que pour le sien — de passer aux actes *maintenant* afin de mettre un terme à cette destruction absurde. Si votre mari ne partage pas votre inquiétude, persuadez-le de lire ce livre, et plus particulièrement les chapitres 10 et 11. Il ne peut éviter d'avoir peur pour l'avenir de son fils.

Si vous êtes confrontée à une victime plus âgée du SPP, laissez-moi vous dire que je suis de tout cœur avec vous et que je vous comprends. Vous perdriez plutôt votre bras droit que de regarder votre fils se détruire.

Un dernier conseil : ne perdez pas votre temps à vous culpabiliser. Cela ne fera qu'aggraver les choses. Si votre fils est capturé par la légion des enfants perdus, quel que soit son âge, passez à l'action pour qu'il les laisse tomber. Votre fils n'a nul besoin de votre culpabilité. Il a besoin de votre aide.

Chapitre 13

AUX ÉPOUSES ET COMPAGNES

> Wendy saute du lit pour enlacer Peter, mais
> celui-ci s'écarte. Pourquoi? Il n'en sait rien;
> mais il sait qu'il doit le faire. D'un bout à l'autre
> de la pièce, personne ne touche Peter.

Les commentaires de Barrie suggèrent que Peter est
esclave d'une obsession irraisonnée. Il s'écarte sans raison de
l'élan de tendresse de Wendy. Elle veut le réconforter; il ne le
tolère pas. Si vous aimez une victime du SPP, vous connaissez cette frustration. Son « art d'aimer » est stupéfiant.

Garde tes distances. Ne fais part d'aucun de tes sentiments avant que je ne t'y autorise. Ne t'attends pas qu'en
échange je te fasse part des miens. Ne me contredis pas.
Touche-moi lorsque bon me semble.

Ces lois tacites brisent toute spontanéité, élément essentiel de la relation amoureuse. Parce qu'elles sont inexprimées, l'amour est difficile; parce qu'elles sont contradictoires, l'amour est impossible. Comment aimer un être dont les
exigences à votre égard sont immuables, quelqu'un qui vous
rejette si vous n'agissez pas exactement comme il le désire?
Si vous ne saviez pas pertinemment qu'il peut faire un
merveilleux partenaire amoureux, vous ne toléreriez nullement ses manipulations puériles.

Mais vous les tolérez ! Et, ainsi, contribuez à votre propre malheur. Voilà pour la mauvaise nouvelle. La bonne, c'est que vous pouvez remédier à cela. L'homme souffrant du SPP peut apprendre ce qu'il faut faire pour cesser de fuir vers le Pays de Jamais Jamais. Mais il a besoin d'un point de départ. Et ce point de départ, c'est la femme qui l'aime. Quant au vôtre, c'est le plan de changement du chapitre 2.

L'amour est ce qui vous pousse à l'aider ; le plan, ce qui vous indique la direction à prendre. Le seul autre ingrédient dont vous ayez besoin, c'est l'espoir. Votre attention servira-t-elle à quelque chose ? Une lueur, au fond du tunnel, vous répond « oui ». Elle s'estompe et reparaît, mais elle est là. Son message : rejoins-moi et tout ira réellement mieux. Tu n'as pas besoin de continuer à faire toujours la même chose. La vie peut être tellement plus excitante et gratifiante ! Il suffit d'oser. Cette lueur a même un nom : « Clochette ».

COMMENT DEVENIR UNE « CLOCHETTE »

Deux types de femmes se sentent attirées par celui qui souffre du SPP. L'une a déjà l'habitude de s'asseoir sur le siège arrière et prend vite le rôle de mère protectrice. Elle n'est pas sûre d'elle mais, parce que la victime dépend d'elle, elle se sent utile, voire, de façon bizarre, puissante. Ses rapports sexuels sont prévisibles, ritualisés et ne durent pas longtemps. Elle ne voit pas que son partenaire est immature et se persuade que les problèmes dont il souffre sont normaux. Elle reste avec lui, s'imaginant que sa vie amoureuse va s'améliorer. Cette femme, je l'appelle une « Wendy ».

L'autre type de femmes exige spontanéité, croissance et adaptation réciproque. Elle voit l'immaturité de son partenaire mais se sent attirée par son « insouciance ». Elle aussi s'imagine qu'il dépassera ce comportement juvénile, en partie du moins. Toutefois, lorsqu'il ne le fait pas, elle ne reste pas dans son coin. Elle met fin à la relation, déçue et désillusionnée. Elle ne comprend jamais vraiment pourquoi l'amour a pris ce goût amer. J'appelle cette femme une « Clochette ».

Si celui qui souffre du SPP est prisonnier du Pays de Jamais Jamais, il « aimera » généralement une Wendy. Il ne pourra se passer de sa tendresse, de sa pitié et de sa protection. Sa Wendy le protégera de son immaturité. Lorsqu'il se met dans une rage folle ou devient lentement alcoolique, elle le comprend et le reprend. Elle le tolère parce qu'il a tellement besoin d'elle.

Si celui qui souffre du SPP revient du Pays de Jamais Jamais, il cherchera une Clochette pour partager sa vie. Il a besoin de son amour et de son soutien adultes pendant qu'il joue avec des émotions qu'il ne connaissait même pas. De même, la Wendy qui domestique la charge électrique qui sommeille en elle peut devenir une Clochette. Si elle en a assez de jouer à la maman, elle mettra son partenaire au défi de changer. S'il ne le fait pas, elle abandonnera son Peter Pan et se cherchera un homme qui ne craint pas d'être une personne à part entière. Voilà pourquoi tant de Peter Pan et Wendy divorcent alors que les ex-victimes et les Clochette sont tellement occupées à découvrir la vie qu'on n'entend jamais parler d'eux.

Cela ne va sans doute pas vous faire plaisir, mais si votre mari ou votre amant est victime du SPP, vous risquez fort d'être une Wendy. Peut-être ne l'avez-vous pas toujours été et peut-être existe-t-il en vous une puissante étincelle de Clochette. Mais si vous avez investi temps et énergie dans une relation avec une victime du SPP, Wendy guette quelque part dans votre subconscient.

Lorsque j'aide les épouses et les compagnes à affronter un partenaire atteint du SPP, je m'attaque tout d'abord aux mauvaises habitudes qu'elles ont adoptées et qui complètent celles de leur compagnon et/ou l'encouragent à agir comme il le fait. Je les incite à mettre de l'ordre chez elles avant d'essayer d'aider leur partenaire.

Il y a de fortes chances pour que vous puissiez devenir une Clochette sans pour autant mettre fin à votre relation actuelle. Comme je l'ai dit plus haut, les Clochette comme les Wendy se sentent attirées par celui qui souffre du SPP parce que sa personnalité comporte bien des aspects positifs. Vous n'avez donc pas automatiquement besoin de les abandonner pour vous attaquer aux aspects négatifs. Toutefois, attention ! Devenir une Clochette comporte des contraintes, pour vous comme pour celui qui partage votre vie. Si votre partenaire totalisait un nombre élevé de points (disons plus de 25) au test du chapitre 2 et s'il rejette votre aide, il est fort probable que vous finirez par abandonner et mettrez fin à la relation. Cela ne vous surprendra nullement si je vous dis que vous ne pouvez l' « obliger » à changer, mais seulement l'aider.

L'étape suivante consiste donc à vous interroger, à chercher en vous les caractéristiques de Wendy. Et ce, pour vous consacrer à *votre propre* croissance et maturité. Cela, en soi, est extrêmement bénéfique et gratifiant à long terme. La seconde raison de changer est qu'ainsi vous attirerez votre mari ou votre amant loin du Pays de Jamais Jamais et le replongerez dans sa réalité d'être humain attentionné et fragile comme nous tous. Cela l'effrayera et il risque de résister. Ce sera difficile et exigera beaucoup, de vous comme de lui.

Si vous décidez de cesser de jouer à la maman et de devenir une Clochette, ce changement vous sera bénéfique, même si, ce faisant, vous perdez votre partenaire. Mais, si vous changez principalement pour l'aider, vous continuez à faire ce que vous avez toujours fait — vous sacrifier pour lui —, ce qui est exactement ce qu'il attend d'une « maman ». Vous tombez de Charybde en Scylla.

AUTO-EXAMEN

Ce test vous est destiné. Recherchez en vous les traits de Wendy.

Combien des déclarations suivantes ressemblent à des choses que vous vous êtes dites ou que vous avez dites à un autre ?

1. Votre partenaire s'est montré particulièrement cruel et vous vous rendez compte qu'il est souvent mesquin avec vous. Vous dites-vous : « J'espère seulement pouvoir tenir jusqu'à ce qu'il change. »

2. La séparation est dans l'air. Vous vous dites : « Je n'y arriverai pas sans lui. »

3. Vous envisagez le divorce ou la séparation et pensez : « Si je le quitte, il ne le supportera pas. »

4. Quelqu'un vous demande si vous travaillez et vous répondez : « Non, je suis une femme au foyer. »

5. Après avoir passé en revue son manque de considération, son refus de partager ses sentiments avec vous et ses froides exigences sexuelles, vous dites : « Mais, il m'aime tant ! »

6. Votre partenaire pique une rage contre vous parce que la maison est mal rangée (alors qu'il ne vous aide jamais) ou parce qu'il n'aime pas ce que vous lui préparez à manger et vous dites : « Je sais que c'est ma faute. »

7. Votre partenaire inclut ses copains dans les moments qu'il dit vouloir partager avec vous et vous dites : « Je ne suis qu'une enquiquineuse de m'en plaindre. »

8. Votre partenaire a toujours plein d'argent lorsqu'il s'agit de payer un coup à ses copains mais se révolte lorsque vous voulez en dépenser pour vous-même. Et vous dites : « J'ai tort de dépasser mon budget. »

9. Lorsqu'on vous demande ce qui vous plaît le plus chez votre mari, votre première réponse est : « Il travaille tant pour moi ! »

10. Vous vous sentez victime de l'insensibilité de votre partenaire et vous dites : « Si j'essayais d'être un peu plus comme lui, je ne souffrirais pas tant. »

Combien de ces déclarations avez-vous pensées et/ou dites ? En vous servant toujours de la même technique, « sur une échelle de 1 à 10... », notez-vous. Nul besoin de catégories pour évaluer votre total. Sachez simplement que plus il sera élevé, plus vous êtes prise au piège du Pays de Jamais Jamais avec votre partenaire. Plus il est faible, et plus vous avez de chances de vous transformer en Clochette et d'éloigner votre partenaire de la légion des enfants perdus.

Terminez cet examen en vous posant trois questions semblables à celles posées à la fin du chapitre 2 :

Comment suis-je devenue ainsi ?

A quoi est-ce que je pense ?

Que puis-je faire pour y remédier ?

Considérons tout d'abord la dernière question. Ce que vous pouvez faire ? Associer votre motivation à votre espoir et utiliser le plan de changement comme guide pour faire tout ce que vous pouvez pour sauver votre relation. Dès que nous aborderons les deux premières questions, je mettrai en valeur des suggestions précises pour vous aider à devenir une Clochette.

Mieux vaut traiter les deux premières questions comme des variations sur un thème plus fondamental : Qu'est-ce qui me pousse inconsciemment à soutenir un comportement qui me nuit et détruit mes espoirs de relation pleine de tendresse et d'amour ?

La réponse à cette question a déjà été apportée de façon très sensée et parfaitement documentée par une femme sensible et perspicace qui a dû avoir affaire à une victime du SPP à un moment ou à un autre de sa vie. Son nom : Colette Dowling ; son livre brillant : *Le Complexe de Cendrillon*. Toute Wendy cherchant à devenir une Clochette doit d'abord affronter son propre complexe de Cendrillon et décider de le résoudre.

LE COMPLEXE DE CENDRILLON

Quoique rien ne puisse remplacer une lecture attentive du livre de Colette Dowling, permettez-moi d'en résumer les points essentiels qui ont trait à la question qui nous préoccupe.

Le complexe de Cendrillon est défini ainsi :

> « Un réseau d'attitudes et de peurs largement réprimées maintenant les femmes dans une sorte de pénombre, les empêchant d'utiliser pleinement leur esprit et leur créativité. Telle Cendrillon, les femmes, aujourd'hui, attendent toujours que quelque chose venu de l'extérieur transforme leur vie. »

Pour Colette Dowling, les femmes ont pris l'habitude d'être dépendantes et de craindre l'indépendance. Je pense que nombre de femmes fuient leurs peurs en se retranchant dans un rôle de mère avec l'espoir que le fait d'être utile leur apportera d'une façon ou d'une autre la sécurité. *Devenir une Wendy est un des moyens dont disposent les femmes pour affronter leur complexe de Cendrillon.*

Voici comment Colette Dowling décrit courageusement sa propre retraite :

> « Maintenant j'avais de la terre et des fleurs, une grande maison, de petits fauteuils confortables près des fenêtres, des coins et des recoins. En sécurité pour la première fois depuis des années, je m'attelais à concocter le " domicile tranquille " souvenir, sorte de " mémoire-couverture " des aspects les plus positifs de l'enfance. Je me fabriquai un nid, l'isolai à l'aide des bouts les plus doux de duvet et de coton que je pouvais trouver. Puis je m'y cachai. »

Ce qu'il faut absolument se rappeler, dans cet exemple de retranchement, c'est que Mme Dowling l'effectue alors qu'elle vit une relation avec un homme *qui n'est pas victime du syndrome de Peter Pan.* La leçon est claire : vous risquez fort de chercher un réconfort dans le rôle d'une Wendy quel que soit le penchant de votre mari ou de votre amant pour le SPP. En fait, peut-être recherchiez-vous inconsciemment une victime du SPP dont le besoin d'une mère fait de vous deux un couple parfait (quoique névrosé).

Si vous êtes prête à regarder dans l'angle mort créé par votre amour, vous pourrez voir que vous possédez un certain degré de pensée magique qui n'est pas si différent de celui de votre partenaire. Ainsi, s'il est vrai que l'homme souffrant du SPP utilise la poussière magique pour s'enfuir au Pays de Jamais Jamais, n'est-il pas également vrai que celles qui aiment Peter Pan attendent une baguette magique qui les transformera en Cendrillon, croyant que leur sacrifice terrible donnera naissance, d'une façon ou d'une autre, à un carrosse de conte de fées qui les entraînera loin de toute besogne fastidieuse et de toute solitude.

Il existe entre celui qui souffre du SPP et sa Wendy un accord tacite de victime et sauveur. En apparence, la femme est la victime, l'homme, le sauveur ; l'homme est fort, la femme, faible. Je ne crois pas que cela soit exact. En fait le rapport de forces est inverse. L'homme est faible et la femme, forte. Le navrant, c'est qu'elle l'est pour de mauvaises raisons.

Premièrement, il ne devrait pas exister de rapports de forces dans une relation égalitaire. L'accord victime-sauveur est, par définition, destructeur pour toute vie conjugale désirant s'épanouir.

Deuxièmement, la femme tolère une dérision et un manque de respect qu'aucun être humain ne devrait supporter. Sa propre peur de l'indépendance la pousse à jouer un rôle de Wendy permettant d'endurer plus de souffrances qu'il n'est raisonnable. Vous pouvez être sûr que si les rôles étaient inversés, l'homme souffrant du SPP ne supporterait pas cela une minute.

Troisièmement, la femme n'a pas perdu tout contact avec ses émotions et sait leur donner la parole, ce qui la rend plus forte que la victime du SPP qui, lui, n'a généralement plus aucun contact avec les siennes mais camoufle cette faiblesse en prétendant futiles les sentiments.

Enfin, si mon livre s'adresse autant aux femmes c'est que je suis parvenu à la conclusion que dans le cas de Peter Pan et Wendy, ma meilleure chance d'aider l'être atteint du SPP est d'aider sa partenaire. Peut-être s'attend-elle à une promenade dans un carrosse magique, mais mon expérience me suggère qu'elle a le courage et la détermination d'admettre ses erreurs, d'oublier sa pseudo-force et d'œuvrer pour améliorer la situation.

QUE POUVEZ-VOUS FAIRE POUR CHANGER CELA?

C'est là la question qui nous intéresse depuis le test du chapitre 2, résumant un plan de changement (que vous devriez maintenant avoir en main), jusqu'au regard candide dans le miroir psychologique et à l'avertissement concernant le complexe de Cendrillon.

Vous allez maintenant devoir utiliser ce plan de changement pour procéder à certaines modifications dans la façon dont vous-même et votre mari ou votre amant agissez l'un envers l'autre. Ce faisant, n'oubliez pas deux choses :

Premièrement — et cette recommandation vaut pour toutes les situations dont je vais parler : *lorsque vous devez affronter un comportement de SPP, ce que vous faites n'est vraiment pas aussi important que ce que vous ne faites pas. Cessez de parler et d'agir en Wendy, de donner la parole à votre peur cachée de l'indépendance en vous dissimulant derrière Wendy.*

Deuxièmement, servez-vous des traits positifs portés sur votre plan pour aborder les autres, négatifs. Attaquez-vous d'abord à ceux qui apparaissent « parfois », puis à ceux qui apparaissent « toujours ». Par exemple, si votre plan vous indique que votre partenaire ne flirte jamais avec d'autres femmes mais est parfois troublé par votre agressivité sexuelle, remerciez-le de sa fidélité et dites-lui que vous allez lui masser le dos, peut-être même toute la nuit. Cela vous permettra de réduire le malaise qu'il ressent face à votre agressivité sexuelle tout en vous donnant une chance de vous faire masser vous aussi.

Si le total de votre partenaire n'était pas très élevé et que vous-même n'atteignez qu'un score relativement faible au test « Wendy », vous pouvez penser que la liste de recommandations qui suit ne s'applique pas à vous. Mais réfléchissez un instant : contrôlez-vous totalement votre complexe de Cendrillon ? Etes-vous absolument à l'abri du piège magique du Pays de Jamais Jamais et des marraines-fées ? J'en doute. Même si vous vous considérez comme une Clochette, peut-être y a-t-il un charmant homme imaginaire portant un costume vert qui vous attend au coin de la rue.

Bien. Au travail.

Voici comment je vous recommande d'affronter les vingt comportements de la victime du SPP révélés au chapitre 2 :

1. Il réagit de façon excessive, vous obligeant à l'excuser ou à l'absoudre de toute culpabilité.

NE PAS :

— Essayer de l'apaiser par des commentaires maternels du style : « Chéri, tu as fait de ton mieux ; ce n'est pas ta faute. »

— Se lancer dans une discussion qui vous fait soutenir ses raisonnements irréalistes.

— L'empêcher de souffrir en lui accordant votre pitié.

MAIS :

— Demandez-lui quel effet cela lui fait de se tromper.

— Posez-lui des questions qui le poussent à réfléchir ; par exemple : « Qu'aurais-tu pu faire d'autre ? As-tu appris quelque chose ? Que pourrais-tu faire la prochaine fois ? »

— Quittez la pièce s'il vous rebat les oreilles avec son innocence.

— Faites-lui part des erreurs que vous avez commises.

— N'oubliez pas l'humour : « Oh chéri, c'est ta première faute cette année. »

— Proposez des alternatives rationnelles : « La colère, c'est normal. » « Accorde-toi le droit de te tromper. Une erreur, c'est le moyen qu'emploie la nature pour te rappeler que tu es humain. »

— S'il se met en colère contre vous parce que vous ne le plaignez pas : « Je ne peux t'empêcher de souffrir » ; « C'est ta responsabilité. »

2. Il oublie votre anniversaire ou d'autres dates importantes.

NE PAS :

— Faire d'allusions subtiles.

— S'attendre à ce qu'il se sente coupable en voyant combien cet oubli vous trouble.

— Lui faire honte en lui achetant un énorme cadeau quand vous savez qu'il a oublié.

— Faire des plans de Noël ou d'anniversaire merveilleux.

— Le comparer à d'autres hommes qui eux n'oublient pas les dates importantes.

— Se plaindre auprès d'autrui des oublis de votre partenaire, même en blaguant.

MAIS :

— Si vous désirez un cadeau, mieux vaut vous l'acheter vous-même. Dites-lui : « Pour mon anniversaire, tu m'as offert ce superbe chandail. »

— Faites des allusions « pas si subtiles que ça » comme entourer de rouge les dates sur un calendrier bien en vue.

— Pour l'encourager à se souvenir du jour, dites-lui la nuit précédente : « Offrons-nous un dîner spécial demain pour cette journée spéciale ».

— Dites-lui, sans émotivité et de préférence pas trop près de dates importantes, combien le fait qu'il se souvienne de votre anniversaire et d'autres dates vous touche. Dites-lui *pourquoi* c'est important.

— Demandez-lui de vous parler de son souvenir le plus heureux de son enfance car il a trait à son anniversaire ou à des vacances. Partagez votre bonheur de donner de l'amour aux autres.

— Demandez-vous ce qui est le plus important, le cadeau ou la pensée ?

3. *Il tente d'impressionner les autres au cours de soirées, et plus particulièrement les femmes.*

NE PAS :

— Flirter avec d'autres hommes pour lui montrer combien cela fait mal.

— Essayer de jouer à celui qui a le plus de succès ; il en rajoutera et vous accusera si les autres l'ignorent.

— Se pendre à son bras et se plaindre : « Tu m'ignores. »

— Lui faire un rapport détaillé sur sa cruauté en rentrant après la soirée.

— Excuser son attitude auprès des autres.

— Faire de vaines menaces du style : « C'est la dernière fois que je sors avec toi. »

— Le comparer aux autres hommes de la soirée : « Patrick a apporté son chandail à Monique quand elle a eu froid. » Votre victime du SPP en voudra à Patrick.

— Proférer de vagues récriminations : « Tu ne fais pas attention à moi. »

MAIS :

— Envisagez de ne pas vous rendre à la soirée si votre partenaire ne s'occupe pas de vous.

— Demandez à quelqu'un d'autre (pas un homme) de vous raccompagner chez vous si votre partenaire vous fait souffrir.

— Rendez-vous compte que vous n'avez pas besoin d'être « accrochée » à lui au cours des soirées. Amusez-vous.

— Débrouillez-vous toute seule pour aller vous chercher un verre et rencontrer des gens nouveaux.

— Au moment approprié (le jour suivant par exemple) dites-lui : « Lorsque tu embrasses une autre femme en ma présence, je me sens... Ne recommence pas. »

— Soyez précise lorsque vous vous élevez contre ce qu'il a dit qui ne vous a pas plu. « Je ne te laisserai pas dire du mal de ma mère uniquement pour impressionner ton patron. Si tu recommences, je m'en vais. »

4. Il lui est presque impossible de dire « je suis désolé ».

NE PAS :

— Essayer de lui soutirer des excuses.

— Le lui faire remarquer chaque fois qu'il devrait en faire.

— Lui ressortir ses erreurs passées et lui rappeler tout le temps ses erreurs constantes.

— L'amener sur un terrain psychologique en analysant les raisons pour lesquelles il ne parvient pas à le dire (« La raison pour laquelle tu n'admets pas tes erreurs c'est parce que tu souffres d'un ego enflé. »)

— Se moquer de lui parce qu'il ne répond pas aux « normes ».

MAIS :

— Acceptez les excuses sous d'autres formes. Par exemple : « Je n'aurais pas dû crier après toi. »

— Dites « je suis désolée » lorsque cela est nécessaire ; à lui comme aux autres.

— Remerciez-le chaque fois qu'il tente de se montrer sincèrement désolé.

5. *Il demeure insensible à votre besoin de jeux préliminaires à l'acte sexuel.*

NE PAS :

— Vous soumettre uniquement pour lui faire plaisir.

— Prétendre prendre du plaisir.

— Mentir et louer ses prouesses et son adresse.

— Entamer au lit une discussion passionnée sur les problèmes.

MAIS :

— Montrez-vous avide de découvertes.

— Prenez les devants, montrez-vous séduisante, aguichez-le.

— Asseyez-vous sur ses genoux et caressez-le amoureusement. Ne vous levez que lorsque *vous* le désirez.

— Dites-lui, en paroles comme en gestes, ce qui vous ferait réellement plaisir qu'il vous fasse pendant l'amour. Instruisez-le doucement, en insistant sur *ce que vous voulez qu'il fasse* et non sur ce qu'il fait mal.

6. *Il est toujours prêt à aider ses copains, mais vous...*

NE PAS :

— Faire de comparaisons. « Tu passes ta journée à laver la voiture de tes copains et ne laves jamais la mienne. »

— Exiger de lui des choses qu'il ne sait pas bien faire.

— Mépriser ses amis ; il vous attribuera alors le rôle du « méchant ».

— Aller droit à l'échec. Par exemple, en lui demandant

de faire une course pour vous quand vous savez qu'il a l'intention d'aller chercher un ami à l'aéroport.

MAIS :

— Exigez qu'il finisse de faire ce que vous lui avez demandé. Par exemple : « Je te ferai à manger lorsque tu auras fini de laver la voiture. »

— Projetez de faire une chose ensemble. Décidez que les samedis matin seront consacrés à ranger le garage et que vous le ferez ensemble.

— Soyez prodigue de louanges et d'approbations lorsqu'il fait ce que vous avez demandé de faire.

— Laissez-lui tout le temps qu'il faut pour accomplir la tâche demandée.

7. Il ne s'intéresse à vos soucis qu'après que vous vous êtes plainte.

NE PAS :

— Vous attendre à ce qu'il s'intéresse à vos problèmes ; il pense en avoir plus que vous.

— Pleurnicher et vous plaindre que vous ne comptez pas pour lui.

— Poursuivre une discussion qui tourne au vinaigre pour savoir lequel des deux a le plus de problèmes.

— Transformer chaque situation en problème monstrueux. Gardez vos forces pour ce qui est vraiment important à vos yeux.

MAIS :

— Exigez qu'il vous écoute. S'il ne le fait pas, demandez-lui quand il aura le temps de vous accorder toute son attention.

— Dites-lui : « Ceci est important. Écoute ce que je pense et ressens et ne te moque pas de moi. »

— Faites des remarques positives chaque fois que vous voyez deux partenaires qui partagent leurs soucis. Par exemple : « J'aime vraiment ce personnage (à la télévision). Il est entré dans la vie de cette femme et a essayé de l'aider. »

— Remerciez-le chaque fois qu'il remarque vos états d'âme.

— Enseignez par l'exemple. Montrez ouvertement votre inquiétude pour autrui. Montrez-lui comment écouter.

8. Il n'entreprend quoi que ce soit que s'il en a envie.

NE PAS :

— Se joindre à lui si cette activité ne vous intéresse pas.

— Attendre que ce soit lui qui organise une sortie dont vous avez envie. Vous pouvez attendre longtemps.

— Vous attendre à avoir les mêmes centres d'intérêt.

— Vous plaindre de ne jamais réussir à faire ce dont vous avez envie. C'est votre faute.

MAIS :

— Prenez vous-même l'initiative. « J'ai pris des billets pour ce spectacle. Nous y allons vendredi soir. »

— Faites des concessions : « Je viendrai à ton match de foot puis nous irons manger dans ce nouveau restaurant. »

— Prenez plaisir à faire des choses seule ou avec un(e) ami(e).

— Faites-lui découvrir des choses. Nombre de fanas de foot ont découvert la beauté d'une symphonie ou d'un musée. Si cela échoue, n'insistez pas et essayez autre chose.

9. Il a du mal à exprimer ses sentiments.

NE PAS :

— Mépriser cette incapacité, ni devant lui ni surtout devant autrui.

— Bondir sur le moindre effort pour exprimer ce qu'il ressent, aussi malhabile soit-il. Vous ne réussirez qu'à l'effrayer.

— Se moquer de lui par rapport aux hommes qui en sont capables. Il ne s'en sentira que plus inhibé.

— Ne *jamais* retourner contre lui un sentiment qu'il a exprimé. Il ne se retranchera que davantage.

MAIS :

— Faites-lui part librement et sans crainte de vos sentiments. A lui, ainsi qu'à autrui.

— Utilisez « je me sens », « je m'inquiète », « je me demande », « j'ai peur de », pour lui montrer qu'il est normal de ressentir et partager des émotions.

— Faites des remarques élogieuses sur un autre homme qui exprime ses sentiments *sans* comparer votre partenaire à cet homme.

— Lorsqu'il tente d'exprimer un sentiment en disant « il me semble... », arrêtez-le *gentiment.* Il ne parle plus d'un sentiment mais d'opinions ou de pensées. Dites-lui, par exemple : « Je sais que tu as des opinions sur cette situation, mais comment la *ressens*-tu ? »

— Louez ses efforts pour retrouver le contact avec ses sentiments, aussi faibles soient-ils.

— Entraînez-vous ensemble à entrer en contact avec vos émotions.

10. Il désire être proche de son père mais ne l'est pas.

NE PAS :

— Discuter avec son père pendant que votre partenaire reste là, silencieux. Vous ne pouvez rien contre ses inhibitions.

— Parler de lui avec son père : « Oui, Paul a des ennuis professionnels. »

— Devenir leur messager. S'ils se parlent par votre intermédiaire, retirez-vous.

— Raconter à son père combien son fils se sent mal. C'est à votre partenaire de le faire.

MAIS :

— Entraînez votre partenaire dans une discussion avec son père. Vous pouvez jouer un rôle de catalyseur sans pour autant servir de messager.

— Suggérez-leur des sorties. Vous pouvez même organiser la première pour démarrer les choses. Faites-le comme une surprise.

— Suggérez-lui d'envoyer à son père une carte d'anniversaire ou de Fête des Pères. Ne le faites pas à sa place.

— Entamez des discussions sur son père. « Où est-il allé à l'école ? » Avancez progressivement vers les sentiments qu'il éprouve envers son père sans pour autant jouer au thérapeute.

11. Il n'écoute pas vraiment les opinions qui diffèrent des siennes.

NE PAS :

— Le harceler. Si vous savez qu'il est opposé à quelque chose, n'abordez pas ce sujet.

— Vous excuser auprès d'amis pour ses opinions intempestives.

— Lui crier dessus parce qu'il se montre bouché et idiot.

MAIS :

— Demandez-lui de répéter ce qu'il vous a entendu dire à un moment de la discussion. Par exemple : « Peux-tu répéter ce que tu viens de m'entendre dire ? »

— Introduisez régulièrement de nouvelles idées sur le ton d'un présentateur de télévision, sans donner votre opinion. Lorsqu'il réagit, dites-lui ce que vous en pensez, puis demandez-lui s'il vous a entendue.

— Prenez comme exemple une discussion qu'il a eue avec un de ses copains qu'il n'écoutait pas attentivement. Puis ajoutez : « As-tu entendu ce que ton ami a dit à propos de ses ennuis professionnels ? Je crois qu'il voulait que tu l'aides et tu ne t'es pas vraiment rendu compte de ce qu'il te demandait. »

— Lorsqu'il se plaint de ne pas s'entendre avec son patron ou ses collègues, suggérez-lui d'inspirer un grand coup, de retenir sa respiration un instant puis de souffler lentement lorsque les autres parlent. Cette technique de relaxation peut l'aider à réduire sa nervosité et à mieux écouter.

12. Il se met dans des rages folles (sans raison valable).

NE PAS :

— Vous sentir obligée de le sauver de cette rage ou de le convaincre, à l'aide de paroles apaisantes, de se calmer.

— Choisir ce moment pour parler de quoi que ce soit d'important.

— Jeter de l'huile sur le feu en tentant d'étouffer sa colère sous la vôtre.

MAIS :

— Maîtrisez votre propre colère, même si cela signifie battre en retraite jusque dans la salle de bains et comptez jusqu'à cent.

— Quittez la maison si vous vous sentez le moins du monde en danger.

— S'il vous frappe au cours de ses accès de rage, *cherchez de l'aide.* Adressez-vous à toute association d'aide aux femmes battues...

13. Sa mère l'intimide et vous vous mettez en colère contre elle.

NE PAS :

— Mépriser sa mère.

— Qualifier votre partenaire de « petit garçon à sa maman »...

— Essayer d'éloigner sa mère de lui. « Oh, maman, je

suis sûre qu'il aimerait vous emmener faire des courses, mais il dort en ce moment. » Vous ne pouvez le sauver de ses problèmes.

— Pester contre sa mère parce qu'il a un problème avec elle.

MAIS :

— Stimulez-le plutôt que de lui rappeler comment il se prosterne devant sa mère. « Tu as travaillé jusqu'à une heure du matin puis tu t'es levé à cinq heures pour lui dégager l'allée de sa maison ! »

— Louez les bons côtés de sa mère : « C'est une cuisinière fantastique. »

— Montrez-lui comment il laisse sa mère diriger sa vie. Mieux vaut vous en tenir à cette confrontation plutôt que de parler à sa mère d'un problème qui est en fait celui de votre partenaire.

14. *Il se sent sous-employé.*

NE PAS :

— Rentrer dans son jeu. Refuser de discuter de tout emploi futur tant qu'il ne prend pas de mesures concrètes.

— Essayer de lui trouver un meilleur emploi.

— Vous plaindre de votre propre emploi si vous n'êtes pas prête à procéder à certains changements spécifiques.

MAIS :

— Montrez-vous déterminée et réfléchie vis-à-vis de vos propres aspirations professionnelles. Si vous choisissez de devenir une vraie ménagère, abonnez-vous à *Que Choisir, 50 millions de consommateurs* et autres périodiques offrant l'information solide dont vous avez besoin.

— Aidez-le autant que vous le pouvez s'il cherche des informations sur des emplois, refait son *curriculum vitae* ou prend des rendez-vous.

— Montrez-lui les dons qu'il ne voit pas en lui-même :

« Tu es habile de tes mains », « Tu sais t'y prendre avec les gens », « Tu es doué pour les chiffres ».

— Lorsqu'il se plaint de son emploi, dites : « Je suppose que tu as raison ; que vas-tu y faire ? »

15. *Il ne fait preuve d'aucune sincérité ni d'aucune chaleur dans ses rapports avec autrui.*

NE PAS :

— Le protéger. S'il ne se montre pas chaleureux, laissez les autres s'en apercevoir seuls et réagir à leur façon. Ne le protégez pas des conséquences logiques de son comportement.

— Parler à sa place. Surtout lorsqu'il est présent. Ne dites pas aux enfants, par exemple : « Votre père est très fier de vous. »

— Vous plaindre de sa froideur et de son indifférence.

MAIS :

— Soyez aussi chaleureuse et honnête avec lui autant que vous le pouvez.

— Encouragez-le à partager. « Je suis sûre que ton patron serait content de savoir que tu apprécies son aide. »

— Bâtissez sur le moindre indice d'honnêteté et de chaleur qu'il exprime. « J'ai été si heureuse de voir comment tu embrassais ta grand-mère ! C'était merveilleux ! »

— Allez-y doucement lorsque vous touchez à la spontanéité. Il lui a fallu des années pour se bâtir ses défenses et il lui faudra du temps pour les démanteler.

16. *L'alcool change complètement sa personnalité.*

NE PAS :

— Lui prendre un verre des mains. Jamais. Vous assumez un rôle de mère.

— Lui dire qu'il est drôle quand il boit.

— Y aller par quatre chemins lorsque vous lui faites remarquer ses problèmes avec l'alcool. « Jérôme semble boire autant que toi, mais il ne devient pas agressif, lui. »

MAIS :

— Organisez des soirées qui n'ont pas pour seul but de boire entre amis mais, par exemple, de jouer au bridge.

— Faites-lui voir, de façon précise, comment il change et dites exactement ce qui vous déplaît.

— Contrôlez votre propre consommation d'alcool.

— Quittez une soirée où il se soûle et se montre désagréable après vous être assurée que l'un de ses copains le ramènera.

— Proposez-lui des boissons non alcoolisées.

— Assistez aux réunions des « Alcooliques Anonymes » et, si vous avez des adolescents, encouragez-les à y assister eux aussi.

17. *Il ne veut pas rater une occasion de s'amuser.*

NE PAS :

— Vous plaindre qu'il en fait trop dans le seul but de s'amuser.

— Essayer de le suivre à tout prix lorsque vous êtes fatiguée.

— L'enlever à ses amis. Il ne fera que protester et voudra rester plus longtemps.

— Vous apitoyer sur votre sort en disant, par exemple : « Pourquoi ne t'amuses-tu pas avec moi comme avec tes copains ? »

MAIS :

— Aidez-le à prévoir ce qui arrivera s'il en fait trop. « Si tu te couches à quatre heures, tu auras le plus grand mal à travailler demain. »

— Soyez prête à jouer les rabat-joie. Dites-lui discrètement par exemple : « Je suis morte. Remettons cela à la semaine prochaine. »

— Attirez-le, pour qu'il laisse un peu tomber ses copains, en lui proposant de s' « amuser » en privé à la maison.

18. *Il se comporte, de façon camouflée, en macho.*

NE PAS :

— Le défier par un féminisme outrancier en espérant ainsi l'obliger à vous respecter.

— Vous moquer de son machisme en présence d'autrui.

MAIS :

— Exprimez vos opinions sans avoir l'air de vous excuser. Prenez connaissance des écrits les plus sensés sur le problème de la libération des femmes.

— Affirmez-vous tranquillement ; insistez sur les sujets qui vous semblent importants.

— Offrez-lui le matériau qui lui permettra de voir comment il agit en macho. (Ce ne sont pas les livres qui manquent sur ce sujet.)

— Félicitez-le et remerciez-le de faire un effort pour adopter des attitudes égalitaires.

— Organisez-vous pour partager les tâches ménagères et l'éducation des enfants (le cas échéant). Soyez ferme sur ce point.

19. *Il semble avoir peur de quelque chose et ne veut pas en parler.*

NE PAS :

— Le harceler pour qu'il se confesse. Il ne fera que se replier davantage sur lui-même.

— L'analyser ou tenter de lire dans son esprit. Par exemple : « Tu n'aurais pas tant de problèmes si tu étais plus sûr de toi. »

— Faire des remarques désobligeantes ou le traiter de minable.

MAIS :
— Discutez de vos peurs sans le pousser à en faire autant.

— Proposez-lui de jouer ensemble des « jeux de rôles » professionnel pour l'aider à s'affirmer.

— Parlez de ses peurs et suggérez-lui des alternatives. « Tu as l'air d'avoir peur pour demain. Tu sais, c'est normal qu'un homme aussi merveilleux que toi ait peur. »

20. Il semble indifférent à tout et reste souvent de marbre.

NE PAS :
— Hurler pour l'obliger à réagir.

— Être sur la défensive lorsqu'il s'agit de vos émotions ou nier votre émotivité.

— Exagérer vos émotions en espérant qu'il va réagir.

MAIS :
— Mettez un frein aux tentatives désespérées pour obtenir son attention. Soyez sensible sans en faire trop.

— Avouez vos émotions sans honte. « Bien sûr, je suis émotive parce qu'il s'agit d'une situation perturbante. »

— Examinez quel genre de réaction émotionnelle vous attendez de lui et partagez plus particulièrement ce problème avec lui.

— Décidez d'un moment et d'un lieu pour partager sentiments et problèmes.

— Faites-lui remarquer que sa fuite est signe d'indifférence. « Quand tu restes là sans rien dire, j'ai l'impression que tu t'en fiches. »

— Faites-lui savoir qu'il n'a pas besoin d'exprimer ses émotions autant que vous. En fait, vous n'avez pas d'idée préconçue sur ce qu'il devrait ressentir. Dites-le-lui.

Ces « ne pas » et « mais » devraient vous aider à maîtriser l'art de devenir une Clochette. Comme je l'ai déjà dit, le seul moyen d'aider votre mari ou votre amant à déserter la légion des enfants perdus, c'est de *l'attirer* loin du Pays de Jamais Jamais. Vous êtes vouée à l'échec si vous en tenez aux attitudes de Wendy et croyez pouvoir finalement l'*obliger* à revenir à la réalité.

Les recommandations offertes plus haut et les lectures conseillées à la fin de ce livre vous aideront à développer cette capacité à prendre des risques, cette affirmation de soi, ces techniques de discussion, cette pensée rationnelle, cette relaxation et cette maîtrise de soi dont vous aurez besoin pour vous épanouir pleinement. C'est comme cela, et uniquement comme cela, que vous donnerez toutes ses chances à votre relation.

QUAND S'EN ALLER

Il y a une limite à ce que peut supporter une Clochette. Si vous êtes en train d'en devenir une, votre partenaire risque de refuser votre transformation ou de revenir du Pays de Jamais Jamais. Vous vous en souvenez sans doute, nous en avons parlé au chapitre 7, Peter rejeta Clochette et resta avec Wendy (à la seule condition qu'elle fasse le ménage chez lui). Si votre Peter ne réagit pas à sa Clochette, il ne vous reste qu'une seule solution concrète : le quitter. Mais quand ?

La réponse est simple : *après* avoir essayé toutes les solutions dignes d'une Clochette et *avant* d'avoir perdu tout espoir.

Partir est en fait votre dernière chance. Si vous vous dirigez progressivement vers cette décision radicale, vous donnez à votre partenaire tout le temps d'entendre votre mécontentement et d'apprendre à réagir à votre nouvelle personnalité. Toutefois, il peut ne pas vous prendre au sérieux. Le fait de le quitter peut modifier cela, le troubler suffisamment pour qu'il tente de sauver votre relation.

En partant, n'oubliez pas deux choses. Premièrement, s'il vous court après, désirez-vous qu'il vous rattrape ? Si oui, allez-vous-en tant qu'il vous reste encore une lueur d'amour pour lui. Deuxièmemement, il peut rester au Pays de Jamais Jamais et *ne pas* vous courir après. Objectivement, cela ne signifie qu'une chose : il ne vous désire pas si vous refusez d'être sa mère. Dans ce cas, ne vous arrêtez pas. La relation est terminée.

La plupart du temps, cette décision n'est pas aussi facile à prendre. Chaque femme réagit différemment lorsqu'on lui suggère cette solution.

Certaines menacent de partir mais n'en ont pas vraiment l'intention. Ce genre de menaces en l'air sont celles d'une Wendy qui cherche à faire honte à son « petit garçon » pour qu'il redevienne gentil. Il peut se ressaisir pendant quelques jours mais, à long terme, il n'en aura qu'encore moins de respect pour elle.

D'autres désirent s'en aller mais ont peur. « Je n'ai pas d'argent », « Je ne peux pas travailler à plein temps et élever les enfants », « Je ne sais pas où aller ». Si vous cédez à ces peurs, oubliez votre envie de devenir une Clochette et restez une Wendy. *Cela aussi, c'est bien !* Je sais que cela peut vous surprendre, après tout ce que je viens de dire, mais comprenez bien : *je ne suggère pas que toutes les femmes doivent devenir des Clochettes si elles ne veulent pas souffrir le restant de leur vie.*

Peut-être pensez-vous : « Je préfère être une mère pour mon compagnon plutôt que de ne pas l'avoir du tout. » Si c'est la vérité, admettez-la. Votre relation n'est peut-être pas la meilleure qui soit, mais il n'est pas non plus utile de souffrir le martyre. Ne vous mentez pas, c'est tout. Si vous acceptez la vérité il vous sera alors plus facile d'être une Clochette de temps en temps, de faire de votre mieux avec ce que vous avez. Le simple fait d'accepter les choses comme elles sont peut améliorer immédiatement votre vie.

D'autres encore pensent à partir et se sentent immédiatement coupables. « C'est ma faute s'il me traite comme ça », « Je n'ai pas respecté nos engagements conjugaux », « Je ne suis qu'une égoïste qui fuit la réalité. » La culpabilité semble le fruit des faiblesses de la femme. Ce peut être en partie le cas. Mais le gros de cette culpabilité vient du fait que la femme sait que son partenaire est faible et le protège en prenant le blâme sur ses épaules. C'est ce que j'appelle la culpabilité devant le « chien perdu ».

Vous pouvez imaginer comment vous vous sentiriez si vous ignoriez les cris plaintifs d'un pauvre chien égaré et affamé. Qui pourrait chasser Benjy sans au moins lui donner à manger ? Cette culpabilité n'est-elle pas du même type ? A mon avis, elle vient d'un sentiment semblable à celui que l'on peut ressentir en rejetant un pauvre chien abandonné dans un monde cruel !

Cela signifie en fait : « Mon partenaire est si désemparé qu'il ne peut s'en tirer sans moi et je suis cruelle de lui tourner le dos. Regardez, il ne sait même pas se faire cuire un œuf ! »

Peut-être ne sait-il pas se faire à manger ou coudre ; peut-être ne sait-il même pas où est la machine à laver. Mais cela veut-il dire pour autant qu'il ne peut apprendre ? Il est possible que vous ayez contribué à sa dépendance (c'est pour cette raison que je vous conseille de lui laisser le temps de s'habituer progressivement à la Clochette en vous), mais est-il si inapte que cela ? J'en doute. Il a simplement besoin d'apprendre.

Avant de passer à la dernière réaction engendrée par l'idée de partir, j'aimerais vous faire part d'un incident survenu dans la vie d'une femme qui avait contribué à la dépendance de son partenaire.

Paméla et Robert étaient mariés depuis dix ans. Pendant toutes ces années, elle n'avait jamais manqué de lui préparer le moindre repas, de laver ses affaires, de lui préparer ses vêtements, de lui acheter sa bière, de lui prendre ses rendez-vous chez le coiffeur et toutes ces petites choses qu'il lui demandait de faire. Lorsqu'elle trouva un emploi, elle prit néanmoins le temps de s'assurer que ces choses étaient faites. Et, comme la plupart des Wendy, elle ne s'en trouva nullement récompensée. Elle donnait, il prenait.

Lorsque son travail l'éloignait de chez elle le soir, elle préparait toujours le repas à l'avance en laissant des instructions à Robert. Un soir, elle rentra vers neuf heures. Robert était assis, angoissé, dans le salon et la regardait d'un air abattu.

— Qu'est-ce qui ne va pas, chéri ?

— Oh, c'est juste que je n'ai pas encore mangé, c'est tout.

Paméla ne comprenait pas.

— Comment cela ? Je t'ai laissé un rôti dans le four et mis un mot disant qu'il serait prêt au plus tard vers huit heures. Pourquoi n'as-tu pas mangé ?

Totalement perdu, il lui répondit :

— Je n'ai pas trouvé le couteau à découper.

Stupéfait, mais sachant que cette femme ne me mentait pas, je lui demandai :

— Et qu'avez-vous fait ?

Elle me répondit sincèrement :

— J'ai pris le couteau et lui ai servi son dîner.

Le meilleur moyen de lutter contre cette culpabilité du « chien perdu », c'est d'en faire le moins possible pour votre partenaire. Si vous attendez suffisamment longtemps, il apprendra. Vous aurez alors éliminé une des raisons qui vous empêchent de le quitter ; et vous trouverez sans doute au fur et à mesure d'autres raisons de rester !

Enfin, nombre de femmes ne savent tout simplement pas si elles doivent partir ou rester. L'homme qu'elles pensent aimer n'est ni tout mauvais ni tout bon. « De temps en temps j'aimerais qu'il ne soit pas si gentil. J'en viens à espérer qu'il me batte. Ce me serait alors plus facile de partir », disent-elles.

Pour ces femmes, la décision de le quitter est atroce. Les aspects négatifs et positifs se mélangent. Si vous faites partie de celles-là, vous connaissez l'agonie de l'hésitation. D'une part, ses bons côtés, de l'autre, ses mauvais. Que faire quand les deux semblent se valoir ? Bien évidemment, je ne peux prendre la décision pour vous, mais je peux vous aider à clarifier la situation.

Premièrement, prenez une feuille de papier. Divisez-la en deux colonnes et écrivez « négatif » en haut de l'une et « positif » en haut de l'autre.

Maintenant, dressez la liste des aspects négatifs de votre partenaire. Vous pouvez les retrouver dans le plan de changement que vous avez utilisé précédemment et y ajouter toute attitude, tout comportement ou habitude que je n'ai pas mentionné.

Puis, à l'aide de cette « échelle de 1 à 10 », estimez-les selon leurs effets sur vous. Cet outil de mesure n'étant pas parfait, pensez à ces aspects négatifs pendant un certain temps et attribuez-leur un chiffre qui reflète combien vous vous sentez mal lorsqu'il agit de la sorte. Plus le chiffre est élevé, plus vous vous sentez mal. Par exemple, sa consommation excessive d'alcool peut lui attirer un 10 et ses flirts, un 6.

Une fois inscrits tous ces aspects négatifs et leur valeur subjective, additionnez le tout et vous obtiendrez un chiffre qui traduira votre degré de *malaise*.

Puis inscrivez ce qu'il fait de positif. Peut-être vous faudra-t-il y penser un certain temps. Voici quelques suggestions : gagne bien sa vie, est un agréable compagnon de lit, est un amant familier (pas nécessairement un bon amant), apprécie les mêmes amis que moi, aime les soirées, pratique le même sport que moi, est gentil avec les enfants et discute avec moi des nouvelles. Le simple fait qu'il soit là peut être un élément positif. Rajoutez vos propres idées en vous servant de cette règle : l'élément positif est ce qui vous manquerait si vous quittiez cet homme à l'instant *sans* autre homme à rejoindre.

Votre liste terminée, assignez à chaque aspect positif un chiffre de 1 à 10 reflétant votre degré de bonheur lorsqu'il fait ou dit ces choses. Additionnez-les et vous obtiendrez un total qui donnera votre degré de bien-être.

Enfin, comparez les deux chiffres. Quel est le plus élevé ? Et de combien ? Si c'est le chiffre positif, il vous faut reconsidérer vos récriminations. Si le total négatif n'est que légèrement plus élevé, disons de 5 ou 6 points, peut-être devriez-vous rester dans le coin et œuvrer à devenir plus Clochette. Mais si le total négatif fait honte au total positif, disons que la différence est de 50 ou 60 points, alors peut-être devriez-vous relire ce chapitre et répondre à la question : « Qu'y a-t-il en *moi* qui fait que je reste là ? » Ou, mieux encore, trouvez un conseiller digne de confiance qui vous aidera à trouver la réponse.

La femme de trente-trois ans, dont le plan de changement a été utilisé à des fins instructives dans ce livre, compléta ce devoir du soir et parvint à la conclusion suivante : le total négatif était de 117 et le positif de 84, preuve d'un grand nombre de sentiments dans la balance, la différence — 33 points — étant assez importante. Les aspects positifs l'empêchaient de partir « comme ça » ; les aspects négatifs, d'accepter de simplement « rester dans son coin ». Elle fit la démarche suivante : elle contacta un avocat qui accepta de parler avec elle de divorce sans la faire payer la première fois. En partant, elle emporta sa carte et la donna à son mari en lui disant ce qu'elle venait de faire.

La menace du divorce le choqua. Il réagit de façon excessive, la supplia de lui laisser encore une chance. La femme se servit de ses nouvelles capacités de Clochette pour affronter ses supplications. Elle ne voulait ni ses excès, ni son indifférence, ni sa culpabilité. Elle voulait des changements. Elle en obtint un, peut-être le plus important. Il l'écoutait maintenant. Ensemble, ils trouvèrent un conseiller conjugal compétent qui les aida à reconstruire une relation saine.

La dernière fois que je l'ai vue, elle était optimiste. Elle refit le test du chapitre 2 (que je vous encourage à faire chaque fois que vous cherchez à évaluer tout progrès — ou absence de progrès) et fut capable d'admettre honnêtement qu'elle ne constatait plus de comportement entrant dans la catégorie des « toujours ».

Une lueur d'excitation très Clochette brillait dans ses yeux quand elle me raconta comment son conseiller conjugal les avait aidés à améliorer leur vie sexuelle. Sa conclusion en est un résumé parfait :

« Je me suis toujours plainte de la lenteur avec laquelle il faisait les choses. Ce n'est plus le cas. J'ai enfin trouvé une chose qu'il fait vraiment lentement et que j'adore. »

Chapitre 14

AUX AMIS,
FRÈRES ET SŒURS

.

> Accroupis sur le sol ou risquant un œil hors de
> leurs trous, les garçons ressemblent aux commè-
> res de village réunies autour de la fontaine.

> Les garçons déblaient promptement, lavant des
> plats qu'ils n'ont pas dans un évier qui n'existe
> pas et les rangeant dans un placard qui n'est pas
> là.

Si vous pensez que votre ami souffre du SPP, peut-être
pouvez-vous l'aider. Si votre frère refuse de grandir, votre
lien familial peut vous permettre de lui venir en aide de
l'intérieur. Quelle que soit votre position, ne suivez pas
l'exemple de la légion des enfants perdus.

D'après Barrie, les garçons de cette légion ne pouvaient
s'empêcher de parler de l'immaturité de Peter derrière son
dos. En sa présence, ils encourageaient son comportement
infantile en jouant son jeu. Il est facile de se moquer de celui .
qui souffre du SPP ; il est difficile de l'aider. Si vous vous
surprenez en train de jouer les « commères », ou, de quelque
façon que ce soit, d'apporter votre soutien à son comportement irréaliste, je vous conseille de suspendre toute tentative

de sauvetage et de vous interroger attentivement vous-même. Les baguettes magiques et le Pays de Jamais Jamais comptent-ils pour beaucoup dans votre propre vie ?

DEGRÉ D'INCAPACITÉ

Tout homme voit son âme, quelque part, saupoudrée légèrement de poussière magique. S'il la contrôle, au lieu de se laisser contrôler par elle, il peut garder une vision juvénile de la vie sans cesser de grandir. Lorsque vous envisagez de venir en aide à une victime potentielle du SPP, il vous faut donc déterminer précisément l'épaisseur de la couche de poussière magique qui recouvre sa psyché. En d'autres termes, établir son degré d'incapacité.

Vous ne connaîtrez jamais un homme aussi bien que ne le font sa mère, son épouse ou son amante. Mais, sur certains points, vous pourriez en fait le connaître mieux. S'il est en proie au SPP, vous le verrez adopter des attitudes ou déclarer des choses qu'il cache à celle qu'il aime. (En tant que sœur, vous occupez une position d'influence unique, *cf.* plus loin.)

Mais, avant de lui venir en aide, répondez à cette question : quel droit ai-je de fourrer mon nez dans ses affaires ? L'évaluation de son incapacité vous fournira la réponse. Si votre frère ou votre ami adopte les comportements décrits ci-dessous, je pense que ce n'est plus tant votre *droit* que votre *devoir* de lui tendre la main. Après tout, c'est bien pour cela que sont faits les amis ou la famille.

Manifeste-t-il :

des attitudes machistes ? « Je ne comprends pas pourquoi les femmes croient devoir agir comme les hommes. »

un conflit d'identité sexuelle ? « Si jamais on laisse tous ces pédés sortir au grand jour, on va avoir de sérieux ennuis. »

un « *discours de viol* » *?* « Je vais lui montrer, moi, à cette garce, ce dont un homme est capable. »

une tendance à l'alcoolisme ? Boit pour se soûler puis devient méchant et/ou cruel. Ou bien, est tout simplement devenu alcoolique.

un comportement tapageur ou odieux ? Le meilleur exemple est celui de l'individu qui se rend à une manifestation sportive et se met à vociférer, gênant ainsi le plaisir de tous ceux qui sont autour. Généralement lié à une consommation excessive d'alcool.

une conduite de chauffard ? Il conduit comme si la route lui appartenait et se met en colère si les autres commettent la moindre faute.

de l'égoïsme ? Exige d'être l'unique sujet d'attention. N'écoute pas les opinions qui divergent des siennes. Aime se plaindre de son sort.

des préjugés ? Se croit obligé de raconter des histoires racistes. Fait généralement allusion aux minorités en termes dégradants.

ÉVITER LES PIÈGES

Si vous devez affronter l'insensibilité sociale et/ou personnelle de la victime du SPP, vous devez tout d'abord refuser de la soutenir. En fait, si, en cherchant à l'aider de façon positive, vous vous retrouvez face à un mur de pierre, vous pouvez néanmoins venir à sa rescousse en ne jouant pas son jeu, en n'acceptant pas sa fausse gaieté et son comportement odieux.

Pour ne pas aggraver par mégarde les problèmes de la victime du SPP, voici ce qu'il ne faut pas faire :

— Ricaner lorsqu'il se comporte en idiot.

— Rire de ses blagues racistes.

— Le critiquer dans son dos.

— Approuver ses attitudes de macho.

— Le laisser prendre le volant lorsqu'il conduit comme un dingue.

— Encourager son conflit à l'égard de son rôle sexuel en réagissant à son intolérance.

— Lui payer un verre lorsqu'il a déjà assez bu.

— Rester assis à côté de lui dans un lieu public où il se comporte de façon bruyante et odieuse.

— Le laisser croire que vous êtes d'accord avec son « discours de viol ».

— Lui prêter attention lorsqu'il s'impose aux autres.

— Lui accorder votre pitié.

— Entrer en compétition avec lui lorsqu'il faut qu'il gagne.

— Rester près de lui lorsqu'il se montre cruel envers autrui.

L'acceptation d'un seul de ces comportements ne fera qu'aggraver les choses.

L'INDIFFÉRENCE ACTIVE

Le premier pas consiste à tenter de modifier une situation sans affronter directement le comportement de la victime du SPP. C'est ce que j'appelle l' « indifférence active ». Il s'agit d'ignorer ce que celui que vous cherchez à aider est en train de faire ou de dire et tout simplement de modifier la direction que prend le comportement en question.

A cette fin, essayez ceci :

— Exprimez votre point de vue sur l'importance qu'il y a à ce que les femmes deviennent des individus à part entière, et suggérez que tout le monde, hommes compris, a tout à y gagner.

— Commandez un café, un thé ou toute autre boisson non alcoolisée au lieu d'une autre bière.

— Dites : « Les homosexuels ont autant que toi le droit d'être heureux. »

— Dites calmement : « J'aimerais arriver entière », lorsqu'il conduit comme un dingue.

— Changez de sujet lorsqu'il crache ses opinions racistes ou sexistes.

— Opposez-vous à son « discours de viol » par un commentaire du style : « Personnellement, j'aime qu'on ait envie d'avoir des rapports sexuels avec moi, ne pas être obligée de m'imposer. »

— Réagissez à son comportement odieux en public en remarquant : « C'est vraiment un match intéressant. »

— Posez une question à quelqu'un d'autre lorsqu'il cherche à monopoliser la conversation, comme s'il n'avait rien dit.

Attendez-vous néanmoins, après avoir agi de la sorte, à des réactions caustiques. La victime du SPP n'appréciera pas de s'être fait enlever son auditoire ou d'avoir été ignorée. Plus son degré d'impuissance est grand, plus elle risque de se servir de vos actes pour nourrir son propre comportement.

HUMOUR

Le pas suivant, c'est la confrontation allègre. Vous pourrez sans doute aider votre ami ou votre frère en l'encourageant à ne pas se prendre, ni à prendre la situation, au sérieux. Utilisez l'humour pour alléger son fardeau et dites :

« L'alcool te bouffe le cerveau, mon pote. »

« Bien sûr, tu vas régner sur toutes les femmes de l'univers, n'est-ce pas ? »

« T'as intérêt à te calmer si tu ne veux pas te retrouver avec une sacrée facture de dentiste », lorsqu'il use de remarques désobligeantes pour se moquer d'autrui.

Lors d'un événement public, le plus aimablement du monde :

« Je me souviens, la première fois que j'ai bu de la bière, moi aussi, j'ai agi comme un imbécile. »

« Tu t'entraînes pour les 24 heures ? » lorsqu'il conduit dangereusement.

A un autre membre du groupe :

« Le vieux Robert s'entraîne pour les prochaines élections », lorsqu'il tente de monopoliser la conversation.

Au cours de votre partie de tennis :

« Si tu continues à vouloir me battre à tout prix, je vais me mettre à pleurer. »

Lorsqu'il se lance dans son « discours de viol » :

« Tu vas peut-être lui montrer ce dont un homme est capable, mais ensuite c'est elle qui te montrera ce dont une femme est capable... et sans prendre de gants. »

Lorsqu'il se lance dans ses diatribes anti-homosexuelles, tentez cette réponse téméraire :

« T'as peur qu'il y en ait un qui se glisse dans ton pantalon ? »

L'humour peut aider à rompre le sort que jette celui qui souffre du SPP sur un groupe ou un événement. Il peut aussi être considéré comme extrêmement hostile (*cf.* la dernière suggestion). Si vous cherchez à détendre l'atmosphère et que, ce faisant, elle s'envenime plus encore, arrêtez immédiatement.

CONFRONTATION DOUCE

L'étape suivante vous entraîne sur un champ de bataille totalement nouveau, celui de la confrontation douce. Vous allez maintenant vous attaquer directement au comportement de la victime. Il vous faut également trouver le meilleur moment pour vous opposer à elle, c'est-à-dire en privé. La confrontation demeure douce du fait de sa motivation : « Je tiens réellement à toi, mais parfois je n'aime pas ce que tu fais. »

Si vous décidez de faire ce pas de géant pour aider celui qui souffre du SPP, suivez ces conseils et dites :

« Tu n'as pas besoin de rouler les mécaniques. Les femmes t'aimeraient bien plus si tu ne jouais pas autant les machos. »

« Tes " faut les baiser ",... ruinent toutes tes chances de rapports sexuels agréables. Sois gentil ; je sais que tu l'es, en fait. »

« Tu sais, je t'ai vu aider ceux qui en avaient besoin. Je ne peux tout simplement pas croire que tu sois vraiment aussi insensible. »

« La vantardise te va mal. Tu es trop gentil. »

« Tu n'es pas aussi mesquin que tu le prétends. Tu n'es qu'un gros chat. Tu iras plus loin en ronronnant qu'en griffant. »

« Je ne crois pas que tu te rendes bien compte de la façon dont les gens s'éloignent de toi lorsque tu te vantes de la sorte. Et je sais que tu veux qu'on t'aime. Calme-toi, tu as des amis. Mais tu dois les laisser parler. »

« Tu sais, parfois j'ai l'impression que tu ne t'aimes pas beaucoup. »

« Ça m'inquiète de te voir boire comme ça. Je crois que ça ne va pas et que tu ne t'en rends pas compte. »

« J'ai honte pour toi lorsque tu agis comme une brute. Comme l'autre soir pendant le match de foot. Je ne crois pas que tu cherches réellement à gâcher le plaisir d'autrui. »

« Parfois, j'ai peur pour toi. Comme quand tu conduis ; on dirait presque que tu flirtes avec le suicide. »

Comme vous pouvez le voir, la confrontation douce comprend un élément de soutien et d'amour. L'espoir est présent dans vos paroles. Vous le caressez doucement tout en vous opposant à lui.

La confrontation douce vaut plus particulièrement pour la sœur de la victime. Lorsque vous l'utilisez, rappelez-lui comme il était sympathique quand il grandissait. Même s'il était d'un naturel rebelle, trouvez des exemples positifs, si possible datant d'avant son adolescence. La sœur qui se sert de cette confrontation douce doit compter sur le fait qu'il existe toujours un lien familial entre elle et son frère. Et l'aînée aura sans doute plus de chances avec cette approche que la cadette.

Si la confrontation douce échoue (celui qui souffre du SPP répondant : « Mêle-toi de ce qui te regarde »), il vous reste deux options : passez à l'étape suivante — qui est également la dernière — ou abandonnez toute idée de venir en aide. Face à ce dilemme, n'oubliez pas que la victime peut s'être tellement retranchée dans le narcissisme de ce Pays de Jamais Jamais qu'elle n'écoute même plus. A ce stade, elle est tout simplement devenue méchante.

CONFRONTATION DIRECTE

La dernière étape est celle du quitte ou double. Si vous avez déjà tout essayé en vain, passez à la confrontation directe. A ce stade, vous commencez à ressentir une certaine colère contre votre ami ou votre frère. Exprimez cette colère, mais faites de votre mieux pour la rendre positive. Vous ne pourrez cependant pas éviter l'implication personnelle : « Si tu continues à agir de la sorte, on ne sera plus amis. »

Dites :

« Toute femme méritant qu'on l'aime ne supportera tout simplement pas ton attitude de macho très longtemps. »

« Je sais que l'activité sexuelle peut réellement être fantastique dès qu'elle a lieu sous le signe du respect et du partage. Ton discours de viol me déprime vraiment. »

« Si tu continues à conduire comme un dingue, je ne monte plus en voiture avec toi. Je n'ai nulle envie d'avoir un accident. »

« Je suis venu pour m'amuser. Ta façon de jouer rend la partie (de tennis...) désagréable. Calme-toi, sinon c'est la dernière fois qu'on joue ensemble. »

« Calme-toi sinon je m'en vais », lorsqu'il commence à se comporter de façon tapageuse en public.

« Tu vas être obligé d'aller boire seul. J'ai assez de problèmes pour ne pas, en plus, regarder mon ami se transformer en alcoolique. »

« Je connais un conseiller fantastique. Pourquoi ne vas-tu pas discuter avec lui une fois ou deux ? Tu ne risques rien et tu as tout à y gagner. »

« Tu sais ce que ressentent ta femme et tes enfants lorsque tu agis comme s'ils ne comptaient pas pour toi ? Montre aux autres que tu les aimes. »

« Si tu continues à agir en idiot, je me tire. »

« Tu as changé depuis que je t'ai rencontré pour la première fois. Qu'est-ce qui t'arrive ? Je t'écoute. »

« Est-ce que je peux t'aider ? Il est évident que tu as des problèmes et je crois que tu ne t'en rends même pas compte. »

Ces confrontations directes doivent tout d'abord avoir lieu en privé. Si votre ami ou votre frère les ignore ou les rejette, il vous reste une chance : attaquer en public. Je ne conseille que très rarement cette méthode brutale. Elle peut faire suffisamment honte à la victime pour l'obliger à admettre qu'elle a besoin d'aide mais, plus vraisemblablement, risque fort de la pousser à se révolter plus encore.

En fin de compte, il faut que vous vous rappeliez que vous avez fait tout ce qui était en votre pouvoir pour aider la victime du SPP. Les étapes décrites dans ce chapitre ne sont là que pour vous guider. Un jour, une semaine, un mois peuvent s'écouler avant que vous puissiez savoir si votre aide a été utile ou non.

Si tous vos efforts échouent, il ne vous reste qu'une solution, dites : « Je suis ton ami. Je ne vais pas rester les bras croisés et te regarder te détruire. Si tu veux que je t'aide, tu sais où me trouver. »

En vous éloignant, n'oubliez pas que cette dernière action peut être exactement celle qui l'aidera à balayer la poussière magique du Pays de Jamais Jamais.

Chapitre 15

AUX VICTIMES

Dans un certain sens, Peter comprend pourquoi il ne doit pas être touché, mais, le plus souvent, il ne comprend pas. Cela a trait à l'énigme de son existence. S'il parvenait à y voir un peu plus clair, son cri pourrait devenir : « Vivre, ça, ça serait une sacrée aventure. »

J'ai un très bon ami qui se nomme Paul. Étant psychologue et psychothérapeute, j'ai appris à très bien supporter de ne pas être invité à toutes les soirées. La plupart des gens n'ont aucune envie d'avoir un psy pour ami. Paul fait exception à cette règle. Il est suffisamment adulte pour savoir que je ne peux passer mon temps à analyser autrui.

Merveilleux, bon, adorable, doux et sincère, Paul est juriste — et ses affaires marchent très bien — dans une grande ville ; il a deux enfants énergiques et parfaitement bien élevés et une femme très particulière — sa Clochette — que j'aime et admire. Paul est le genre d'individu grâce à qui la vie vaut d'être vécue.

Mais il n'a pas toujours été plein d'amour et de vie. Il fut un temps où il suivait aveuglément Peter et sa légion. Et, comme ce dernier, se sentait seul et désemparé face à l'énigme de son existence. Mais il a résolu cette énigme. Ce ne fut pas facile et son combat fit nombre de victimes, engendra regrets et tristesse. Néanmoins il revint du Pays de Jamais Jamais.

Un soir, il me raconta son périple et me révéla la solution de l'énigme. Parce que j'étais son ami, cela se passa très facilement. A aucun moment je ne pensai à la thérapie ni à dire « ce qu'il faut » ; je l'écoutai simplement. Lorsqu'il sortit de chez moi, nous nous embrassâmes. J'adore Paul. Voici son histoire.

LES PREMIÈRES ANNÉES

Paul était un garçon simple et naïf au caractère décidé qui grandit au milieu de chiens, de vaches, de cochons, de chevaux et de poules. La vie lui semblait aussi tranquille et agréable que la cour de ferme qu'il partageait avec les animaux.

La sérénité de cette cour offrait néanmoins un contraste frappant avec l'horreur qui s'était emparée de la famille de Paul. Aujourd'hui encore, il ne comprend pas ce qui se passait alors. Quoi que ce fût, il s'en rendit compte pour la première fois vers l'âge de cinq ans. Les hurlements de sa mère le tiraient de son sommeil le plus profond, mais pendant longtemps il crut à des cauchemars. Peu à peu il découvrit que ses parents se battaient. Il avait peur de sortir de sa chambre, de s'endormir. Il restait assis, terrifié, le cœur battant.

Ses cauchemars ne le quittaient pas pendant la journée. Il apprit malgré sa peur permanente à se concentrer sur son travail scolaire. Il dit pouvoir aujourd'hui encore se concentrer lorsque l'avocat de la partie adverse cherche à le troubler. Mais le prix qu'il a dû payer n'en valait pas la peine.

Paul se voua corps et bien à la découverte de ce qui engendrait sa terreur. Il s'aperçut rapidement qu'il pouvait rester tranquillement assis sur l'escalier et écouter ses parents qui le croyaient endormi.

Aussi étrange que cela puisse paraître, il n'entendait jamais son père dire quoi que ce soit. Les lamentations de sa mère envahissaient sa petite tête. « Tu abuses de moi, tu me traites comme un de tes animaux. Tu prends cet horrible outil entre tes jambes et tu t'en sers pour me faire mal. Pourquoi ne te soulages-tu pas avec un de tes cochons. Laisse-moi tranquille. »

Paul ne bougeait pas, totalement perdu. De quoi pouvait donc bien parler maman? Papa lui faisait mal. Et elle ne disait rien. Paul croyait sa mère; pourquoi ne l'aurait-il pas fait?

L'attaque verbale se poursuivait : « Tu n'emmènes pas Paul avec toi. Tu l'ignores. Je le vois qui te regarde de ses petits yeux comme s'il te demandait quelque chose, n'importe quoi. Mais tu agis comme s'il n'existait pas. Ton fils aîné est un fardeau pour toi, un fardeau. Et tu t'es imposé à moi pour le mettre au monde. Il n'a pas demandé à naître. »

Paul se souvenait être souvent retourné se coucher en formulant une réponse au problème, une réponse d'enfant, simple : sa mère souffrait le martyre et accusait son père, son père et son « outil ». Or cela ne pouvait être. Son père l'aimait, il en était persuadé. Après tout, raisonnait Paul, papa m'apprend à traire les vaches et à nourrir les poules. Il m'aide et me parle. Ce n'est donc pas la faute de papa. Alors de qui? Il ne lui restait qu'une solution : *il* était responsable de la douleur de maman. Lui, Paul, constituait le problème.

Cette conclusion ne le fit pas tant souffrir. En fait, elle lui apporta une réponse : il allait tout simplement apprendre à être un bon garçon. Il ferait tout ce qu'on lui demanderait, ne répondrait jamais et ne causerait ainsi aucun problème à sa mère.

Paul ne pouvait savoir qu'il était parvenu à une conclusion désastreuse. Ni son père ni sa mère ne lui firent savoir qu'il n'était pour rien dans leurs ennuis. Ainsi, plus il tentait de faire plaisir à sa mère, plus celle-ci l'arrosait de son affection. Paul parvenait si bien à se comporter agréablement que sa mère commit une erreur catastrophique : elle se mit à le louer d'être plus gentil avec elle que son père. Le message camouflé fut reçu cinq sur cinq.

A sa pitié pour sa mère, Paul ajouta rapidement l'idée fausse qu'il pouvait la sauver. A l'approche de l'adolescence, il fut obligé de faire un choix entre ses parents. La distance qui le séparait de son père grandissait chaque jour. Sa mère ne vivait que grâce à la pitié et la fidélité de son fils. Plus il ignorait son père, plus sa mère l'encensait, lui, Paul, « la lumière de sa vie ». Il était fier de lui mais vivait en permanence dans la peur : son univers s'écroulerait si sa mère se mettait en colère contre lui. L'idée qu'elle puisse le rejeter le paniquait.

L'éducation religieuse de Paul décida de son sort. Catholique, il était exposé aux rigueurs menaçantes du confessionnal et à la stratégie de la terreur employée par les fiancées du Christ, les sœurs. Il redoutait principalement deux choses : déshonorer sa mère et la masturbation, qui, en ces temps-là, s'appelait onanisme. Voilà, c'était sûr, ce qui le mènerait droit en enfer où il rôtirait à jamais. Il savait maintenant ce qu'était son « outil » et pourquoi il était si horrible. Il jura de ne jamais y toucher.

Une fiancée du Christ particulièrement « éclairée » confirma le désir irréaliste de Paul de sauver sa mère en lui disant : « Lorsque tu es méchant avec ta mère, c'est comme si tu lui enfonçais une flèche empoisonnée dans le cœur. Lorsque son cœur sera plein, elle mourra. »

Une chose sauva Paul de la destruction certaine. C'était un travailleur acharné. Ses tâches à la ferme et au jardin lui avaient apporté une éthique du travail qui aurait fait honte à Calvin lui-même. Parce que son travail faisait plaisir à sa mère, Paul était déjà, à douze ans, un « drogué du boulot ».

Même s'il travaillait souvent pour les mauvaises raisons, ce labeur était pour lui une source de fierté sincère qui allait devenir son seul réconfort au cours des années pénibles qui se préparaient pour lui.

Deux conflits majeurs apparurent au cours de sa première année de lycée : le rejet quotidien de la part de la plupart des autres enfants et la découverte des plaisirs et des douleurs associés à son « outil ».

Les anciens se moquaient de lui parce qu'il était un nouveau. Les nouveaux, parce qu'il étudiait comme une fille. Les filles, à cause de ce qui l'intéressait. La mode était au Rock and Roll ; Paul aimait le fox-trot. Elvis était le roi ; Paul achetait des disques d'Andy Williams. La brillantine était de mise ; Paul était bouclé. Bref, il n'était pas « à la page », comme on disait alors.

La masturbation entraîna Paul dans un délire de culpabilisation. Que c'était bon ! Mais, qu'est-ce qu'on souffrait après ! Des images de chair brûlante envahissaient son esprit à toute heure du jour et de la nuit. Pour Paul, tout commença d'aller vraiment mal le jour où il se mit à jouer avec son « outil ».

Non seulement il avait prêté serment de contrition et d'abstinence à Dieu, mais si sa mère découvrait ce qu'il faisait... ! C'était le rejet assuré ! Il repensait à ce qu'elle avait dit. Il envisagea de l'utiliser avec un cochon. Sa peur d'être rejeté par sa mère était maintenant cause de panique. L'idée même qu'elle désapprouverait lui nouait les tripes.

Un jour, Paul était assis sans rien faire dans sa chambre. Il ne se souvient pas de la date exacte, la souffrance de son adolescence ayant transformé cette période de sa vie en un musée des horreurs. Les souvenirs l'assaillent parfois, mais il ne sait d'où ils viennent.

Comme il le faisait souvent, il se mit à se caresser le sexe, prétendant que cela n'était pas agréable. Il pensait qu'en parvenant à ne pas apprécier cet acte, il échapperait à la culpabilité. Cela ne marchait jamais et au moment où il

289

cédait au plaisir réel, son père entra dans sa chambre. Paul demeura pétrifié. Son père hésita sur le pas de la porte puis dit : « Je ne dirai rien à ta mère », et ressortit. Le sujet ne fut jamais abordé.

Cela ne fit qu'accentuer les pires frayeurs de Paul. Si maman apprend cela, elle me détestera, moi et mon outil, comme elle déteste papa. Mais papa ne dirait rien. Minute ! Dans l'esprit de Paul, il y avait quelque chose de terriblement mal dans ce que faisait son père. Aujourd'hui encore, Paul se met en colère chaque fois qu'il se remémore la façon dont ce dernier l'a abandonné au moment où il avait le plus besoin de lui.

Paul est convaincu de devoir son salut à son imagination fertile (et débridée). Enfant intelligent, il lui était facile de fuir la réalité et de s'aventurer dans un monde imaginaire. Là, nulle limite. Tout y était parfait. Il n'y souffrait d'aucun reproche. Et, par-dessus tout, il n'y ressentait aucune culpabilité. Parce qu'il s'y sentait si libre, il s'y retrouvait sans cesse.

Ses fantasmes lui offraient toujours un refuge. Il se cachait dans sa tête comme, plus jeune, il se cachait au grenier. Pas un instant il ne comprit qu'il fuyait la réalité, qu'il se « droguait » au rêve éveillé. Il ne recherchait que le soulagement et l'avait trouvé.

Le rire et le travail sortirent Paul de son grenier de rêveries et le ramenèrent à la réalité. Grand-père lui avait appris à rire ; la nature, à travailler. (Il n'est pas étonnant de voir comment son visage s'illumine et dégage chaleur et sécurité chaque fois que Paul parle de la cour de ferme ou de son grand-père.)

Et maintenant Paul allait avoir besoin de toute l'aide qu'il pouvait trouver. Il était sur le point de quitter la maison.

QUITTER LA MAISON

Au lycée, Paul était devenu un très bon sportif et s'était ainsi vu offrir des bourses pour venir jouer dans des universités renommées. Mais sa mère ne voulait pas qu'il s'associe trop avec des enfants des grandes villes. Elle voulait qu'il ne s'éloigne pas trop des prêtres. Inutile d'être sorcier pour deviner où Paul poursuivit ses études supérieures.

Lorsque Paul entra au collège religieux, sa personnalité en souffrit beaucoup. Rire, labeur et imagination furent largement écrasés par une peur globale du rejet social, un désir ardent de se sentir proche d'une image paternelle, une culpabilisation chaque jour plus grande vis-à-vis de la masturbation et une réaction maintenant phobique face à l'éventualité d'un rejet de maman. Inutile de dire que ces années ne furent pas vraiment meilleures que les précédentes.

Ses peurs s'accrurent. Les lettres quotidiennes de maman le faisaient trembler. M'aime-t-elle toujours ? Après les avoir lues, il soupirait, soulagé. Oui, elle m'aime. Maman se servait des PTT pour maintenir Paul en esclavage.

Il tenta de combler le fossé qui le séparait de son père en donnant satisfaction aux prêtres. Mais il se retrouva pris dans un autre cercle vicieux. Il servait les prêtres de son mieux, avide de leur approbation mais, comme il continuait de se masturber, il se retrouvait en permanence au confessionnal à supplier ces « pères » de le sauver de la damnation éternelle. Il les détestait de se montrer aussi froids et indifférents à sa souffrance. Il les enviait, persuadé qu'eux n'avaient aucun mal à oublier leur outil. Rien donc de plus logique à ce que, totalement confus quant à son avenir, il envisageât de devenir prêtre lui-même.

Quelques éclaircies vinrent néanmoins disperser les nuages qui planaient sur sa première année : ses notes excellentes, quelques amis qui semblaient souffrir autant que lui, sa supériorité sur le plan sportif et son meilleur ami. Ce fut cet ami, de quelques années son aîné, qui l'introduisit à ce qui se révéla être sa plus belle « éclaircie ».

Elle s'appelait Jackie. Elle était plus vraie que nature et si sexy qu'elle faisait honte aux fantasmes tirés de *Playboy* de Paul. Son meilleur ami sortait avec la sœur de Jackie et, de ce fait, Paul et Jackie se retrouvaient souvent sur le siège arrière pendant les virées du samedi et dimanche.

Paul apprit à flirter, peloter et « venir » dans son slip. Aussi étrange que cela puisse paraître, cela ne le gênait pas de confesser ces « péchés de chair ». D'une certaine façon, il utilisait son intellect pour conclure que le fait d'être heureux avec Jackie ne pouvait tout simplement pas le vouer aux enfers. Sa nouvelle liberté l'obligea à affronter son manque d'éducation sexuelle mais tempéra également son enthousiasme pour le sacerdoce.

Paul se souvient de ce mois de mai 1962 avec gêne et délices. Il peut en rire aujourd'hui, mais il faillit en mourir. Il l'appelle « l'incident du chalet de 62 ».

Les parents de Jackie avaient une maison près d'un lac qui leur servait de résidence d'été. Le second week-end de mai, Jackie suggéra qu'ils montent tous les deux préparer le chalet pour les vacances. Paul acquiesça immédiatement. Tout portait à croire qu'ils y passeraient la nuit tous les deux seuls. L'idée l'excitait terriblement. Il était encore puceau. Malheureusement, il ne savait pas ce que cela signifiait.

A peine arrivés, Jackie suggéra qu'ils prennent un verre. Paul ne connaissait pas grand-chose à l'alcool. Il avait bien bu une bière, l'année précédente, au mariage de son cousin, mais... Il allait maintenant découvrir le gin-fizz à base d'alcool de prunelle.

Ils s'assirent sur le divan, la cruche sur la table, devant eux. L'alcool fut vite oublié au profit de la passion. Les lectures pornographiques et l'imagination fertile de Paul avaient fait de lui un « expert » en préliminaires. Jackie était aux anges. Sa respiration devint plus rapide, tout comme ses doigts sur le dos de Paul. Ils se déplacèrent gauchement pour se retrouver côte à côte sur l'étroit divan. Paul passa à l'étape suivante.

La chemise de Jackie vola et Paul hurla presque de joie en parvenant à dégrafer son soutien-gorge d'une seule main. Seuls les « mecs » réussissaient ce coup-là. Il en était. Il ne mit pas longtemps à « exploser », au propre comme au figuré.

De toute évidence, Jackie s'était déjà retrouvée dans cette position. Mais cette idée n'effleura même pas Paul qui jouait délicatement avec ses seins. Elle gémit ; il s'y attendait. Elle poussa de petits cris ; il s'y attendait également. Elle le serra encore plus fort dans ses bras ; il ne s'y attendait pas mais c'était agréable, alors, pourquoi ne pas en jouir ? Puis elle fit une chose à laquelle il ne s'attendait pas du tout, elle murmura :

— J'ai besoin de toi.

Paul fut stupéfait. Il ne comprenait pas ce qu'elle voulait dire. Honnête gars de la campagne, il répondit :

— Pour quoi faire ?

Aucunement ébranlée, Jackie poursuivit :

— Je suis tendue. J'ai besoin de toi en moi pour me soulager.

Son pénis était dur comme il ne l'avait jamais été. Comme les mains de Jackie descendaient de plus en plus bas, il se rappela soudain ce que les « mecs » faisaient lorsqu'ils « le faisaient » avec une femme.

Il paniqua. Il se serra contre les seins de Jackie, espérant que sa peur allait disparaître. Elle réagit en ouvrant sa braguette et en lui saisissant le sexe. Paul jouit. Son sperme se répandit sur les mains et les dessous roses de Jackie. Il essaya de prétendre que rien ne s'était passé. Il se sentait submergé par la honte. Il tint Jackie dans ses bras, cherchant quelque chose à dire. (L'alcool de prunelle allait le sauver.)

Il tâtonna pour attraper son mouchoir afin de nettoyer les dégâts causés par son « outil » mais, nerveux, renversa la table et la cruche qui répandit son liquide sur le sol, formant une tache rouge et laide.

Sauvé ! Il remonta son pantalon et se précipita dans la cuisine pour prendre des torchons. Lorsqu'il revint, Jackie, incrédule, se rhabillait. Paul avait perdu son innocence. Il ne la retrouverait que treize ans plus tard.

Paul retourna à l'école, coupable et déterminé. Il se débarrassa d'une partie de sa culpabilité en se confessant et canalisa sa détermination à éviter toute culpabilité future en ne pensant qu'aux livres.

Il flirta encore, mais se débrouilla toujours pour rester maître de la situation. Comme il le disait en blaguant : « Je faisais bien attention à ce que rien ne tombe dans les mains de quiconque, excepté les miennes. »

Son inquiétude vis-à-vis de sa mère ne diminua pas. Il continua de se réfugier dans son monde imaginaire. Il ne pouvait s'empêcher de penser aux choses merveilleuses qu'il aurait pu faire avec Jackie. Son imagination était telle qu'il lui arrivait de croire qu'il n'était plus puceau.

Paul entra à l'université avec l'esprit d'un homme de trente ans et la maturité d'un enfant. Grâce à ses excellentes notes, cette transition lui sembla extrêmement aisée. Un mois après s'être adapté à sa nouvelle vie, les zéphirs du malheur balayèrent à nouveau le grenier où il s'isolait et le jetèrent dans la réalité. Il rencontra celle qui allait devenir sa première femme.

LE PREMIER MARIAGE

Marilyn était belle. D'une beauté calme. Ses cheveux aile de corbeau, ses yeux noisette captivants et sa silhouette sculpturale attiraient et mettaient en garde à la fois. Elle était effectivement prudente. C'était elle qui refusait de perdre le contrôle des choses. Paul l'en remerciait et l'admirait. C'est elle qui le poussa à étudier. Paul travailla encore plus. C'est elle qui suggéra qu'ils fassent les choses sérieusement. Paul la demanda en mariage.

Marilyn l'avertit qu'ils devraient confesser leur flirt impur et résister jusqu'à ce qu'ils soient mariés. Elle pardonna la ferveur de Paul, après tout, c'était un homme. Paul savait que sa mère approuverait son choix. Il avait raison. Maman fut contente, ce qui fit plaisir à Paul. Les deux femmes semblaient taillées dans la même étoffe.

Leur nuit de noces fut une déception. Marilyn sembla endurer les préliminaires de Paul. Il n'y eut aucun gémissement, aucun petit cri plaintif. Son corps était sensuel mais non vivant. Sa chair semblait tendre mais son esprit vide. Elle ne prit aucun plaisir à faire l'amour, si ce n'est celui de voir Paul content. Paul avait presque honte de ressentir du plaisir. Mais il savait qu'il ferait mieux. Qu'il satisferait Marilyn. Il savait satisfaire autrui. Il s'endormit, cette nuit-là, avec une douleur familière au creux de l'estomac. Il avait peur.

Sa peur du rejet n'avait pas disparu. Elle avait doublé. Il lui fallait maintenant faire plaisir à deux femmes. Il allait lui falloir des années pour admettre qu'en ce jour venteux de novembre, le désespoir de l'hiver au coin de la rue, il avait épousé sa mère.

Sa vie conjugale empira progressivement. Au lieu de prendre plaisir à faire l'amour, Marilyn accomplissait un devoir. Au lieu de l'encourager dans ses études, elle se plaignait qu'il ne faisait pas assez attention à elle. Elle semblait ne savoir ni ce qu'elle voulait ni où elle allait. Du moins, jusqu'à ce qu'elle se retrouve enceinte. Aujourd'hui encore, Paul garde un souvenir totalement brumeux de la naissance de son fils. Il se souvient avoir fini sa dernière année de droit tout en travaillant à mi-temps et en prenant soin de son enfant. Marilyn se déroba à la maternité comme elle s'était dérobée à tout ce qu'elle ne comprenait pas.

Paul fut encore une fois sauvé par ses fantasmes. Travail, étude et enfant n'occupaient que la moitié de son esprit.

L'autre moitié cherchait refuge dans la perfection. Il devint l'amant parfait, le compagnon parfait et le confident parfait. Il ne prêta guère attention à Marilyn, si ce n'est pour se rendre compte que, progressivement, elle devenait une mère compétente. La vie ne lui semblait réelle que lorsqu'il serrait son fils dans ses bras. Plus il ressentait l'amour paternel, plus sa colère contre son propre père se transformait en regret.

Quand il obtint son premier emploi dans un cabinet juridique, Paul vivait en pleins fantasmes. Mais quelque chose n'allait pas. Ses fantasmes ne lui apportaient ni la paix ni le contentement qu'il avait pris l'habitude d'attendre d'eux. Irritation et indifférence s'insinuèrent dans sa vie conjugale.

Il était obsédé par un sentiment d'artificialité. Où qu'il se trouve, il lui semblait ne pas être au bon endroit. Il appartenait ailleurs. Ne sachant pas où cet ailleurs se trouvait, il continuait d'avancer.

Paul ne parlait à personne de ses problèmes. Tout juste s'il les admettait. Marilyn, néanmoins, n'avait pas ce problème. Elle parlait avec sa mère de l'indifférence de Paul et trouvait la pitié. Elle se confiait à une amie et obtenait la sympathie. Elle en parla à la mère de Paul et obtint la réaction qu'elle attendait.

Quatre mois durant, Paul fut bombardé de coups de fil et de lettres de sa mère. Elle le sermonnait de ne pas grandir, l'avertissait qu'elle commençait à désapprouver sa conduite et lui fit comprendre que l'inquiétude qu'elle ressentait à son sujet nuisait à sa santé.

La culpabilité fonctionna. Paul essaya encore plus de prétendre qu'il aimait sa femme. Il assura sa mère qu'il n'était pas en train d'attraper « la grosse tête » comme elle semblait le croire. Il délaissa quelque peu son travail pour apaiser Marilyn. Le seul moyen qu'il avait trouvé de la satisfaire était de se répandre en excuses pour toutes les transgressions qu'il était supposé avoir commises. Il le fit, à contrecœur.

La tension montait. Son médecin lui annonça qu'il souffrait d'un ulcère. Paul pensa : je n'ai que vingt-sept ans et déjà mon estomac fout le camp ! Il ne savait toujours pas où était sa place, mais une chose était sûre, il ne désirait pas être avec Marilyn.

Paul était obligé de s'imaginer dans le chalet avec Jackie pour conserver une érection. Marilyn semblait trouver plus de plaisir à faire l'amour. Paul s'en fichait. Il se sentait vraiment mal. Lorsque Thérèse entra dans sa vie comme un ouragan, il représentait une cible facile.

Elle était secrétaire dans un cabinet juridique voisin du sien. Ses affaires l'entraînaient régulièrement dans son bureau. Elle le dévorait des yeux. A en croire son sourire, il était le seul homme au monde. Il se fabriquait sans cesse des excuses pour la rejoindre dans son bureau. Ils parlaient de tout. Ils flirtèrent pendant des mois. Un soir, il la rencontra dans un bar. Elle était avec une amie mais le rejoignit immédiatement à sa table.

Paul avait fait bien du chemin depuis le fiasco de l'alcool de prunelle. Il se vantait d'être un connaisseur de scotch. Ses fantasmes lui avaient dessiné la femme parfaite pour lui. Il fut stupéfait lorsque la perfection vint s'asseoir à côté de lui. Tous deux buvaient le même whisky. Ils se firent la cour sans honte aucune et soudain se retrouvèrent main dans la main. Le plus naturellement du monde. Sa culpabilité et sa peur dissoutes dans un bon alcool, Paul raconta à Thérèse combien il l'aimait. Sans hésitation aucune, elle lui répondit :

— Je t'ai désiré dès le premier jour.

Cette fois, Paul ne demanda pas « pour quoi faire ? »

L'amour avec Thérèse fut phénoménal. Il resta en érection pendant une heure. Thérèse ne se contenta pas de gémir. Elle lui raconta combien elle se sentait bien grâce à lui et combien elle voulait lui faire partager cette sensation. A un moment, il se mit à penser à Marilyn. Thérèse ressentit sa gêne. Sans un mot, elle balaya son souci en le caressant. Leur passion grandit régulièrement et leurs paroles se transformèrent en encouragements brûlants. Au moment où Paul prit le chemin de l'inévitable, Thérèse se mit à se tordre, transportée par l'extase. Les dix secondes suivantes lui apprirent la signification du terme « orgasme ».

Leur orgasme simultané libéra symboliquement Paul de l'esclavage. Il ne pourrait jamais plus se servir de ses fantasmes pour fuir la réalité. Il ne le désirait plus. La réalité avait quand même de sacrés bons côtés.

Paul savait ce qu'il lui restait à faire. Il était absolument terrifié mais, advienne que pourra, il fallait qu'il le fasse. Il annonça à Marilyn qu'il partait. Ce qu'il fit au milieu de ses pleurs et de ses hurlements de reproches. Les premiers jours, il n'arrêta pratiquement pas de boire et pleura comme un bébé. Mais Thérèse était là. Elle le soutint, l'aima et le prit dans son lit, lui enseignant leçon sur leçon de réalité. Leurs explorations de l'amour oral effacèrent de l'esprit de Paul toute idée de « péchés de chair ». Il ne considérait plus son pénis comme un « outil », mais comme une extension de son esprit.

DE PUCEAU A VAGABOND

Paul résume ainsi les quatre années qui suivirent :

J'étais déterminé à rattraper le temps perdu. L'incident du chalet restait collé à ma mémoire. J'allais explorer chaque corps sur lequel je pourrais mettre la main. Je commençai par Thérèse. Je ne comprends pas comment je n'y ai pas laissé mon pénis.

La litanie hédoniste de Thérèse décrit le périple de Paul de puceau à vagabond. Cela devint leur blague à eux. Lorsqu'il lui demandait ce qu'elle attendait de la vie, Thérèse répondait toujours : « Vêtements, fourrures, argent, sexe, alcool et toi. » Ils vécurent ensemble trois ans.

Thérèse était une « bonne vivante » qui avait des

principes. Elle entendait utiliser les hommes pour atteindre la « vie agréable » mais demeurait fidèle à un homme à la fois. Pourvu qu'il n'attrape pas de maladies et qu'il garde ses conquêtes pour lui, Thérèse acceptait la polygamie de son nouveau partenaire.

Paul était heureux avec Thérèse et passait les week-ends avec elle. Mais, pendant la semaine, il partait « en chasse ». Son narcissisme le poussait à croire que toutes les femmes voulaient coucher avec lui. Sa capacité à dire ce qu'il fallait au bon moment pour plaire lui offrait souvent l'occasion de le prouver. Paul réussissait à garder son beurre et l'argent du beurre. Mais il n'était pas fait pour être un hédoniste « partouzeur ». Plusieurs expériences lui enseignèrent que la réalité peut être délicieuse mais qu'elle n'est pas toujours douce.

Il y eut Jocelyne. Paul la rencontra dans un bar et elle lui annonça assez brutalement qu'elle voulait coucher avec lui. Toutefois, lorsque Paul la raccompagna jusqu'à son appartement, ils furent accostés par son ex-petit ami qui les menaça de les tuer avec un pistolet. Heureusement pour Paul, il était doué pour la pénitence. Il s'enfuit très rapidement sans s'inquiéter du bien-être de Jocelyne. Il eut honte d'être aussi peureux.

Il y eut Patricia. Il la rencontra lors d'un congrès et ils couchèrent ensemble plutôt par hasard. Ils se séparèrent sans plus de cérémonie. Deux jours plus tard, Patricia commença de l'appeler à son bureau. Il lui dit qu'il valait mieux qu'ils oublient leur nuit passée ensemble. Elle se mit ensuite à l'appeler chez lui. Thérèse accusa Paul d'avoir violé leur accord. Il fallut que Paul inventât une blennorragie potentielle pour que Patricia le laisse tranquille.

Il y eut Annie. A vingt-deux ans, elle était décidée à avoir une affaire avec un homme plus âgé avant de se marier. Elle semblait utiliser Paul pour tester sa propre sexualité, en demandant toujours plus, quelle que soit la fréquence de leurs rapports. De toute évidence, elle n'était encore jamais parvenue à l'orgasme et comptait bien continuer à y *travailler*. Paul dut finalement lui mentir et lui raconter qu'il était marié et que sa femme commençait à avoir des soupçons.

Il y eut Suzanne, jeune femme séduisante, récemment divorcée et terriblement seule. Elle connaissait le bar que fréquentait Paul et c'est là qu'elle le « leva ». Elle ne lui plaisait pas tellement mais, comme il disait, « elle avait un joli petit cul ». Il la raccompagna chez elle, la réconforta avec des mots tendres, la déshabilla adroitement et délicatement puis l'emporta doucement vers la chambre à coucher. Plus elle lui disait combien elle avait besoin de lui, plus son pénis mollissait. Au moment où elle supplia de la prendre, il s'était complètement recroquevillé. Paul camoufla sa gêne en lui sortant son imitation de Bogart : il ne pouvait profiter de sa solitude, il se détesterait le lendemain matin... Il se rhabilla et, malgré ses protestations, se maudit à haute voix d'être aussi cruel. Il s'avoua vaguement la vérité : Suzanne ne lui plaisait pas.

Il y eut d'autres femmes. Paul se souvient de la plupart des noms, mais pas des visages. Plus il les poursuivait, moins il se sentait content de lui. Il repensa à ces années vides qu'il avait partagées avec Marilyn et parvint de nouveau à la même conclusion : je ne sais pas où est ma place, mais elle n'est pas ici non plus.

Un autre élément de la réalité s'insinua dans sa quête du plaisir : son fils lui manquait. Certes, il habitait à côté et participait activement à sa vie, mais cela ne le satisfaisait pas. Il désirait l'élever réellement. La tristesse engendrée par cette prise de conscience et la futilité de sa vie de vagabond le ramenèrent à la case départ. Il était perdu et avait peur. Il avait fui le petit garçon effrayé qu'il était et découvrait qu'il était maintenant un grand garçon effrayé.

L'ombre du rejet de sa mère planait toujours sur l'âme de Paul et semblait, maintenant qu'il vivait sans but et qu'il se sentait déprimé, devenir encore plus violente. Maman ne lui écrivait plus vraiment, ni ne lui téléphonait. Elle lui faisait cependant parvenir des messages lourds de chantage sentimental par l'intermédiaire de sa sœur. Sœurette lui disait, par exemple : « Maman est malade de savoir que tu vis dans le péché. Elle en mourra. »

Paul se découvrit une nouvelle réaction à la dernière attaque de sa mère : la colère. Il devint chaque jour plus irascible. Il mitraillait Thérèse d'allusions cruelles sur la façon dont elle se prostituait pour une bite fortunée, même si lui-même ne correspondait pas vraiment à cette description. Il se moquait de leur « private joke ». Elle était une cible facile pour sa colère.

Le jour ou Thérèse déménagea, elle le mit au défi de prendre rendez-vous chez un thérapeute. Il la traita de « garde méprisable » et partit se soûler. Il n'avait aucune envie de rencontrer de nouvelles femmes et la dernière chose à laquelle il pensait était bien d'avoir des rapports sexuels. Il n'en eut pas mais rencontra néanmoins une femme, Constance. Il ne s'en doutait pas alors, mais Constance allait lui apprendre la signification du verbe « aimer ».

PAUL TROUVE SA « CLOCHETTE »

Ils parlèrent pendant des heures. Pour la première fois de sa vie, Paul fit la fermeture du bar. Toutes les autres fois, soit il s'était précipité dehors à la recherche d'un « bon coup », soit il était sorti en titubant, espérant pouvoir conduire jusque chez lui avant que l'alcool n'endorme complètement son esprit. Il ne se souvient pas de quoi ils parlèrent. Mais il se souvient qu'il parlait facilement et qu'il se sentait bien. Il ne ressentait aucune pression le poussant à se surpasser. Où que son esprit vagabonde, Constance était toujours là à l'écouter. Lorsque aucun d'entre eux n'avait quelque chose à dire, un silence réconfortant s'installait.

Il décida de la choquer avec ses manières.

— Aimes-tu faire l'amour oralement ? lui demanda-t-il comme s'il lui avait demandé si elle aimait le bon vin.

— Bien sûr. Et toi ? répondit-elle.

Et vlan ! Et d'un simulacre !

Paul conduisit lentement pour rentrer, découvrant avec étonnement l'aube sur la ville. C'était la première fois. Ses mots tourbillonnaient dans sa tête : mensonges, vérité, sexe, amour, peur, sérénité, honnêteté, appartenance. Sur lequel vais-je jouer mon argent ? Quel est celui qui va payer ? La peur, je connais, ce n'est pas celui-là. Le sexe, je connais largement, ce n'est pas celui-là non plus. L'amour ? Je ne sais même pas ce que cela veut dire. Je veux savoir. Et je veux savoir maintenant. Je n'attendrai pas plus longtemps.

Le thérapeute que Paul consulta était un homme de cinquante ans aux cheveux argentés et au sourire avenant qui portait des lunettes en demi-lune. Il était connu pour être plein de bon sens, pour aimer les gens mais pas les névrosés. Paul avait sonné à la bonne porte. Ce type ressemblait même à un psy.

Il attendit simplement que Paul commence. Paul voulait savoir par où, mais il lui dit : « Par où vous voulez. » Parce que peur et colère dominaient ses sentiments envers sa mère, Paul commença par là. Ses pensées, ses sentiments, ses souvenirs envahirent la pièce. Son « outil », maman, papa, l'incident du chalet, Marilyn, son fils, sa gêne, sa peur, la masturbation (là, il eut du mal à parler) et, il ne savait pas très bien pourquoi, Constance, qui se dressait dans son esprit bien qu'il ne la connût pas vraiment. Il s'excusa de ne pas être cohérent. Mais il l'*était*. Et comment !

— Vous avez vraiment l'impression d'être mal, n'est-ce pas ?

Le thérapeute attendit.

Paul se souvenait combien il se sentait perdu.

— Bien sûr que je me sens mal. C'est pour ça que je suis ici. Je me sens atrocement mal.

— Ce n'est pas ce que je veux dire. Je veux dire, d'être

mal *ici*. (Et il montra son cœur du doigt.) Dans votre âme, vous vous sentez mal. Indigne. Comme s'il vous fallait gagner le droit de vivre.

La séance prit fin sans que Paul soit parvenu à comprendre parfaitement ce dont le thérapeute voulait parler. Indigne? Mauvais? Il ne voulait vraiment pas l'admettre, mais il y avait quelque chose là-dedans. Il chercha à se débarrasser de cette idée. Mais il n'y parvint pas. Il fallait qu'il y pense. Il n'arriva pas à dormir. Il téléphona à Constance. Elle fut pour lui comme un souffle d'air frais. Ils se racontèrent des choses sans importance. Puis il se retrouva seul au milieu des bruits du silence.

Soudain, il eut très peur. Il crut même entendre des voix. Il fit le tour de la maison mais ne découvrit rien. Il écouta attentivement. Quelque chose était en train de se produire. Mais cela ne venait pas de l'extérieur de sa tête. Il crut être sujet à des hallucinations. Suis-je finalement devenu fou? Il se concentra sur ce qu'il ressentait. Des mots lui vinrent à l'esprit : fin du monde, explosion, terreur, cesser d'exister, vide.

Le silence se rapprocha de lui. Il était terrifié. Il voulait courir. Il attendit. Rien ne se produisit. Il attendit encore. Puis une impression d'euphorie le parcourut. Peur et euphorie? Il était bien en train de devenir fou. Cela ne voulait rien dire.

Au cours des semaines qui suivirent, Paul consacra tout son temps et son énergie à deux buts : mieux connaître Constance et travailler à sa thérapie. Sa capacité d'accomplir ses tâches tout en se concentrant sur d'autres sujets lui fut tout à fait utile. Il fit la même expérience étrange deux fois en trois semaines. Chaque fois, après sa séance de thérapie et au moment où il retrouvait ce silence sonore. Il commença lentement à comprendre.

Constance se révéla un autre genre de thérapie. Paul se sentait chaque fois plus attiré par sa maturité, sa force et sa santé d'esprit. Un soir, il se rendit soudain compte qu'ils n'avaient jamais fait l'amour. Il lui demanda finalement pourquoi. Du même ton calme, elle lui répondit :

— Je me suis dit que tu en parlerais quand tu y penserais. Tu as d'autres choses en tête en ce moment.

Autant que Paul se souvienne, ils firent l'amour pendant deux jours. Ils parlèrent, mangèrent, parlèrent encore, refirent l'amour... Paul ne ressentit à aucun moment sa vieille envie de se rhabiller et de partir. Au contraire, il se sentait bien d'être là, nu et de parler. Il vit Constance chaque jour.

Il se sentait également débordant d'énergie. Non seulement il pouvait faire l'amour aussi longtemps qu'il le désirait, mais il avait retrouvé son envie de faire du sport, envie qui était morte quelque part sur le chemin de l'hédonisme. Il était tout excité. Cela faisait des années qu'il ne s'était pas senti ainsi, treize ans, pour être exact. Il était de retour dans le chalet avec Jackie. Il était toujours maladroit, préoccupé par l'approbation d'autrui et, malgré ses années de vagabondage, naïf. Seulement, cette fois, c'était différent. Cette fois il *voulait* être jeune et bête.

Au fur et à mesure que Paul se rendait compte qu'il était en train d'apprendre ce que signifiait l'amour, il se mit à comprendre ce que le thérapeute disait de ses expériences bizarres.

Les bruits du silence et sa volonté d'affronter la vérité le menèrent face à la réalité qu'il avait évitée pratiquement depuis le début de sa vie. Il avait cru à tort que la réalité le détruirait. Comme elle ne le fit pas, il fut pris d'euphorie.

Paul se tut. J'attendais qu'il continuât. Il ne le fit pas. Je vivais sa vie depuis des heures, écoutant une histoire incroyable. Et maintenant, il s'arrêtait.

Je le poussai.

— Tu ne vas pas t'arrêter là, quand même ?

— Je t'ai tout raconté. Tu sais que Constance et moi nous sommes mariés, que nous avons eu un enfant et que mon autre fils vit maintenant chez nous. Tu sais comment je découvre chaque jour un peu plus ce qu'est l'amour. Et chaque jour est une nouvelle aventure. Que te dire d'autre ?

— Eh bien, par exemple, ce que ta mère et ton père pensent de tout cela.

Son sourire disparut.

— Je lutte encore avec ce problème. Ils me désapprouvent encore plus aujourd'hui. Maman m'a fait sa scène du rejet et j'ai survécu sans trop de problème. Papa ne fait rien, ne dit rien et l'écoute. Que pourrait-il faire d'autre ? (Il souffrait, mais continua.) Ce qui me tracasse le plus, c'est la colère. Ils ont abusé de moi. Émotionnellement. Je ne m'en remettrai jamais. Je peux apprendre à vivre avec, mais je ne l'oublierai jamais.

— Tu as eu des nouvelles de Thérèse ?

Son sourire revint.

— Aux dernières nouvelles, elle vivait avec un autre type. Sacrée Thérèse, elle ne changera jamais.

— Mais qu'est-ce qui vous est arrivé, à vous deux ? Vous aviez l'air de vous entendre.

— C'était voué à l'échec, dès le départ. Je courais dans tous les sens, essayant de prouver que j'étais un dur, un macho et elle, elle m'attendait à la maison ou que je m'intéresse à elle. Elle accumulait ressentiment sur ressentiment. Je ne gagnais pas beaucoup d'argent, non plus, à l'époque. J'étais si occupé à m'envoyer en l'air que j'en oubliais mon travail. Elle ne l'a jamais avoué, mais elle n'acceptait pas que je baise ailleurs. Elle a eu raison à propos du thérapeute, mais ce n'était que sa façon de me tirer dans les pattes.

— Alors, quelle est la solution de l'énigme ?

— Hein ? (Ma question l'avait de toute évidence interrompu dans une rêverie.) Oh, l'énigme. C'est toi le psy. Tu n'as qu'à la résoudre toi-même.

— Allez, sois sérieux.

Il le fut.

— Cela a l'air simple mais ça ne l'est pas. Lorsque

j'étais petit garçon, assis sur les escaliers, je décidai que j'étais mauvais : non pas que je fisse des choses mauvaises, mais que j'*étais* mauvais. Personne ne m'a jamais dit que j'avais tort. Toute ma vie, j'ai fui ce mensonge. Je ne me suis pas permis de grandir intérieurement. Je ne me suis jamais permis de ressentir quoi que ce soit qui me semblait mal. J'ai tout fait pour prouver que j'étais bon. Je me suis tué au travail. J'ai fait tout ce que j'ai pu et plus encore pour extirper le diable de mon âme. J'ai passé tant de temps à essayer de prouver que j'étais bon que je n'ai jamais appris comment être moi. Simplement moi. Il a fallu les bruits du silence pour me choquer. Avec le silence autour de moi, j'ai trouvé le courage d'affronter la vérité. Le diable n'est pas dans mon âme. Je suis bon. J'ai passé toutes ces années à tenter de prouver quelque chose que je n'avais pas à prouver. Je suis bon et ce que je ressens est bon. J'ai fait quelques idioties, mais *je suis bon.*

Paul pleurait.

J'étais de tout cœur avec lui et je pleurais aussi.

— Quelle perte de temps. Que c'est triste.

Aucune trace d'apitoiement sur son sort seulement des pleurs de regret.

— Oh oui.

— Et la peur ?

— Elle est toujours là. J'ai toujours peur. Constance le sait. Parfois, quand elle veut me toucher, je me sens tout tendu. Je ne veux pas que sa main me touche. J'ai peur de la laisser m'aimer, peur du prix qu'il me faudrait peut-être payer. Mais il n'y a aucun prix. Ce n'est qu'un retour en arrière vicieux. Un retour aux escaliers et à la décision d'être mauvais et qu'il me fallait payer. Les souvenirs brûlent trop profondément en moi. Mais nous arrivons à les affronter. La peur nous rapproche même. C'est ça la réponse à l'énigme.

J'étais empêtré dans le combat que menait son âme.

— C'est quoi ?

— Tu ne vois pas ? C'est simple. Je n'ai plus à avoir

peur de la peur. J'ai quelqu'un qui m'aime comme je suis. Elle veut partager ma souffrance telle que. Maintenant je suis libre. Je peux être jeune à jamais.

Telle est l'histoire de Paul. L'histoire d'une paralysie émotionnelle, d'un impuissance sociale, d'un rejet parental, de problèmes sexuels et d'une pensée magique. Paul sauta d'un extrême à l'autre, à la recherche de la vérité. Mais il a fini par la trouver et l'histoire se termine bien. Paul accepte aujourd'hui sa virilité et le fait, tout ce qu'il y a de plus réel, que l'amour n'a pas de prix. Il sait maintenant qu'il n'y a rien de mal à se montrer ferme en surface et être tendre à l'intérieur.

Paul a surmonté le syndrome de Peter Pan et s'en est revenu du Pays de Jamais Jamais. S'il y est parvenu, lui, tout le monde en est capable.

LECTURES UTILES

Les ouvrages mentionnés ci-dessous abordent les causes et les traitements du syndrome de Peter Pan. Ils vous permettront de mieux comprendre le développement du SPP et, dans bien des cas, de trouver des solutions que je n'ai pas suggérées.

Colette Dowling : *Le complexe de Cendrillon*, Grasset éd.
> Indispensable à quiconque s'intéresse au SPP. La peur de l'indépendance qu'éprouvent les femmes donne naissance à un comportement type Wendy. Nul besoin néanmoins de psychanalyse pour affronter le complexe de Cendrillon.

Fensterhaim, Herbert et Baer : *Affirmez votre personnalité*, Aubanel éd.
> Comment devenir une « Clochette ». L'accent est mis sur le « Non », mais le livre regorge de suggestions positives, particulièrement pour surmonter les difficultés sexuelles. Les auteurs offrent également une méthode indispensable pour apprendre l'ABC de l'auto-relaxation.

Nancy Friday, *Ma mère, mon miroir*, Laffont éd., Collection Réponses.
> Une vision chaleureuse et candide de la lutte d'une femme cherchant à reprendre possession de sa vie. L'auteur traite de l'éveil à la sexualité avec une telle tendresse que toute femme devrait être fière de sa sexualité.

Nancy Friday, *Les fantasmes masculins,* Laffont éd., Collection Réponses.

Erich Fromm : *L'art d'aimer,* Éditions de l'Épi.

Les victimes du SPP peuvent avoir oublié ce qu'est l'amour. Ou ne l'avoir jamais su. Une lecture attentive de cette œuvre célèbre peut aider à y remédier. L'ouvrage se prête à des discussions et des réflexions profondes.

Eugène Gendlin : *Au centre de soi. Mieux que se comprendre, se retrouver,* Éditions Le Jour.

Introduction progressive au « focusing », technique permettant d'identifier ses pensées et ses sentiments, ainsi que de s'attacher à trouver des solutions aux problèmes clefs.

William Glasser : *La Reality Therapy, nouvelle approche thérapeutique par le réel,* Éditions de l'Épi.

Nous devons tous, un jour ou l'autre, affronter la réalité. Le Dr Glasser offre un guide indispensable à l'organisation d'expériences réelles — et à en tirer profit.

Sidney Jourard : *La transparence de soi. Présentation de la révélation de soi comme facteur de santé mentale,* Éditions Saint-Yves (Canada).

Aidera la victime du SPP à affronter la paralysie émotionnelle. « Nous dissimulons et travestissons notre être véritable aux yeux d'autrui pour nous sentir en sécurité, pour nous protéger de critiques, injures ou rejets indésirables mais attendus. Nous payons très cher cette protection. » Afin de reprendre totalement possession de ses émotions, la victime du SPP doit choisir de devenir transparente, pour elle-même comme pour ceux qui l'aiment.

Carole Klein : *Entre mères et fils,* Laffont (à paraître).

Christopher Lasch : *Le Complexe de Narcisse. La nouvelle sensibilité américaine,* Laffont éd.

Analyse percutante des aspects sociaux, politiques, historiques et psychologiques du narcissisme. Parfois difficile à comprendre, le livre aborde très clairement une réalité : le narcissisme n'a rien de drôle et ne permet nullement de vivre de façon insouciante.

William H. Masters et Virginia E. Johnson en collaboration avec Robert J. Levin : *L'union par le plaisir,* Laffont éd.

La meilleure approche de la psychologie du sexe au sein de la vie conjugale. « La relation sexuelle entre mari et femme reflète leur relation personnelle, chacun répondant aux désirs de l'autre, chacun prenant plaisir à faire plaisir à l'autre et chacun respectant l'autre. »

Peter Mayle : *Et moi, d'où je viens ?* Bourgois éd.

Aide les enfants à affronter la puberté et comprendre les changements biologiques et émotionnels. Honnête et frais. Aidera les parents à préparer leurs enfants à tout conflit sexuel potentiel de l'adolescence.

John Money et Patricia Tacken : *Êtes-vous un homme ou une femme ?* Presse (Canada).

Socialement, biologiquement et psychologiquement. Pour tout adulte désireux de comprendre la toile de fond des conflits actuels.

Norman Vincent Peale : *Quand on veut, on peut,* Monde différent (Canada).

A l'aide de citations des Écritures et de références théologiques, un message plein d'inspiration. Nul besoin d'être chrétien ni même religieux, pour profiter de cet ouvrage classique. Surtout des recommandations offertes pour (re-)trouver la confiance en soi.

David Reuben : *Tout ce que vous avez toujours voulu savoir sur le sexe sans jamais oser le demander,* Librairie générale française.

Excellente source pour adolescents et adultes. Le titre dit tout, excepté le fait que le Dr Reuben écrit avec un charme et une intelligence qui font fondre toute culpabilité ou embarras comme neige au soleil.

Lilian Rubin : *Des étrangers intimes,* Laffont éd., Collection Réponses (à paraître).

Une subtile analyse des relations de couple.

Paul Tillich : *Le courage d'être.* Seuil éd.

Les victimes du SPP souffrent et s'angoissent de n'être que ce qu'elles sont. Cet ouvrage célèbre offre des réponses pleines d'intelligence à des questions philosophiques troublantes. Si vous-même ou l'être aimé êtes pris au piège du Pays de Jamais Jamais, et si vous n'avez pas le courage d'être, ce livre offrira à votre âme une voie vers la vie. Le lecteur doit être prêt à s'arrêter et réfléchir à chaque page car les discussions portent sur des sujets complexes.

Carl Rogers : *Réinventer le couple,* Laffont éd., Collection Réponses.

Du célèbre psychothérapeute, une réflexion sur la nécessité de transformer la relation de couple. Chaleureux et stimulant.

REMERCIEMENTS

Je tiens à exprimer ma plus profonde gratitude à ceux dont les noms suivent : Evan Marshall, directeur de collection chez Dodd, Mead, dont seul le merveilleux travail d'édition surpasse l'enthousiasme ; Kay Radtke, directrice de la publicité, et son équipe experte ; Howard Morhaim, mon agent littéraire, qui aurait fait un excellent psychothérapeute ; Donald Merz, Ph. D., ami et collègue, qui m'a guidé pendant les années qu'a durées mon enquête. A tous, ce livre doit d'être bien meilleur qu'il ne l'aurait été si je l'avais fait seul.

Dépôt légal : mars 1985.
N° d'Édition : L 224. N° d'Impression : 3055-2284.